U.P.plus

Emerging Countries After Covid-19:
The World Caught Between the US-China Rivalry

新興国から見るアフターコロナの時代

米中対立の間に広がる世界

川島 真・池内 恵｜編
KAWASHIMA Shin
IKEUCHI Satoshi

東京大学出版会

UP plus
Emerging Countries After COVID-19:
The World Caught Between the US-China Rivalry

Shin KAWASHIMA and Satoshi IKEUCHI, Editors

University of Tokyo Press, 2021
ISBN978-4-13-033302-3

新興国から見るアフターコロナの時代——米中対立の間に広がる世界　目次

装幀——水戸部功＋北村陽香

新興国から見るアフターコロナの時代——米中対立の間に広がる世界

序文

池内　恵

二〇二〇年に全世界を覆ったコロナ禍は、転換期に差し掛かっていた国際社会を直撃し、国際秩序の変化を加速させた。コロナ禍がそれほど遠くない将来に明ける時、すなわち「アフターコロナ」（あるいは「ポスト・コロナ」でもよい）の時代に――われわれの前にはどのような国際秩序が現れているのだろうか。

過去のグローバルな感染症の経験から、二〇二〇年初頭に顕在化したコロナ禍は、少なくともおよそ二年間は波状的に影響が続くであろうことが、大まかに予想されている。二年間という画期を目処に、国際社会は、即座にとは言えないにしても、着実に正常化に向かっていくだろう。そこで現れる世界は「コロナ前」と同じではあり得ない。およそ二年の間、世界を覆った特殊な状況下で、何が起こったのか、その後の世界はそれ以前とどこが異なるのか、コロナ禍以前から引き続き変わらないものは何なのか。

コロナ禍の前と後で生じた変化には、直接にコロナ禍の影響の帰結として生じたものもあるだろう。以前から進んでいた変化がコロナ禍によって加速した場合もあるだろう。潜在的に存在していた変化の兆しが、コロナ禍により顕在化させられ、問題化した場合もあるだろう。次元と位相の異なる変化が重なり合う多層的な変化の総体として「アフターコロナ」の国際秩序は現れてくるだろう。

本書は非欧米のいわゆる新興国、あるいは開発途上国を対象としている。「欧米以外」を対象にしてきた地域研究者たちが集い、各地域の各国にコロナ禍が及んだ瞬間に生じた事象を記録し、政府や社会の反応を分析している。そして、それらの個別研究を積み上げながら、国際秩序における変化を展望している。また、非欧米といっても、欧米中心の秩序への挑戦者の筆頭として近年に特に注目され議論の的になる中国そのものは、あえて対象から外してある。編者の一人は中国研究者であるものの、本書の各章の著者の多くは、「中国以外」の対象を扱い、中国「からの」影響や、それに対する反応を扱っている。

「米中大国間競争」こそが、現在の国際政治の支配的な趨勢である、という認識は広く一般に受け入れられ、国際政治の新たな支配的なパラダイム・枠組みとして急速に定着しつつある。これは本書の執筆者たちが共有する前提である。しかし本書の執筆者たちが立脚しているのは、米中大国間競争の時代においても、「米中」のいずれの勢力圏に必ずしも収まらない、強い自律性を備えた、多様な地域が広範に広がっているという事実への認識である。それらの諸地域のさまざまな主体が主導する国際政治・地域政治は、「米中大国間競争」という支配的な枠組みに影響されつつ、それと一定の距離をとりながら展開していく。

冷戦後の米一極集中の時代において、対米関係以外の「その他」の広大な空間に広がる諸地域と諸国家に、あるいはそこに存在する様々な主体に、研究の面でも、外交や通商貿易の政策の現場においても、必ずしも十分に留意と顧慮が払われていたとは言い得ない。米国と並び中国が主導して競争や対立を繰り広げる時代が到来したとしても、ここでもまた米中以外の「その他」の存在を忘れ、その内在的論理や主体性、米中に対する自律的な反応とその効果を見逃すならば、われわれはまたしても国際政治を動かしている重要で不可欠なものごとの多くの部分を、見落とすことになってしまう。本書が対象にするのは、米中大国間競争の時代において、米中のいずれかの勢力圏・影響圏や、両者が作り出す競合・対立関係に、影響は必然的に受けるものの、必ずしも収斂されることのない「その他」の世界に存在する主体と場、そこに働く力学である。

1　急停止したグローバル化、水面下で進む変化

コロナ禍は、国際社会とそこに生きる人類全体に遍く広範に影響を与えた事象という意味では、二度の世界大戦や、欧米列強による非欧米世界への植民地主義政策、非欧米諸民族による民族主義運動、社会主義や自由民主主義の体制イデオロギー等々にも比肩する、規模と衝迫度を備えたものと言えよう。足掛け二年にわたって、人類社会はそれぞれの属する国家の境界の内側に、閉じ込められた。ただしそれは戦乱や抑圧、あるいは経済制裁によって

課された欠乏や制約ではなく、国際社会が共有する近代科学の知見に基づいた公衆衛生の確保を行う各国・自治体政府の行政措置がもたらした行動の制限だった。国籍や人種、あるいは宗教・文化を異にする諸民族が、居住する国々の特定の地域に足止めされ、しばしば「ロックダウン」によって限定的な居住空間内に行動を制限された。

コロナ禍に対して、それぞれの主権国家によって概ね共通して採用された施策により、グローバル化の進行に一時的に急ブレーキがかかったことは確かである。二〇二〇年から二〇二一年にかけて、グローバル化の不可欠の側面である、大規模で頻繁な国際的な人の移動に、強い制限が課されたことで、対面による国際的なコミュニケーションの機会は激減した。

このことは実務的な不便をもたらすだけでなく、われわれが国際社会を認識する視座や、認識の根拠となる情報、そして規範の伝播や拡散にも、影響を及ぼした可能性がある。構成主義的な国際関係論を援用すれば、コロナ禍による断絶は、国際社会に対するわれわれの間主観的な認識と、それに基づく国際合意の形成や発展を、妨げたかもしれない。

同時に、逆説的であるが、コロナ禍は、人の移動を伴わない、情報のみの国際的な流通を、加速した面もある。インターネットの発達・普及を土台とした、SNSのプラットフォームやテレビ会議システムなどのアプリケーションの普及は、コロナ禍を機会として爆発的に進んだ。国内、国際のいずれにおいても、Zoomなどを用いた非対面式のコミュニケーションの頻度はコロナ禍によって一気に高まった。テレビ会議システムを用いた会議・会合においては、国内と国際の相違はしばしば曖昧である。もちろん依然として厳しい時差の影響はあり、言語の障壁もそれほど容易に解消はされないことを不言する必要はあるが。テレビ会議システムを用いた会議・会合、そして多くの聴衆に開かれたウェビナーなどの開催は、人の移動の制限がもたらした、対面的コミュニケーションによる国際的な意思疎通やアイデアの伝播の減少を、当座においては、かなり補ったと言えるだろう。

しかしその限界も明瞭である。オンラインによる人的交流とコミュニケーションは、既に存在する人間関係を維持し強化することには寄与するかもしれないが、新しい人間関係を構築するには一般に不向きとされる。

コロナ禍による国際的コミュニケーションの制限は、歴史や地理、あるいは言語による共属意識や、強固な同盟関係などによって結ばれた主体の間の関係を維持あるいは強化する方向に影響した可能性がある。また、疎遠あるいは対立関係にある集団・個人間の関係をさらに隔絶・悪化させた可能性がある。オンラインのコミュニケーションのツールは、公開であれ秘密裏であれ、既存の関係を強化し、それを適切なタイミングで公的に発信する機会を設定するためには、従来の対面式の会合以上に有効な面があったかもしれない。しかし不和や不信、あるいはそもそも意思疎通がこれまで困難であった主体の間に、融和や意思の疎通をあえて設定するといった場の創造には、不向きであったと考えられる。

コロナ禍による人間の国際移動や会合の制限が、多様な主体が大規模に交流する国際会議の減少や、立場や認識を異にする主体同士が膝を接して行う交渉の機会の途絶により、既存の友―敵関係を強化し、和解の機会を阻害したのであれば、それは局所的には、一九世紀までの「秘密外交」を彷彿とさせる状況を再来させていたかもしれない。コロナ禍によってもたらされたコミュニケーションの制限によって、既存の陣営の相互の対立や、激化・加速化された競争・紛争が強化されなかったか、注視し、振り返っていく必要がある。

人の国際移動に課せられた大幅な制限とは対照的に、物の国際的流通には、コロナ禍の初期において、それほど大きな支障があったとは言えない。これは歴史上の戦乱や疫病とは異なる、現代の公衆衛生上の危機としてのコロナ禍の特徴だったと言えよう。コロナ禍は初期段階においては、国際的なサプライ・チェーンの大規模で長期間の途絶といった事態を、直接的にはもたらさず、経済のグローバル化が、見えにくい形で、この間も進行していった。コロナ禍からの回復が進む段階での急激な需要回復は、サプライ・チェーンの混乱、物資の不足を各地に引き起こしていく可能性があるが、これはグローバル化をいっそう拡大する過程の調整段階とも考えられる。

同時に、コロナ禍に無関係ではないものの、それ以前から存在した米中対立に起因するいわゆる「デカップリング」や、米中双方の「エコノミック・ステイトクラフト」の行使は、コロナ禍の最中に、そしてコロナ禍からの脱出を図る段階に、激化し、一部の戦略的物資・部品・製品の流通に規制・制約が課されようとしている。この「経済安全保障」の問題化の流れは、コロナ禍が終結した後にこそ本格化し、グローバル化に対する別の抑制・阻害要因として働いていくだろう。

一方で、コロナ禍の下でありながらも、グローバル経済が維持され、拡大を続け、そこにおける中国の占める地位は揺るがず、むしろ拡大局面が続いた。他方でコロナ禍によって国際的な人の移動とアイデアの流通が大きく妨げられた期間に、米中対立の激化は着々と進み、特に米側からの対中抑止の施策が、軍事と経済の両面の安全保障政策において顕在化した。これがコロナ禍の下での国際政治の、大枠における主要な事象であったと言えよう。

2　中東・イスラーム世界での対テロ戦争の時代から、米中大国間競争の時代へ

国際間の人の移動の停止と、それに並行した物の移動の持続、その間の中国の台頭の遅滞なき進行、対面のコミュニケーションの制限による意思疎通の阻害が一方にあり、それに並行してオンラインによるヴァーチャルなコミュニケーションは爆発的に増大していくという、相反する方向性の動きが数多くせめぎ合ったコロナ禍の時代にあって、その背景に一貫して進んでいたのが、冷戦後の米国主導の国際秩序の揺らぎである。米国内ではトランプ政権のコロナ禍対策をめぐる政争によって、社会の分断と体制の揺らぎが顕在化したが、国際社会では、特に中東地域において、米国のプレゼンスの低下が進み、それに伴う混乱が多発した。

一九八九年のベルリンの壁の崩壊が象徴する東西冷戦の終結によって到来したポスト冷戦期の時代において、米一極集中に彩られた国際秩序が形成され、三〇年を超えて維持されてきたことは、価値判断が異なる立場からも広く共有された認識である。この時代の国際社会において主流の地位を占めた規範・理念は、フランシス・フクヤマが『歴史の終わり』で声高に、露悪的とすら見えかねない形で提起した主張に代表されるように、国内の統治体制においてはリベラル・デモクラシーを、経済体制としては資本主義による世界市場を、残された唯一の選択肢とみなすものだった。この有力な規範・理念は、米国の圧倒的な軍事力および経済力による介入を背景にして、世界各地に、一部に強い反発も伴いながら、広められ、その実現が試みられた。

ポスト冷戦期においては、このように米の一極集中が進む「フラットな」一元化された世界の拡大が進みつつ、それに対する異なる理念を掲げた挑戦が中東・イスラーム世界の一部から提起された。ポスト冷戦期は、いわば中東を「危機の震源」として、それに対処する治安行動が、米国を中心に、その同盟国や有志国を巻き込んで、行われ続けた時代だったポスト冷戦期の、米国が主導して平準化が進んだ国際社会において、いわゆる「中東・イスラーム世界」と総称される地域は特殊な地位を占めた。この特殊な地位は、一九七三年の石油ショックによって確立された、エネルギー安全保障上の中東地域、特にペルシア湾岸地域の際立った重要性に、経済的には支えられてきた。

冷戦後の国際政治の歴史は、中東を発信源として定期的に発生する、グローバルに影響を及ぼす紛争やテロや混乱によって区切られてきた。冷戦終結直後の一九九一年の湾岸戦争、米国主導の対テロ戦争のきっかけとなった二

〇〇一年の9・11事件、二〇一一年の「アラブの春」はいずれも、その後のグローバルな国際政治の潮流を左右している。

一九九〇年のイラクのクウェート侵攻から翌年の湾岸戦争にかけて、東西陣営や欧米・非欧米の陣営を超えた同志国を募る過程で、ブッシュ（父）大統領は「新世界秩序」の構築を謳った。9・11事件を受けたブッシュ（子）政権は「対テロ戦争の勢いに駆られて踏み込んだイラク戦争でフセイン政権を短期間で崩壊させたグローバルな拡大中東民主化構想」を掲げリベラル・デモクラシーの広がる繁栄した中東を夢見た。「アラブの春」はこれらの米主導による中東の変革の試みが、形と担い手を代え、現地の市民社会勢力によって実現されるという希望を、ほんの束の間ではあったものの、抱かせた。唯一の超大国アメリカが、中東への軍事介入と、それを背景にした理念の流布により、各国の体制転換を進め、それを全世界に及ぼしていくというヴィジョンが、それに賛同するか否かに関わらず、国際政治を動かす強い力として、あるいは支配的な趨勢として、認識された時代であった。

コロナ禍の陰で顕著に進んでいたのは、米国が二〇〇一年の9・11事件以来、さらに遡れば一九九一年の湾岸戦争以来、中東を中心に積極的に大規模に行ってきた、中東・イスラーム世界への対外軍事関与の縮小である。これは、軍事的な関与を背景に広めてきた理念の伝播の停滞を伴った。二〇二〇年から二〇二一年にかけて、米国の中東における軍事的プレゼンスの手仕舞いは加速された。二〇二一年八月のアフガニスタンからの米軍撤収とその際に生じた混乱、ターリバーンの政権掌握と米国が支援してきたガニー政権の崩壊は、米国による中東への介入の時代の終わりを印象づけただけでなく、米国による国際主義の終焉すら一部には予感させ、国際秩序の大幅な変更を帰結しかねないという危機感や、あるいは期待感を、各地域にもたらした。

後退する米国と入れ替わるように進んだ、中国の影響力・存在感の高まりは、東アジア・東南アジアや南アジアで、一方では期待、他方では一定の脅威認識を喚起している。冷戦後の時代における米一極支配の国際秩序から、台頭する中国と、内向きになり後退する米国を二つの極とする国際秩序への移行、すなわち米中大国間競争の時代の到来が、広く認識され、語られ、各国の政府の政策によって裏付けられていった。

中国の台頭と拡張的対外政策に直面した、米国は、トランプ政権期からオバマ政権期にかけて、中東からの撤退を進め、アジアへの関与の重点の移行を試みた。オバマ政権以来の歴代政権により、「アジアへのピボット」は、繰り返し試みられてきており、そしてその度に中東における紛争や情勢悪化により引き戻される経緯があったが、コロナ禍の影響下にあったトランプ政権末期からバイデン政権の初期において、米国の中東からの撤退は加速され、新たに認識され対象化された政策概念である「インド太平洋」への取り組みが強化された。これには安倍政権をはじめとする同時期の日本の諸政権も深く関与した。

地球温暖化対策が国際政治の共通の関心事となり、二〇五〇年から二〇六〇年にかけてを目処に「ネット・ゼロ」の二酸化炭素排出削減目標を各国が立案し表明していること、そして米国のエネルギー輸出量がエネルギー輸入量を上回り、エネルギー純輸出国となったことは、国際政治における中東の重要性や、そこに集まってきた関心を、低める効果を生んでいる。

コロナ禍は、世界史的文脈においては、「中東・イスラーム世界における対テロ戦争」から、「インド太平洋世界における米中大国間競争」の移行期において、人類を直撃したと言えよう。

3　本書の構成　米中大国間競争への「その他」からの視点

コロナ禍とそれに並行して生じていた国際秩序の転換、その世界史的な位置づけに関するここまでの記述の詳細は、中東・イスラーム世界に立脚した視点を有する共編者による、独自の認識を多く含む。多様な地域の視点を備え、独自の認識の視座を構築した本書の各章の執筆者たちの全てが、細部まで同意するものではあり得ないだろう。しかし、米中大国間競争の時代の始まりに到来したコロナ禍という状況の複雑さと、それが各地域に及ぶ影響の共通性と差異に関する関心は、本書の各章の執筆者に共有されている。本書は、コロナ禍の影響と制約による特異な状態に置かれ、米中大国間競争という新たな枠組みが立ち上がり根づきつつある時代において、米中のいずれの勢力圏にも属さない広大な範囲を占める諸地域の動向を、それぞれの専門研究者が注視したものである。

本書は、「アフターコロナ」の国際秩序を見通すために、主に米中「以外」の各地域の主要な地域大国・主導国を対象にして、直接的にそれらの国々にコロナ禍が及ぼした影響や対応を検討し、それを土台にして、「アフターコロナ」の国際秩序を展望する。

この「序文」と続く対談「新しい世界の見方」は総論にあたり、本書が扱う諸地域へのコロナ禍の影響や、その背後で進む米中大国関係の諸地域への影響を、総合的に、また可能な限り網羅的に、捉えていく。続いて「I　地域大国の立場」の諸章は、コロナ禍の下で進んだ国際秩序の変動を、米中以外の「その他」の諸地域の地域大国を中心とした主要な国々の対応を通じて、検討していく。各章ではそれぞれの地域の主要国に特徴的な、コロナ禍の伝播の固有の経緯や、感染によって引き起こされた政治・経済的問題、各国の政権による対応・対処策や、社会の反応などを見ていく。「II　小国の立ち回り」では、米中対立と、各地域の大国間の競合のはざまにある小国にコロナ禍が及ぼした影響と、それへの固有の反応に目を向ける。「III　地域のまとまりと分裂」では、中東、中央アジア、ラテンアメリカの地域的なまとまりと自律的な力学を踏まえ、コロナ禍が複数の国家からなる地域に及ぼす影響を対象とした。

それぞれの章は、対象となる国や地域の最有力の研究者の執筆を得ており、分析の精度と完成度は高い。地域固有の文脈を読み解いて示した「比較コロナ政治論」ともいうべき一冊となった。各章の執筆を進める段階で、対象地域を異にする地域研究者たちが（オンラインで）一堂に会して草稿を相互に批判・検討し、対象地域・国を横断した比較分析と考察を行う機会を得たことは、編者にとってまたとない喜びであった。

コロナ禍は、変異と伝播の経緯が未だ十分に明らかにされておらず、それ事態が米中大国間競争における争点の一つとして残るだろう。コロナ禍がグローバル化した国際社会を急速に覆い、それに対する公衆衛生上のグローバルな共通行動を強いたという点で、国際政治における壮大な「実証実験」を行ったに等しい。人類共通の災禍が、大きく条件を異にする地域と国家に、時期をほぼ同じくして満遍なく及んだ時、各地域・国家はどのような反応を示したのか。共通性と、差異はどこにあるのか。本書はこの未曾有の事態が各国に及んだ瞬間を記録にとどめ、比較考察を行うための、貴重な一歩となるだろう。

（いけうち　さとし）
東京大学先端科学技術研究センター教授
専門はイスラーム政治思想史・中東研究。
著書に『アラブ政治の今を読む』（中央公論新社）、『増補新版　イスラーム世界の論じ方』（中央公論新社）『イスラーム国の衝撃』（文春新書）、『サイクス＝ピコ協定　百年の呪縛』（新潮選書）、『シーア派とスンニ派』（新潮選書）など多数。

新しい世界の見方

川島 真・池内 恵

●ポスト・コロナの世界を新興国から見るということ

川島　ポスト・コロナの世界を地域大国や新興国の視点から見る、ということが本書の課題となります。これまでUPplusの一冊目の『コロナ以後の東アジア——変動の力学』では東アジアを、二冊目の『アフターコロナ時代の米中関係と世界秩序』では先進国からポスト・コロナの時代を考察しましたが、三冊目の本書『新興国から見るアフターコロナの時代——米中対立の間に広がる世界』ではグローバルな視点に立って、それぞれの地域の地域大国や新興国から、米中対立やポスト・コロナの世界がどのように見えているのか、ということを考察しようとしています。そこでは、いくつかの論点が提示できるものと期待しています。

第一に、これらの国々、地域では、米中関係やポスト・コロナの世界の見え方が、先進国とは異なるであろうということです。そもそも米中対立がそれほどクリアに見えなかったり、米中対立以外の対立軸の方が重要だったりすることもあると考えられます。本書の今井宏平先生の論考「継続する安全保障化と地域秩序中心のアプローチ——コロナ危機下の二〇二〇年におけるトルコの内政と外交」でも、トルコから見れば米中よりもロシアの重要性があると指摘されています。また、宇山智彦先生の論考「中央アジアの新型コロナ問題と国際関係——減速する世界？」でも「国際秩序は大国の思惑だけで動くものでは決してない」、「大国の影響力は、その影響を受ける側である中小国の動きによっても決定づけられる」と論じられています。他方で、倉田徹先生の論考「「小国」は主体か、客体か？——米中対立下の香港」が、指摘するように、米中対立が激化すると、逆にむしろ「客体化」されてしまう香港のような地域もあります。香港は米中対立の焦点でなければむしろ「主体的」たりうる面があるということです。この指摘もまた米中対立なるものを単純に見てはならない警鐘だと思います。

第二に、それぞれの地域大国や新興国とされる国々がそれぞれの観点で現状や将来像を描いていることを、虚心坦懐に描出することによって導き出される多様性です。しばしば、地域大国とか新興国などと言いますが、これは先進国の側から見た「非先進国」という視線の下で括られた枠組みだとも言えます。それだけに、地域大国や新興国とされる国々の多様性が捨象され、すぐに中国が新興国の代表かのように言われてしまうのです。しかし、実際、中国とインド、中国とトルコとで大きなスタンスの相違があるように、そこには大きな多様性があり、そこに見られる相違は時には中国と先進国との相違よりも大きいことも考えられるのです。BRICSといっても、平野克己先生の論考「南アフリカ、そしてアフリカの衰退と再生」では、そのBRICSの国々について、「対等な関係を基盤としていたとは言い難い」と指摘されています。資源価格の高騰により著しい経済成長を成し遂げた一部の「新興国」も、中国の資源購入に依存していました。また、舛方周一郎先生の論考「ブラジル・ボルソナーロ政権はなぜパンデミックを防げなかったのか？——予見されていたコロナ禍の危機と米中対立下での外交戦略」も、コロナ対策に失敗したとされるブラジルのボルソナーロ政権がむしろ「新しい政治」を目指したがゆえにコロナ対策が十分にできなかったと、独自の問題を抱えていたことを指摘しています。そして、上英明先生の論考「キューバ白衣外交——トランプとコロナ」は、キューバの整った国内医療制度が新型肺炎対策に有効であったものの、むしろアメリカからの圧力の方が問題だと指摘しています。

このような論点を踏まえた上で、池内先生に口火を切って欲しいと思います。

●ポスト・コロナの世界、米中対立を中東はどのように見ているのか。

池内　ポスト・コロナの世界や米中対立に対する、中東側からの視点はいくつかあると思います。まずは地域大国であるイラン、トルコ、エジプト、サウジアラビアがそれぞれに、アメリカの中東におけるプレゼンスの低下傾向と、その後の米中対立を見据えながら、地域の中での立ち位置や相互関係を調整しています。そして、小規模だが戦略的な環境変化を敏感に捉え、自らの利点を生かしてレバレッジを効かせ、先手を打って地域情勢に影響力を行使する国々があります。湾岸協力会議（GCC）諸国のうち小国の、アラブ首長国連邦（UAE）やカタールがその代表です。近年に地域政治における主導性を増しているイスラエルもこれらの小規模で戦略的な国の最たるものとして扱ってもいいかもしれません。これらの国々が、コロナ問題を契機にますます激化する米中対立のなかで、自分たちの立場を見定めようとしているのです。各国の相互関係もありますし、それぞれのアメリカや中国との関係もありますから、少しずつ違う立場を各国はとるのだと思います。共通している部分はあります。

まず、アメリカの威信や将来にわたるプレゼンス、あるいは信頼性や影響力といったもの、さらにはアメリカに対する絶対的な恐怖というものが、この新型コロナウイルス感染症をめぐるアメリカの対応を見て、若干薄れたということが言えると思います。なによりも、コロナそのものに対して、アメリカが脆弱だったということ、トランプ政権の当初の対応の不確かさや、コロナ禍をめぐって顕在化したアメリカ社会の分裂が、二〇二〇年の大統領選挙で極限まで露わになったことが、中東へのアメリカのプレゼンスの低下をもたらしているのです。

中東諸国では親米派も反米派も、アメリカの軍事力や経済力、統治のシステムや理念は、批判することがあっても、その力を認め、恐れていました。しかしコロナ禍への対応で、アメリカの混乱や分裂が著しい、システムとしてうまくいっていないという、侮りの感覚は広まったと思います。これはワクチンの生産や接種による感染拡大の押さえ込みや収束に向けてアメリカがめざましい効果を上げ、国際的なリーダーシップを取れば変わるかもしれませんが、現状はアメリカも自国のことで精一杯で、ワクチンの面でも各国に恩恵を施しているとはまだ言えないと思います。

軍事的にも新型コロナ禍が米軍の制約となったという認識が感染拡大の初期段階には広まっていたようです。中東地域では、ＧＣＣの湾岸産油国に米軍のプレゼンスが集中しています。バーレーンに米海軍第五艦隊が司令部を置いており、カタールのアル＝ウデイド空軍基地に米空軍が展開し、二〇一九年にはサウジアラビアにも公然と駐留部隊を派遣しました。これらの米軍の実際の展開が中東におけるアメリカの威信を確保してきましたが、米空母などでの集団感染が公式・非公式に伝えられる中で、米軍が活動に困難をきたしているという印象は一時強まりました。事実かどうかは別にして、米軍の圧倒的・絶対的な力への信頼や恐れを揺るがす効果をコロナ禍はもたらしました。

アメリカへの信頼や恐れが弱まったのに対して、上昇したのが、アメリカと競合する域外大国への期待です。それ以前の「アラブの春」以後の秩序の揺らぎの中で、ロシアの介入がアメリカの介入の裏をかく、影響を阻害する場面が、特にシリアなどでは目立ちました。そこで、サウジアラビアやエジプトなど親米政権の国でも、必ずしも親露となるわけではないが、武器供与などを受けるなど戦略的な連携をロシアとの間で模索する動きを示しています。これはアメリカとの同盟的関係に不確かさを感じて安全保障を多様化する動きでありますが、なおもアメリカに安全保障を依存しつつ、アメリカのコミットメントを引き止める、引き寄せるための交渉のカードとしてロシアへの接近を使っているという段階です。ロシアのプレゼンスの拡大は、既に生じている事実であると同時に、その拡大には限界があることも知られています。ロシアが最終的にアメリカを置き換える覇権的地位を中東において持つとは考えられていません。しかしロシアがピンポイントで行う介入は、米国のしばしば内政の論理で決定される、あまりに細やかでない介入と比べて、これまでのところ非常に的確で有効であったということは広く理解されています。

それに対して、中国はどう見えているのでしょうか。これはコロナ禍の初期段階と、それが長期化した段階で、認識は揺れ動いています。まず、初期段階は、中東において初めて中国の台頭の負の側面が感じられた場面だったと言えます。

それ以前は、中東諸国の政権にとっても、一般庶民にとっても、中国は、脅威と認識されるものではなく、「都合の良い」存在と見られていました。雑貨に始まり、車も家電製品も情報・通信機器も、そしてインフラ建設も、現地の水準ではそれなりに満足のいくものを早く安価に造ってくれる。おそらく中国も、エネルギーを依存している中東は、「債務の罠」に嵌めるような対象ではなく、双方にそれなりのメリットを感じられる取引だったのでしょう。中東諸国にとっては、中国からの援助には、欧米諸国から援助を受ける時のいわゆる「コンディショナリティ」、すなわち人権や民主主義といった理念の紐付きがない。うるさいことを言わずにさっと作ってくれる。このことは、欧米諸国との関係においては、これまた、ロシアとの関係と同様に、交渉のカードとなる。中国の台頭と中東へのもっぱら経済的な進出は、中東諸国から言えば交渉のカードが増えた、大変便利という受け止め方でした。アメリカだけでなく、日本に対しても、中国の進出をチラつかせることで、競わせる。このように、都合の良いことばかりで脅威にはならない便利な国、というのが中国に対する支配的な受け止め方であったのがコロナ禍以前の状況でした。

これがコロナ禍を受けてどう変わったのかといいますと、まず、当初は、そしておそらく現在も、庶民レベルでは、「伝染病を撒き散らした」中国に対する嫌悪感や差別感情が高まったと言えます。これは中国の経済的な台頭が中東でも目に見えて生じる前の段階、すなわち一九九〇年代や二〇〇〇年代まで中東諸国の社会に幅広くあった、中国あるいは出稼ぎの中国人に対する蔑視感情の延長線上ですが、これが再活性化されたとも言えます。これはアジア人一般への中東諸国の社会の中での蔑視や差別感情と一体ですが、中国人に対しては特にこれが顕著だった。最も数が多く目立つという点や、かつては貧しい出稼ぎ労働者が中心だったというのが原因でしょう。中国に対する差別的感情は、二〇一〇年代に中国の台頭が中東でも明らかになると、表面上は見えにくくなっていました。ただ、内面ではそれほど変わっていなかったのだと思います。これがコロナ禍の世界的な流行の初期段階で、呼び覚まされた。しかも今度は、中国は弱く貧しい存在ではなく、強大化し、時に激しくモノを言い、各国の政権にとって関係悪化を避けたい存在の最たるものとして現れてきた。中国の不気味さ、厄介さといった、中国の近隣諸国であれば一定程度、常に抱いてきた感情を、中東諸国が初めて肌身に感じたのがコロナ禍の広がりでした。

　中国とは一定の距離を取りながら付き合わないといけない、という認識がコロナ禍によって生じ始めたものの、これが反中感情というところまで行くかというと、まだそこまではいっていないというのが中東の中心部、トルコやエジプト、イランや湾岸産油国などの現状でしょう。それらの国では、中国の進出はまだ「従属」と言えるような状況をもたらしていないのです。むしろ現地の政権が自らの経済政策を進める中で、都合よく中国企業に一部を下請けに出すような構図があるのです。それに対して、パキスタンやアフガニスタンなど、南アジア諸国で、中国の経済的進出の果実がもっぱら中国に吸い上げられ、現地の諸勢力を「支配」するとみなされるようになると、より緊張が高まるかもしれません。

　このように複数の潮流が混ざり合っているような状況ですが、全体状況からいえば、やはりアメリカのプレゼンスがかなりの程度低下していくことは不可避と見た現地の政権が、中国の進出を歓迎している、自らの経済政策の重要な要素として不可欠なものと見ている、少なくともアメリカや西欧諸国に対する有力な交渉のカードとして確保しているということは確かです。アメリカや西欧諸国との関係が相対化され、中国との関係が不可欠なものとなるという事態は、中東にとって、近代史上の前提を大きく変えるような、かなり大きな出来事です。中東諸国は政治・経済・軍事のいずれの面でも、地中海を挟んで向かい合う西欧諸国、そして大西洋を越えて影響を行使してくる超大国アメリカと近く、それらの影響を直接的に強く受けてきた。アイデンティティの上でも、欧米（the West）を自らに反する対立項と置いて、民族主義にしてもイスラーム主義にしても定義してきました。近代史上ずっと中東諸国は「ルック・ウェスト」をしてきたと言っていいのです。それが、中国の急速な台頭が中東に及ぶ過程で沸き起こった新型コロナ禍に直撃される中で、否定的な中国認識、将来の潜在的な脅威とみなす視点も含めた「ルック・イースト」の動きが急速に生じ始めているものと見られます。これはコロナ禍以前に始まっていた動きですが、コロナ禍によって大きく加速されたと言っていいでしょう。世界は中国抜きには回らない、アメリカの力も制度も絶対ではない、場合によっては中国がアメリカを置き換える場面があるかもしれない、その際にどれだけ有利に中国と関わるかが肝心、ということを、目の前にいる「欧米」との結びつきが強すぎて乗り遅れていた中東諸国でも強く認識した。それがコロナ禍による国境封鎖の中で生じていた意識変化でしょう。

●産油国と中国の関係について

川島　ありがとうございました。ずっと西を向いていた中東が今回のコロナで東を意識し始めた、というのはとても面白い指摘ですね。これは確かに大きな転換なのかもしれません。逆に中国からすると、中東という、国際政治の面で最も敏感で、「面倒そう」なところにも手を触れ始めたという感じがあるのだと思います。

他方、中東では原油の最大の輸出相手になることで中国の存在が重要視され、さらにコロナでその中国からもたらされる脅威も認識されたということなのだと思います。経済関係が緊密になることで中国との関係が緊密化し、その中国との関わりの深さがコロナ対応にも影響するという側面は、ブラジルを取り上げた舛方周一郎先生の論考「ブラジル・ボルソナーロ政権はなぜパンデミックを防げなかったのか？――予見されていたコロナ禍の危機と米中対立下での外交戦略」にも見られます。また、アフリカを論じた平野克己先生の論考「南アフリカ、そしてアフリカの衰退と再生」が描くように、中国が途上国からの資源を購入し、またインフラ建設などで途上国経済に深く関与した結果、今後のポスト・コロナにおける途上国の諸問題を中国自身が背負わねばならないのではないかということもあるでしょう。

いま池内先生のお話を伺っていて思ったことは、中東の中でも、産油国の見方がどのようなものか、ということです。新型コロナウイルス感染症によって、原油価格は当初、大幅に下落しました。また最大の産油国が、アメリカ、ロシア、サウジアラビアということになり、中東諸国主導の原油価格設定も難しくなってきているという話もあります。そうした産油国から見れば、中国は重要な買い手かと思います。では、サウジアラビアなどの産油国にとって、中国はどう見えているのでしょうか。池内先生はどのように見ていますか？

池内　国際政治における中東の重要性をもたらしている根幹はエネルギー資源の偏在、特にペルシア湾岸のGCC諸国やイランやイラクへの偏在です。これらの国々にとって、「脱炭素化」のエネルギー転換が中長期的に進むのを、コロナ禍が短期的に、極端に加速した面があります。コロナ禍による移動制限・経済停滞がもたらした急激な需要の減少と原油価格の低下の中で、中国は今後も、長期的に多くの原油・天然ガスを買ってくれる、不可欠な需要国として残っています。欧米諸国での脱炭素化の推進や、シェール・ガス、シェール・オイルなどの開発により、湾岸産油国にとって中国という選択肢の重要性は増し、中国の需要抜きでの産油国の長期的な国家経営が成り立たないというのが現状と思われます。

湾岸産油国は脱炭素化の潮流に対して、表面上・公式的にはこれに乗って産業転換を図るという姿勢でいます。つまり、石油・天然ガスの輸出国でありながら、自らも低炭素化に踏み出すという姿勢は、サウジアラビアのムハンマド皇太子をはじめとした新世代の指導者たちが誇示して見せている。しかしその内実はというと、脱炭素化が進んでもなおも残る石油・天然ガスの需要について、世界的に見て傑出した低コスト生産者である湾岸産油国が、より高いシェアを確保していく、というのが実際の戦略ではないかと推測されます。アメリカやロシアの石油・天然ガス産業は高コストであり、脱炭素化や需要収縮の流れの中で、市場から退出を迫られるのに対して、湾岸産油国は最後まで石油輸出国であり続ける、というのが、現実的に湾岸産油国が辿ることのできる成功シナリオでしょう。これ以外のシナリオを描くとすると、国民社会が劇的に変化して、高水準の労働者を自国民から生み出し、科学技術を自ら発展させて実用化していかなければならないが、そのような大規模な社会構造の転換が短期間に生じるとは考えにくい。需要減の苦しい時期を凌ぎ、脱炭素化を経て一定程度残る、石油・天然ガスの世界市場における需要の多くを満たす、市場支配力をより強化した形で産油国としての地位を維持して生き残るというのが、表立っては言わないものの、現実的にありうる選択肢でしょう。ただし湾岸産油国が一致してこの路線を密かに選択しているというわけではなく、それぞれの石油産業のコスト構造や体制のあり方によって、姿勢は微妙に異なってきます。サウジアラビアが最も低コストで大規模な石油資源を有しており、サウド家の部族支配による家産制的な国家の統治構造からも、体制が現状のままで続くとするならば、結局は石油資源に大幅に依存して国民への分配を続けるという経路から外れるとは考えにくいのです。

ただしＧＣＣの産油国の間では国情による偏差があります。対照的なのがクウェートで、コロナ禍を受けて国際的な労働者の移動が制限されたのを機会に、野党勢力からの突き上げを受け、自国民労働者の比率を抜本的に向上させる政策を掲げています。これまでおよそ70%の労働力を外国人労働者に依存していたものが、三〇%に引き下げる、というもので、そのためには石油依存の経済社会もかなりの面での変化が迫られます。ＧＣＣの産油国では、インド亜大陸からの人々を中心とした外国人労働者に大幅に依存した経済社会が存在してきました。ＵＡＥやカタールでは人口の九割程度が外国人で、クウェートでもこれが八割あるいは七割程度です。労働者の国際移動がコロナ禍によって大幅に制約を受けたのに対して、各国はどのような対策を短期的・中期的に取るのでしょうか。おそらくＵＡＥやカタールではコロナ禍収束後にもこれまで通り外国人労働者に依存し続けることは確実です。自国民中心の経済に転換しようとかけ声をかけているサウジアラビアにしても、なおもかなりの程度は、外国人労働者に依存し続けることが見込まれています。これとは異なる政策目標を打ち出したクウェートは、一定の範囲内で野党の存在を許し、議会を開設し、ＧＣＣ諸国としては例外的に一定の民主主義的・多元的な統治構造があり、それがもたらした異なる動きとも言えるでしょう。また、サウジほどの低コスト生産やシェア拡大・市場支配が望めないといった相違もあるでしょう。ＵＡＥのように、ＯＰＥＣの石油生産削減を嫌い、石油関連の資産を、脱炭素化の進展に先んじて今のうちに現金化することを目指しているかのような動きを示す国もあります。湾岸産油国の脱炭素化とコロナ禍に対する対応は、それぞれの国の油田の経済性や、統治構造、政権の経営戦略によって異なっています。

川島　外国人労働者の問題、あるいは出稼ぎからの送金に頼っている国の抱える問題などはコロナ下で深刻になっているようです。これは、今回の新型肺炎をめぐる問題が、ヒト・モノ・カネのグローバル化のうち、歴史的に見ても最も後の時代になって実現した「ヒトの（移動の）グローバル化」という部分を直撃したことにも由来するのでしょう。また、これは今井宏平先生の論考「継続する安全保障化と地域秩序中心のアプローチ――コロナ危機下の二〇二〇年におけるトルコの内政と外交」や宇山智彦先生の論考「中央アジアの新型コロナ問題と国際関係――減速する世界？」が指摘しているように、コロナの感染経路は基本的に人の移動のありようを浮き彫りにしました。トルコや中央アジアにはやはり欧州から感染が拡大することになったわけです。また、伊豆山真理先生の論考「インド――コロナの苦境を機会に変えることができるか」にあるように、インドでは在外インド人の母国への移動こそが自国の感染リスクを高めました。

他方で、池内先生が指摘されるように、外国人労働力に依存した産業構造を持つ国や地域や、出稼ぎ労働者からの送金に依存した経済構造を有する国や地域は、相当苦しい事態に直面しています。ただ、そうした中にあって、むしろ外国人労働力に依存しない産業構造を作ってしまおうというクウェートの事例は興味深いですね。この点は伊豆山真理先生の論考も紹介しています。また、やはり産油国は原油を基軸に世界を見るので、単純な米中対立などだけで描ききれるものではないと感じられました。

●ロシアと中東と中国の関係

川島　中国と中東との関わりを考えるときに、池内先生がお話されたように、新型コロナウイルス感染症によって、中国のもっているアグレッシブさやある種の危うさというものに、多くの国が気づいたというのは象徴的です。日本では、その中国のアグレッシブさやある種の危うさというものは既知であり、チャイナ・リスクはチャイナ・オポチュニティとともにある問題として存在しているという見方になってきているようです。しかし、常に中国からの圧力を経済のみならず、政治や軍事でも感じている、中国の周辺国にとって常識でも、主に経済でしか中国と接していない、中国から地理的に離れているところでは常識ではない、ということもあります。まさにこの「中国のアグレッシブさやある種の危うさ」がそれかもしれません。中東では、一帯一路などについても経済的な側面が目立っていたのが、今回の新型肺炎でようやく中国のアグレッシブさや危うさが認知されるようになった、ということですね。もちろん、宇山智彦先生の論考「中央アジアの新型コロナ問題と国際関係――減速する世界？」が指摘しているように、一帯一路がこれまで提供しようとしていたコネクティヴィティが、アフター・コロナで復活するのか否かという根本的な問題もあります。

中国の方とすると、一帯一路を進めるに際しても、あるいはその前からも、中東に関してはかなり注意して接してきたというか、それなりに穏便にやってきたつもりだと思うのです。その背景には、アメリカの石油利権がそこにあるということもあるかもしれませんが、やはりロシアへの配慮や、ある種の面倒な地域内国際政治についての認識が十分でなく、虎の尾を踏むようなことをしたくないから、当面は外から静観するというスタンスだったのではないかと思われるのです。中東では、そのような中国なりの慎重さといったものはあまり伝わっていないでしょうか。

それから、別の観点からも疑問があります。今回の新型コロナウイルス感染症の結果、ヨーロッパとロシアの関係がやや改善される傾向があるとの話が一時的にありました。その背景には、中国認識の変化があるとも言われます。世界的にそうした傾向があり、伊豆山真理先生の論考「インド――コロナの苦境を機会に変えることができるか」でもインドでの対中観の変化が指摘されています。欧州でも対中観がネガティブに変化した場合、逆にロシア観が相対的に改善されて、英露関係は厳しいかもしれませんが、特に独露関係、仏露関係には改善傾向が見られるということが生じるのかもしれません。中露関係が良好であるための条件としては、米露、欧露関係が良くないことが挙げられます。ですので、あくまでも頭の体操としてですが、ロシアと欧州の関係が改善されると、中露関係に変化が生じる可能性が生じます。中露関係を良好に保つ条件が損なわれれば、中露が接近する理由の一つが損なわれることもあり得ると思います。そして、中東の情勢というのは、ロシアとアメリカ、西欧諸国との関係性の一つの重要な舞台となります。ですので、中東におけるロシアや欧米諸国との関係や、あるいは中東での中露関係についてもお聞きしたいのです。

それから、もしよろしければ、中東の国々が国連をどう見ているのかということについても言及いただけますか。小泉悠先生の論考「コロナ危機後のロシアと世界――「長い二〇一〇年代」か、新しい世界か」が指摘するように、ロシアはP5サミットを提案して、ロシアが既存の秩序への挑戦者ではなく、秩序の維持者、構成者であると位置付けようとしているとしていますが、このような行動は中国にも見られます。習近平も国連外交を強く意識しています。伊豆山真理先生の論考「インド――コロナの苦境を機会に変えることができるか」にあるように、インドも国連主義を外交の一つの柱にしています。では、中東諸国は国連をどう見ているのでしょう。関心がありますす。

池内　中東においては国連への期待はあり、また多くの中東諸国出身の外交官が国連機関で活躍しており、パレスチナやシリアやイエメンといった中東の紛争地域では、国連機関が実質上の行政機構のような役割まで担うことがあり、そこで要員として中東の人間が働いていますので、ある意味非常に身近な存在なのですが、安全保障理事会をはじめとする国連の高度な意思決定に中東諸国が直接関与できる場面は少ない。あくまでも、国連が取り組む課題の多くが中東にあるという、国連創設当初からの現実があり、中東が最重要の「対象」として扱われてきたと言えます。コロナ禍に対して、国連や国際機関の指導力は弱く、中東諸国にとってそれほど頼れる存在ではなかった。それに対して、ロシアや中国という、国連において欧米とは別の勢力として主導している大国の存在感が、コロナ禍においていっそう上昇したと言えます。

中東におけるアメリカのプレゼンスの低下の空白を埋めたのは何よりもロシアであり、プーチン政権の対中東介入の戦術的な巧みさは幾度も印象づけられました。同時に、その影響力には限界があることも明らかです。それに対して中国の影響力には伸び代がまだまだあると思います。コロナ禍で芽生えた不信感や脅威認識と、長期的に中国の需要に依存するという見通しから生じる期待や遠慮は強まりました。二〇二一年三月にイランが中国と結んだ二五ヵ年に渡る協力協定などは、具体的な内実や拘束性などは曖昧なものの、将来にわたって中国との良好な関係の構築は不可避の課題であり、かつ短期的には対米交渉のカードになるという認識は中東諸国全般に見られます。

では中東諸国の対露関係と対中関係に折り合いはつくのかというと、当面は競合せず、住み分けが可能というのが、双方の認識でしょう。分かりやすいのはエジプトの軍主導の政権がスエズ運河開発を進める中で、鳴り物入りで進めている、運河の地中海への河口に位置する都市ポートサイードのフリーゾーンの開発です。ここでエジプトは、中国とロシアをそれぞれ誘致しています。軍事的要地であるスエズ運河の河口地帯に中国とロシアを並行して進出させることが可能であり、それがエジプト軍部の依存するアメリカとの安全保障上の関係も揺るがさないというのがエジプトの軍部の認識であるということが推測できます。

中東においては、ロシアと中国は、一方でイランとも協調して三カ国である種のグローバルな「反米同盟」というか、アメリカ主導の国際レジームに対する対抗軸を形成してみせる場面と、サウジアラビアやエジプトなどに経済進出を行い、親米国にオルタナティブを与える、あるいは交渉のカードとして利用してもらうことで利益も得る、「漁夫の利」を得る場面とが交互に現れます。ここではまだ中国は新参者の外部の大国で、現地の政権を左右したり、軍事的な面での依存関係に陥ったりするところまでは至っていないように見えます。

●テクノロジーについて

川島　面白いですね、特に軍事的な部分の切り分けと経済との切り分けのところです。ある種中東の国はドライだし、そのように分けているのでしょうね。でも、そこで一つの論点が出てきます。特にテクノロジーの問題ですが、池内先生にイスラエルに連れていっていただいて、イスラエルの研究者との交流枠組みに入れていただいた時にも感じたところです。彼らは非常に敏感にテクノロジーの問題に反応しますが、中東の国々は米中対立の下でテクノロジー問題をどう見ているのでしょうか。一般に、先端部分であればあるほど、安全保障と経済とが切り分けられない問題だと思うのです。軍民両用の先端産業などともよく言うのもそのためでしょう。中国でも「軍民融合」が進められていて、先端産業であればあるほど、軍事と経済は未分離です。また、輸出管理法などで、自国が優勢なテクノロジーは囲いこもうとしています。そして習近平は経済と安保とを関連づけると明言しています。では、このテクノロジーの分野で米中対立が激化すれば、イスラエルは当然、アメリカ側につくということになるのでしょうか。また、この論点について中東ではどのように議論されているのでしょうか。

池内　テクノロジーは中東の外交で、目に見えないところで最重要の鍵となりかけています。それは中東の中で、そして世界的にも、傑出した技術水準を誇るイスラエルという国が今やその存在を確立し、存在感を高め、地域政治において主導性を高めていることと関係します。イスラエルが近年に水面下で強めてきた二〇二〇年に一部では国交正常化という形で公式化した、湾岸産油国、特にUAEやサウジアラビアとの関係において切り札はテクノロジーの供与です。湾岸産油国が目指す、少なくとも公式的に掲げている石油依存からの脱却に不可欠の先端技術をイスラエルが提供すると期待されていると共に、地対空ミサイルやドローンなどの兵器、あるいは政権が反体制勢力を監視し摘発する情報技術などの面でも、イスラエルへの依存が急速に深まっていると見られます。イスラエルへの接近で、GCCの湾岸産油国は、アメリカとの安全保障上の関係を維持・強化するための支援をイスラエルから得る、いわば「ロビー団体」のような役割も期待しているでしょう。

イスラエルは湾岸産油国への戦略的な技術供与を外交・安全保障政策の切り札にしていくのと同時に、中国に対しては、「優良・大口顧客」として、情報技術やサービスの取引を拡大してきました。これはアメリカとイスラエルの関係を緊張させています。イスラエルは安全保障上の機微な技術は中国に移転しないという立場ですが、それをアメリカが使用・信頼しきれるかというとそうでもないようです。

イスラエル以外の中東諸国では、中国による先端技術の供与によって中国に従属する、あるいは情報が抜かれ安全保障上の脅威になるという脅威認識は、現状ではほとんどないようです。安価で便利であり、経済性の高い中国の情報技術・インフラを導入するという選択肢は、UAEなどの、アメリカから最新兵器を購入して安全保障を確保している湾岸産油国でも見られています。イスラエルが対中経済関係についてアメリカの危機感につい最近まで無頓着であったこととも似ています。今後湾岸産油国もアメリカから対中貿易、特に先端技術に関して圧力がかかったとしても、おそらく経済的に成り立つ代替肢がないということから、アメリカの要求にそう簡単には従わないでしょう。結局のところ、湾岸産油国とアメリカとの同盟関係はそれほど深いものではなく、イスラエルとの国交正常化という貴重なカードを切って、アメリカとの間を取りなしてもらわないといけないような関係です。それに対してアメリカも湾岸産油国の経済社会にまで梃入れして、中国依存を避けた開発を支援するかというと、そこまで力を入れる意思も能力も想定しにくいというのが現状です。むしろ現在生じつつある構図は、湾岸産油国はイスラエルの先端技術を部分的に導入することで、情報面でも「首根っこを掴まれる」ことになり、アメリカに間接的に従わざるを得ないという状況になります。それと同時にアメリカは湾岸産油国が中国との通商貿易も進めることを黙認するというのがおそらくありうる将来の展開です。

●アメリカのプレゼンスの低下による中東の影響と中国

川島　自国の当事者性がなかなか感じられず、アメリカも武器売却を止めるなどの措置をとるまで至らない、ということですね。その原因が中東諸国にあるのか、アメリカ側にあるのかということには議論の余地があるにしても、池内先生がご指摘になったアメリカの中東外交が「細やかでない」という論点は重要と思います。それは東南アジアなどに対してもそうでしょうし、あるいはアメリカの対中外交においてさえそうかもしれないからです。中国が推進した一帯一路などにしても、それが一定程度各地で受け入れられたことの背景には、沿線国の反米感情もありました。平野克己先生の論考「南アフリカ、そしてアフリカの衰退と再生」が指摘するように、アフリカではWHOのテドロス事務局長をトランプ政権が批判したために、反米感情が一層強まったこととも通じるでしょう。

　しかし、そうは言ってもアメリカの力は依然強いものがあります。上英明先生の論考「キューバ白衣外交の文脈――トランプとコロナ」が取り上げているキューバの事例のように、オバマ政権からトランプ政権への交代によってアメリカからの圧力が強まったがために、新型肺炎それ自体への対処には成功しながらも、経済発展や評価の比較的高いその医療外交にも限界が生じている例もあります。ただ、これはやはりアメリカのお膝元の事例で、世界全体から見れば、アメリカの影響力は相対的に弱まっていると言えそうです。

　ただ、中東の場合、アメリカが深く関与し、強い軍事力を持った強い存在であったのは確かで、それがだいぶプレゼンスを今回のことで低下させているとしても、それに中国が取って代われるとまではいかないと思います。とはいえ、中国も主要な原油輸入国になるし、アメリカにとっては中東においてもややこしい存在になってきているのではないかと思います。そういう状況の中で中東の国々は、アメリカにつくわけでもなく、中国支持でもない状態で、上手に自己利益の最大化を図っているのだろうと思います。では、中東の人々はどのように世界のこれからを見ているのでしょうか。世界は、アメリカ一強の時代が終わって、多極化して、混沌としていくので、自分たちの地域は地域でまとまっていけばいいと考えているのか。それなりに米中が拮抗していくので、欲しいもの、取るべきものを双方から取ればいいと考えているのか。それともその辺の世界像がサウジとイランなどとでは全然違うから、思い描く世界の将来像の相違と、地域内の矛盾が結びついているということなのか。どうでしょうか。

池内　アメリカを置き換える、本当の意味での大きな存在、グローバルな覇権国は、当分現れないと中東諸国では考えられていると思います。地域大国の為政者のレベルでは、それは好都合であると考えているでしょう。地域大国の行動の自由が拡大し、地域内での影響力が増すと思われます。ロシアや中国をアメリカに対する交渉のカードに使い、レバレッジを効かせて、自らの影響力を高めていくことが狙える状況になってきました。このことを中東の主要国は好都合と受け止めているでしょうが、ただ、舵取りはしっかりしないといけないし、風向きも見ないといけないのです。アメリカとの関係がそれほど当てにならないだけでなく、ロシアや中国の過度の介入は政権あるいは体制を揺るがしかねない。アメリカの締め付けが緩んだ他の地域大国や、小規模だが影響力を持った国に、合従連衡で出し抜かれる可能性もあります。その中で、中国はまだ直接的に致命的な影響を及ぼしてくるとまでは言えないけれども、また、謎がまだまだ多いけれども、将来的にはとにかく経済的な依存度が高まると認識して、関係を悪くしたくないと考えています。中国が本当の意味で、自分たちを圧倒して、本気で中東を支配する国とは考えてないが、ただ、アメリカとの相対的な関係からいうと、中東においても、中国のプレゼンスは上がっていくだろう、という認識から、注意深く接しているというのが現状でしょう。その際に、中国とだけ関係を深めるとバランスが悪いかもしれない。そこで、インド、オーストラリア、そして日本といった国々がアメリカと共に中東に関与するなら、並行してこちらとも関係を持っておきたい、日米豪印のクアッド（Quad）の試みに中東諸国での関心が少しずつ出てきているのも、このような戦略的な情勢認識に基づいているでしょう。「中国と天秤にかけよう」と手ぐすね引いて待っているとも言えますし、実際に中国一本賭けは危ういと、コロナ禍や米中対立の激化から認識し始めているとも言えます。

川島　なるほど。ここでもやはりアメリカの存在の大きさは大前提として、そこに最大の原油輸入国としての中国からの風が吹いているということですね。他方で、中東は日本、オーストラリア、インド、あるいは違う国を組み込みながら、自分たちを有利な状態に持っていこうとするということかと思います。では、そこでの日本はどのように思われているのですか。つまり、意外と力があって、中国牽制に使える存在なのか、あるいは日本に寄るということはアメリカ寄りになるということなのでしょうか。それとも、日本はアメリカ寄りながらも、アメリカそのものではないので、アメリカと直接関わることは躊躇される場合には日本と付き合っていくとか。日本の位置づけについてうかがいたいと思います。

池内　例えば自由で開かれたインド太平洋戦略（FOIP）などの近年の、日本の主張、特に安倍政権の時代に明確な理念や戦略的意図を打ち出した構想は、中東諸国の外交・安全保障の専門家には、「なんとなく」という程度には伝わってはいます。これだけでも大きな変化です。中東諸国は基本的に中東を中心にグローバルな国際政治を考えますし、二〇〇一年の9・11事件以来の「対テロ戦争」の文脈ではそれが正しかった。一九九一年の湾岸戦争以来の三〇年間の文脈でも、やはり中東が中心になって回っている国際政治という認識は妥当です。その認識の構図の中に東アジアが、ましてや日本が入ってくる余地はかつてならなかった。しかし、中国の台頭によって「ルック・イースト」を遅まきながら迫られた中東諸国にとって、中国一辺倒では不安を感じるところもあり、アメリカとの関係も難しくなるという予想がある。そして、中国を見ることで、間接的に日本を含めた東アジアの重要性を再確認したというところがある。かなりの部分は幻想かもしれませんが、中東諸国では、日本はかつてアメリカと太平洋戦争で戦って原爆も落とされた、アメリカからは一定程度自立した国であり、経済規模からもグローバルな大国であるという認識はある。中国の台頭で日本の価値もむしろ嵩上げされた感があります。その日本が中国のアグレッシブなところをある程度抑える、一つのキープレーヤーになるという主張をすることは、中東の戦略的発想ではむしろ当然のことです。FOIPの構想や、日米豪印防衛協力対話（クアッド）の形成は、理念・枠組みを打ち出してせめぎ合う中東では理解されやすい、期待される動きです。中東諸国からいえば、そのような陣営分けが見えてくると、その両方に働きかけて双方から何かを得ようとするということなのですが。その際に、インドの戦略的な役割が増大している点も、中東にとっては特に大きな変化です。中東にとっては、特に湾岸産油国にとっては、インドは目の前にある。過去半世紀においては、湾岸産油国の経済をインド人の出稼ぎ労働者が支えてきた。今後は労働者たちの本国が経済的に台頭するだけでなく、軍事的にも役割を増していくかもしれない。これまでは経済的に従属化していたインドが、ある種の大国として介入してくることすら、将来にはあり得る。歴史を遡れば、インドとペルシア湾岸にはそのような関係がありました。インド人を見る目も急激に変わっていくのだと思います。

川島　日本がアメリカから自立していると見られているというのは興味深いですね。やはり対イラン政策のなどの面での日本の自立外交の影響でしょうか。うかがったお話から想像すると、中東から見ると、世界には米中対立という局面がありながらも、やっぱりBRICSなどの新興国とか、アメリカ以外のG7の国、あるいはG20の国が、それぞれがまとまりながらも独立性を持って動いていると見ていているのですね。

池内　そうですね、非常に複雑で流動的なので表現が難しいのですが、中東から見れば、アメリカのプレゼンスが低下する中で、イラン、トルコ、イスラエル、サウジアラビアといった地域大国及びそれに準ずる大国が自立性を増し活性化し、ロシアや中国のような超大国未満の域外大国の介入を天秤にかけ、相互に合従連衡を頻繁に組み替えるゲームが始まっている。アメリカは依然として超大国だが、中東へ及ぼす影響力は低減しており、関心をアジアに移している。近代を通じて中東が深く組み込まれてきたアメリカと西欧の間の環大西洋地域ではなく、インド洋から太平洋にどうやら国際政治の中心が移りつつあるようだ、とようやく得心しつつある、というのが現状でしょう。

川島　インド太平洋に中心が移動している、そうした意味ではルックイーストということなのですね。そこでおうかがいしたいのは、そのインド太平洋という場での秩序がどうあるべきだと考えられているか、想定されているかということです。国際協調主義的な発想もあれば、もう一つはパワーの話がありますよね。中東はどちらかというとパワーの方で見ていると考えていいですか。

池内　そうですね、パワーのバランスを極めて敏感に見ているということですね。

川島　逆にいうと、米中対立の中で、この二大国だけで全て決まると見ているわけではなくて、ミドルパワーと言っていいかどうかわからないけど、日本やインドなどの中堅のパワーもまたアクターたり得る、場合によっては、そうした中堅国を組み合わせていけば、なんとか米中に対抗可能だとそういう見方でもあると言えるでしょうか。これは早川理恵子先生の論考「楽園の疫病——太平洋島嶼国の現実」で扱った太平洋諸国などにも共通する論点かと思います。

池内　そうですね、中東で戦略を考える立場の人たちと話すと、アメリカの影響力が下がってきているということは確かで、では中国はその地位を置き換える意思や能力があるかというと、もしかしたらあるかもしれないが、まだ分からない。本当に中国が中東を支配するようになりかけたら、それはアメリカが全力で止めるだろう。われわれもむざむざと支配されるほど無能ではない、新旧超大国の動きを慎重に見極めて漁夫の利を得るべく待ち構えている、といった姿勢が固まりつつあります。これはおそらく、中東以外でも、各地域が米中対立の構図の中で自らの有利な位置を占めようとすると、多くが到達する地点だと思うのですが、中東は戦略思考が行き渡っており敏感なので、早期にこのような結論に到達していたのではないかと思います。

川島　力が下がってきているとはいえ、アメリカの存在の大きさ、またアジアにおける米中対立といったことを前提としつつも、中堅国もまたアクターだと見られているということがよくわかりました。ただ、中国の方から見ていると、その中堅国がそれぞれ独立した、バラバラな存在に見えているというわけではないようです。例えば、中国から見ればBRICSが特に経済面で重要な存在で、昨今では世界の自由な貿易市場をBRICSが守るなどといっています。これはトランプ政権下のアメリカへの牽制でもあったわけです。また、このBRICSと地続きの組織であるG20では、G20の集団の中の、G7以外の国々を中国はとても頼りにしているわけです。中国は、BRICSにしてもG20にしても、基本的に経済の枠組みとして見ているので、そこでなるべくアメリカの「独走」、西側先進国の論理の一方的正当化を防いでいきたいと思っているのです。アメリカを単独では抑えられない中国からすれば、新興国と組みながらアメリカに対応しようとしているわけです。また中国からすれば時には日本にも利用価値があります。例えば、経済貿易枠組みについて米トランプ政権が単独主義を採ったのを横目に、自由貿易体制擁護を唱える中国からすれば、環太平洋パートナーシップ協定（CPTPP）などを推進する日本は逆に頼りになる存在として映ったのだと思われます。

ただ、中東の人たちは、先ほどお話があったように、おそらく自由貿易秩序がどうのこうのではなくて、パワーで見ているんでしょう。実のところ、中国は実際の行動ではパワーをむき出しにしていても、言葉の上ではパワーについてはあまり語りません。中国が言っている新型国際関係も、中国と他国が経済面でのウィンウィン関係を築き、それがパートナーシップとなり、最終的には運命共同体になる、という議論なのです。このような言説を裏打ちするように、中国は対外進出に際してまずは経済から出て行きます。軍事力や政治力に比べれて、経済力の方にこそ競争力があり、優位だからです。だからこそ、中国から離れたところでは、中国の経済力ばかりが目立ち、政治や軍事は後からついてきます。ただ、今回の新型肺炎の世界的流行で、政治や軍事はまだしも、チャイナリスクがあるということを世界は認識したのだと思います。池内先生のおっしゃるように、中東の方々もそうなのでしょう。中国の言葉がソフトで、相手の眼にも経済関係だけが映っているうちはいいのでしょうけれども、チャイナリスクが認識され、また政治や、軍事の面で次第に中国のプレゼンスが拡がってきて、中東の人たちが考えているパワー感覚に触れるようになると、中国への警戒感をもっと増していくように思えます。この点、どうでしょうか。これは先ほど挙げた論点とも重なりますが、経済利益で割り切るというのであれば、中国のいっている話と噛み合うのだけれども、それがパワーの触覚に触れるようになると、中国は危なく見えてくるのではないかとも思えるのですが。

池内　そうですね、現在の段階では、中国とは経済的関係だけで済む、中国は安全保障などの領域には、少なくとも中東では野心がない、という認識は、イスラエルやUAEなどで共通して根強くあって、そこで中国との関係を制限しようとするアメリカに対しては面従腹背になりがちです。私も外から分析しても、同じような認識になります。中国が東シナ海や南シナ海でとるような行動を中東でも取るだろうか。それを支えるインフラを中東とその周辺に確保できるのだろうか。そのように問うていくと、現状ではまだそれほどのものではない、という結論になるのです。しかし、何か大きな戦略的拠点を中国が中東付近で得た場合、どう認識が変わるか。パキスタンやジブチなど、中東の周辺部、拡大中東とも言うべき地域で、中国の経済的進出が、軍事的な拠点形成や、ある種のかつての植民地主義的な支配にもつながりかねないと見られるようになると、中国は軍事的なプレゼンスも狙っている、という認識が急速に出てこないとも限りません。コロナ禍の前と後で、中国の影響に関する認識に、断層ともいうべき変化が加わる可能性はあります。

●トルコはどのように動くのか?

川島　次は中東の地域大国であるトルコのこともお聞きしたいのです。トルコについては今井宏平先生の論考「継続する安全保障化と地域秩序中心のアプローチ――コロナ危機下の二〇二〇年におけるトルコの内政と外交」で詳細に論じられています。トルコがEUに入る可能性があった時もありますが現在その可能性は大きく後退しました。ではそのトルコは中東回帰をしようとしているのかどうか。今井先生が論考で指摘するように、今回の新型肺炎もトルコには欧州から感染が広がったようにトルコと欧州との関わりは依然深いものがあります。ただ、中東での外交に軸足を移すとしても、どうしても中東の中には入りきれないような部分もあるように感じます。そのトルコのスタンスといいますか、自画像はどのようなものなのでしょうか。中東でのトルコのあり方と中国の中東との関わりも関連づけられる面があるように思います。本書が扱おうとしている地域大国の視点で考えれば、中東ではイラン、サウジアラビア、そしてある意味ではイスラエル、そしてこのトルコが大切になると思います。

目下、トルコのエルドアン大統領も決して中国に接近しすぎることはせず独自に動いているように見えます。米中対立、あるいは欧中対立が顕著になった時に、欧米を支持したくはないから、中国よりになるという単純な動きをするのではないと思います。今井先生の論考ではトルコにとってのロシアの重要性を指摘していますし、また田中周先生の論考「アフター・コロナの中国の新疆政策」はイスラーム諸国から見た新疆問題について分析し、その複雑さを指摘しています。トルコの自己認識や対外姿勢について、どう見ていらっしゃいますか。

池内　そうですね、トルコは現在の中東において、総合的な国力という意味で、最も能力が高く、規模的にも大きい存在です。その一挙手一投足は、地味に見えても、実は中東全体に影響を及ぼしてしまうのです。トルコは第一次世界大戦後の共和国としての建国や、第二次世界大戦後のさらなる国家建設において、西欧化の道を歩んでいました。それがエルドアン政権の二〇年間で、大きく中東寄りになりました。中東の中ではトルコは軍事力、経済力、技術力などのいずれも西欧諸国に近い高水準で、NATO加盟国としての軍事・安全保障外交上の優位な地位もあり、イランやエジプトなど同規模の地域大国を引き離しており、かなりの行動の自由がある。しかし同時に、トルコは依然として西欧との密接な関係に依拠した国家と経済でもあり、純然たる中東の内部のアクターとなり切っているかというと、そうでもないでしょう。アラブ世界で展開する紛争や国際政治において、トルコはロシアと同様の、隣接する地域から介入する大国のような、少し超然とした立場になりがちです。中東においては西欧の先進国のような立場で振る舞い、西欧に対しては中東で台頭するイスラーム世界を代表する勢力であるかのように振る舞う。同時にロシアに対してはかつての露土戦争や東方問題の時代のように、黒海沿岸からボスフォラス・ダーダネルス海峡に至る地域における地政学的な競合相手として組み合う。その存在と位置がもたらす多面性と複数のアイデンティティを生かして巧みに立ち回るのがトルコの外交です。トルコの民族主義には、イスタンブールからアナトリア半島にかけての近代のトルコ共和国の範囲にとどまらず、中央アジアから新疆ウイグル自治区に至る範囲に広がった広い意味でのトルコ系（チュルク系）の諸民族を同族とみなし、それらを指導する民族としてトルコ人をとらえる部分があります。これはかつて、旧ソ連圏の中央アジア諸国へのロシアと競合した経済進出をもたらす精神的な原動力となったと考えられますが、現在は中国の一帯一路政策にトルコが関与する際に、中国との対立をもたらす契機となりかねないものです。トルコの民族意識から、中国から逃れてくるウイグル移民・難民への共感は根強く、トルコの対中認識は決して良いものではありません。

川島　なるほど。トルコは、中国との関係では、ウイグル問題をちゃんと提起してくれる唯一の国だと思います。これはムスリムだからというよりも、トルコ系だからということなのでしょうね。

池内　はい、そうです。トルコは近代において西欧化政策を推し進め、近年はイスラーム化や中東回帰を強めたけれども、結局のところトルコはトルコであって、どこにも従属しない、どちらの地域でも堂々と振る舞うというのが国民の総意でしょうし、エルドアン大統領もそのような国民感情を背景に多方面での大国化を進めているのでしょう。西欧の水準に遜色無いまで高めた経済や軍事技術は、アラブ諸国を中心とした中東では他を圧倒できます。一〇〇年少し前まで遡ればオスマン帝国時代に版図としていた、北アフリカのリビアやチュニジア、シリア、イラク、あるいは間接支配をしていたエジプトにしても、いずれも地の利があり、土地勘がある。外部から介入しようとするアメリカやロシアに比べれば、たとえ戦力に劣るとしても、現場での実行力では引けを取らない。ただし、トルコには中東全体を作り変えるような力はなく、そして実際にはオスマン帝国をそのまま復活させる意図もないのでしょう。都合が悪くなると、トルコ共和国の国民国家の範囲に撤収するのです。オスマン帝国であれば、リビアやシリアやイエメンの混乱への対処にも責任を持たなければならないが、現在はそうではないのです。いわば選択的にかつてのオスマン帝国の版図に、好きな時に好きなところで介入するのです。トルコは中東において、内部アクターとして有利な地位を占めると同時に、外部アクターとして好き放題振る舞えるという、絶妙な立場にあります。

川島　イスタンブールに講演をしに行ったことがありますが、その時にアフリカのザンジバルあたりまではトルコの勢力圏だといった話を聞いたことを思い出します。今井宏平先生の論考「継続する安全保障化と地域秩序中心のアプローチ――コロナ危機下の二〇二〇年におけるトルコの内政と外交」で指摘された「新オスマン主義」とも関わるのかもしれません。

池内　はい。トルコは実際に、地中海の南部・北アフリカから、紅海沿岸部や東アフリカまで、それなりに展開はできてします。ソマリアのように、他の国が軍であってもとても手を出したくないような複雑で危険な紛争地に、トルコですと民間企業すら動員することができる。他国が手を出さない時にトルコが関与することで、存在感を示せる。ただし、現地で支配的な勢力になれるか、紛争を終結させるような決定的な影響力があるかというと、そうではない。民間人を含めた、トルコ人が展開できる範囲が、黒海沿岸から地中海沿岸、そして紅海を通じてアフリカの角地域に至る、拡大中東地域にある。トルコ人が足場を築き、情報ネットワークを維持している空間です。いざという時にこれらの地域に行ってくれる人がいる、企業がある、軍もそれなりに慣れている、というのはトルコの強みです。この空間においてトルコはどの国にも依存していない。西欧にもアメリカにも、そして中国にも依存していません。現地の土着の勢力でもない、アメリカや中国のようなグローバルな勢力とも異なる、それらの中間の次元の勢力をトルコは確保しています。中国が東アフリカや紅海地域に進出する際に、トルコの協力を必要とするかもしれない。このようなトルコの拡大中東地域での影響圏の幅広さを考えると、トルコが中国の中東進出により中国に従属していくという道筋は考えにくい。ウイグル問題でも、中国の意向で全く黙らされるかというとそうでもないでしょう。

●権威主義体制などの政治体制とコロナ

川島　コロナ下で民主主義体制の脆弱性が見られ、権威主義体制の方がむしろ効果的に対処していると言う話がしばしば聞かれます。これは一面で正しいように思われますが、実際に「権威主義体制」とされるものは、宇山智彦先生の論考「中央アジアの新型コロナ問題と国際関係――減速する世界?」も指摘しているように、中身があまりに多様で、単純に議論できず、むしろ「それぞれの国の政治・行政システムの特徴や社会のあり方を見なければ」なりません。すなわち、「中国モデル」が権威主義とされる国々に広まると言うことも必ずしも言えないのです。しかし、とはいえ、小泉悠先生の論考「コロナ危機後のロシアと世界――「長い二〇一〇年代」か、新しい世界か」では権威主義体制を持つ国々が「プーチン・システム」に類似した体制を有しているとしているように、権威主義とされる国々どうしの比較検討は必要だと思われます。そして、実際にコロナ下で権威主義体制とされる政治体制がその統治形態を変容させていると言うことは多く指摘されています。トルコを扱った今井宏平先生の論考はコロナ下で従来の体制が強化される様を、またロシアを扱ったの小泉悠先生の論考はプーチン・システムの内包する課題が一層深刻化する様を指摘しています。そして、北朝鮮を扱った宮本悟先生の論考「北朝鮮の新型コロナウイルス対策」は、北朝鮮では徹底した隔離政策が採用されたこともあってコロナの影響は小さく、体制それ自体に与えた影響は小さいと見積もっています。

他方、民主主義国でもインドネシアを扱った本名純先生の論考「インドネシア――コロナ危機下の反民主的政治アジェンダ」では、ジョコウィ政権の下で「民主政治の質的悪化」がおきている、と指摘しています。ただ興味深いのは、それは権威主義体制へのシフトを意味するのではなく、「民主制度が持つ権力のチェック機能」が最小限に抑えられたので、多様な政治エリートがそれぞれの利益を確保しようとしている、と指摘している点です。また、本名先生の論考では、軍事改革でリソースを喪失した国軍がこの機会を利用して「失地回復」を目指す様が描かれています。このような論点は多くの民主主義国で見られているのではないでしょうか。ただ、モンゴルを扱った尾崎孝宏先生の論考「中国＝モンゴル関係のメタファーとしてのコロナ」で詳述されているように、防疫、とりわけ中国からのこの面での脅威に敏感であったがために、比較的に適切に対処できた国もあります。

このほか興味深い論点として、地域協力枠組みと新型肺炎との関係性があります。宇山智彦先生の論考「中央アジアの新型コロナ問題と国際関係――減速する世界？」は、独立国家共同体（ＣＩＳ）諸国や中国との間で形成された地域的協力枠組み、例えば上海協力機構（ＳＣＯ）やユーラシア経済連合（ＥＡＥＵ）がこの新型肺炎に十分に対応できていないことを指摘しています。これはＥＵやＡＳＥＡＮと比較検討できるものと思います。

では、中東全体を見渡して、それぞれの国内はどのような状況があるでしょうか。いくつかのケースをあげていただけますか。またもし地域協力枠組みについてもご示唆があればお願いいたします。

池内　ここでは主要な地域大国としてイラン、エジプト、サウジアラビアのそれぞれの体制にコロナ禍が及ぼした影響を見てみましょう。イランは早期に新型コロナウイルスの感染爆発が見られた国です。イランの場合、感染爆発の初期の段階で、体制の中枢の政治指導層にも感染が広がったという点に特徴があります。イランのイスラーム共和制は一九七九年の革命で成立した体制で、その時点での革命派が、それ以前のパーレビ朝の王政の支配層を権力の座から文字通り追い、権力を獲得したという経緯があります。一九七九年に二〇代の「革命青年」だった人たちが、新体制の下でイラン・イラク戦争を戦い抜き、アメリカとの長引く対立と経済制裁を耐えて今も権力を維持しています。革命とは基本的に一回性の高い現象であるため、革命直後に旧支配層が大幅に地位を奪われると共に、その後は支配層の入れ替えが起こりにくい。すなわち、革命後四〇年以上を経て、イランの体制派は高齢化している。最もコロナ禍の影響を受けやすい集団が政権の中枢にいるということです。その意味でコロナ禍の拡大の初期段階では、イランの高齢化した革命体制がコロナ禍によって最も直接的な影響で動揺するという可能性がありました。ただしこれをイランは凌ぎ切ったようです。そして、人間の移動の抑制や行動の監視を強めるコロナ下の世界の趨勢は、従来から国民の関心を強めていたイランにとってどちらかというと好都合であったでしょう。イランにとっては同時期に強まっていたアメリカのトランプ政権の対イラン「最大限の圧力」政策こそが大勢の存続にとって最大の難問であり、これにコロナ禍はそれほど大きな影響を及ぼさなかったと見られます。

エジプトは「アラブの春」後のムスリム同胞団の選挙による権力掌握（二〇一二年）と、スィースィー大統領率いる軍部のクーデタによる権力奪還（二〇一三年）を経て、再権威主義化を進めていましたが、コロナ禍はこれを正当化する格好の機会となったと言えます。しかし対処策の脆弱さから、感染者数の高止まりを招いており、収束の見通しは立っていません。これがエジプトの依存する観光産業や国民の出稼ぎ労働に長期的な影響を及ぼすことになると、経済停滞への不満からの政情不安にもつながりかねないところです。

サウジアラビアも、元来が国民の自由を制限し、外国人の出入国にも厳しい制約を設けてきた国であり、コロナ禍による移動制限等はそれほど違和感なく内外に受け入れられる素地があるといえます。しかしムハンマド皇太子の掲げる野心的な開発計画の目玉として、観光産業の拡大を打ち出していたところであり、コロナ禍による国際的な移動の制約は、ムハンマド皇太子の改革計画を立ち上げ段階で挫折させている可能性がある。コロナ禍による石油の需要の急激な低下は、国家経済の根幹を揺るがしかねないものでした。しかし、コロナ禍への対策は国民の監視と統制の強化を正当化するものであり、反発は封じ込められています。また、メッカへの巡礼を取りやめ、あるいは極端に制限する政策が概ね受け入れられていることは、サウジアラビアの国家がイスラーム教の宗教儀礼を統制する権限と能力があることを内外に示しています。これはムハンマド皇太子の改革計画を阻害しかねない宗教勢力に対して、国家の優位性を示す機会になったと言えます。宗教の統制の強化という面からも、コロナ禍はサウジアラビアにとって追い風となったと考えられます。

●日本外交の可能性

川島　今日お話をうかがいながら、本書のエッセンスのようなものが抽出できたように感じます。中東には中東の論理が非常に強くあり、そこには独自の米中関係の見え方もあるということです。コロナ前後の変容の中で、いっそう東の方に目が向くようになったという話もありましたが、やはり南アジアなら南アジアの、東南アジアは東南アジアの、中南米では中南米の、つまりそれぞれの地域でそれぞれの見え方があると思うのです。もちろん、それぞれの地域内部にも多様な認識やスタンスが見られます。そのような多様で異なる世界観や米中対立観がある中で、それぞれの地域の大国や中堅の国々が連携することもあるものと思われます。中東でもそうした連携の可能性が模索され、日本でさえも存在が認知され、「頼りになる」と見なされているというお話もありました。米中対立があるからこそ、日本が注目されるということもあるのかもしれません。

ただ、日本国内での言論というのは、必ずしもそのような世界全体、あるいは世界の各地域に即した議論になっていなくて、米中のどちらにつくのかという二者択一的な話、あるいは国際協調体制を先進国主導でどう再構築するのかといった話になりがちです。もちろん、そうした話も大切なのですが、世界の諸地域それぞれの状況を見て、それぞれと上手に関係を作りながら、バランスをとっていくという姿も日本外交にあっていいと思っています。日本外交への懸念、あるいはこれからの日本外交が試されると言ったことは、太平洋諸国を扱った早川理恵子先生の論考「楽園の疫病——太平洋島嶼国の現実」や台湾を扱った福田円先生の論考「台湾——コロナ危機により深まった中国との分断」でも指摘されています。池内先生、日本の外交のその辺のナイーブさといいますか、自己認識、世界認識のありようについて、どうお考えになっていらっしゃいますか。

池内　日本外交はアメリカや中国などとの二国間外交をきっちりやるという点に特色があるのでしょう。これが日米関係と日中関係に齟齬をきたしたらどうする、どちらをとるか、といった議論につながるのでしょう。日本の場合は、多国間の外交というと、国際機関や定着した会議のような、きっちりとした制度や法的枠組みがあるもののことを前提にしがちです。中東のように、制度にも明示的な法にも支えられていない、複雑な多国間の勢力均衡の中で、大国から小国までが競合し、自らの地位を見出している空間では、日本は外交的な能力をまるで発揮していないかのようにも見えかねません。もちろん対中東諸国でも、日本は二国間関係を一生懸命やってきたので、それに対する評価はあるでしょうが、しかし中国が圧倒的な資金と人員を注ぎ込んで物量作戦で二国間関係で競合してくると、日本の存在感は一気に薄れます。しかし中国に規模で及ばないから外交力を発揮できないというのは、小国でもレバレッジを効かせている中東諸国から言えばあり得ないことです。米中の間で日本がどのように立ち回って漁夫の利を得るのか、そこを中東諸国では見ているでしょう。二国間の誠意に基づいた関係で物事が進むという、非常にナイーブな前提を日本外交は持ちがちで、そこは中東諸国から言えば想像を絶するところかもしれません。これは深い意図がある「戦略的なナイーブさ」である、あるいは場合によっては「戦略的無知」であるとすら説明しなければ信じてもらえないような隔絶があります。日本は二国間関係の積み上げによる、相互の善意と誠意に基づいて外交を行うのであり、世界各地で展開される勢力均衡の無益で有害なゲームに日本は関わらないのだ、それによって愚かであるという評価すら甘んじて受け、結果として利益をとるのだ、という超然とした姿勢を示し、日本のナイーブさが戦略的であるとみなされるに至れば、それはそれで構わないのかもしれません。しかしその前に、中東をはじめとした各国については、日本と同様のナイーブさは期待できないということを確認しなければならないでしょう。

（かわしま　しん）
東京大学大学院総合文化研究科教授
専門はアジア政治外交史。著書に『中国のフロンティア』（岩波新書）、『21世紀の「中華」』（中央公論新社）、『20世紀の東アジア史』（共編著、東京大学出版会）、『よくわかる　現代中国政治』（共編著、ミネルヴァ書房）、『UP plus　アフターコロナ時代の米中関係と世界秩序』（共編著、東京大学出版会）など多数。

（いけうち　さとし）
東京大学先端科学技術研究センター教授
専門はイスラーム政治思想史・中東研究。
著書に『アラブ政治の今を読む』（中央公論新社）、『増補新版　イスラーム世界の論じ方』（中央公論新社）『イスラーム国の衝撃』（文春新書）、『サイクス＝ピコ協定　百年の呪縛』（新潮選書）、『シーア派とスンニ派』（新潮選書）など多数。

I

地域大国の立場

コロナ危機後のロシアと世界

――「長い二〇一〇年代」か、新しい世界か

小泉　悠

（こいずみ　ゆう）
東京大学先端科学技術研究センター特任助教
専門はロシアの安全保障政策。
著書に『現代ロシアの軍事戦略』（筑摩書房、二〇二一年）、『「帝国」ロシアの地政学』（東京堂出版、二〇一九年）などがある。

1　コロナ危機の渦中にあるロシア

二〇二〇年に発生した新型コロナウイルス危機は、ロシアにも少なからぬ影響を及ぼした。当初はアジア、欧州、米国等での感染拡大に高みの見物を決め込んでいたロシアだが、四月半ば頃からいよいよ感染拡大の波が及び始め、二〇二〇年九月末時点では累積感染者数は一一七万人弱に迫ろうとしている。これは米国、ブラジル、インドに次ぐ世界第四位の数字であり、ロシアの人口規模（約一億四六七五万人で世界第九位）を考えれば、その感染率は相当なものであることが見てとれよう。

政府高官もウイルスの脅威からは免れ得ておらず、ミシュスティン首相をはじめとする閣僚からも感染者が相次いだ。テレビ会議でミシュスティン首相から感染の報告を受けたプーチン大統領が深いため息の後に述べた、「これは誰にでも起こりうることなのだ」という言葉は、今やロシア国民全体の実感になりつつあると言ってよい。

毎年五月九日に実施されてきた対ドイツ戦勝記念パレードが延期されたことも、ロシア社会に「ただならぬ事態が起きている」という雰囲気を醸し出した。この状況で多くの市民や外国首脳が詰めかけるパレードなど開催できない、というのが表向きの理由であるが、後の報道によると、パレードの主役であるロシア軍の内部でもかなりの規模で感染が広がっていたようだ。経済面では二〇二〇年の経済成長率がマイナス四％内外になるという予測が伝えられており、リーマンショック以来の深刻な景気後退が懸念されている。原油価格の下落と西側からの制裁というダブル・パンチに直面していたロシア経済にとっては、三つ目のパンチが飛んできた格好である。

本稿の目的は、しかし、コロナ危機下におけるロシアの状況

を描くことそのものにはない。むしろ、こうした状況の延長線上にどのような世界のありようが予想され、その中でロシアという国家がいかなる地位を占めるのか――すなわち、「アフター・コロナ」世界におけるロシアの立ち位置が本稿の主要な問題関心である。

ソ連崩壊によって政治・経済・社会が深刻な混乱に陥った一九九〇年代、原油価格の高騰とプーチン政権の成立によって秩序を取り戻した二〇〇〇年代、そしてウクライナ危機を契機として世界秩序の攪乱要因とみなされるようになった二〇一〇年代、という具合に、ロシアの立ち位置は過去三〇年間で大きく変遷してきた。では、コロナ危機の波乱で幕を開けた二〇二〇年代においてはどうか。以下では、この点について考えてみたい。

2　プーチン・システムはコロナ危機を生き残れるか

最初に取り上げるのは、プーチン・システムがコロナ危機後も継続可能なものであるのかどうか、である。プーチン・システムという言葉にはっきりとした定義はないが、二〇〇〇年代以降にプーチン大統領を中心として築き上げられてきた政治・経済体制という意味でここでは用いている。その特徴は簡単に整理するならば、概ね、以下のようにまとめることができよう。

・一九九〇年代のような政治的・経済的混乱を阻止し、社会の安定性を確保するために大統領が強い権力を握る

・大統領は少数の有力者にエネルギー資源その他の利権を分配し、権力基盤を形成する

・議会の役割、報道・言論の自由、少数者の権利等は一概に否定されないが、上記の権力構造に異を唱える場合には政治的弾圧を受ける（プーチン大統領の補佐官を長らく務めたウラジスラフ・スルコフはこれを「主権民主主義」と呼んだ）

・国民は権威主義的な政治を受け入れる代わりに生活水準の向上、社会の安定、国際社会における国家の威信といった実利的・精神的恩恵を受ける

プーチン・システムは、二〇〇〇年代には非常な成功を収めた。ソ連崩壊による深刻な政治・経済的混乱、生活不安、国際的な地位の失墜などが相次いだ一九九〇年代と比較すると、二〇〇〇年代のプーチン政権下では経済が好調な伸びを示し、行政サービスや社会インフラも年々目に見える形で改善されていった。凋落する一方と見られていたロシアの国際的な影響力も回復したし、新たな連邦分裂の危機をもたらしていたチェチェンの反乱も鎮圧された。プーチン大統領についていけば、ロシア人は安心して、誇りを持って暮らしていけるのだという希望をプーチン・システムは与えたのだと言えよう。その間、情報機関による国民監視やマスコミの国家統制、ジャーナリスト・反体制派に対する弾圧などは強まっていったが、それに対する

反発が大きな広がりを持つことはなかった。

しかし、二〇一〇年代に入ってから経済成長が鈍化し、二〇一四年のウクライナ危機以降には西側との政治・軍事的対立が先鋭化すると、そこには変化が生まれる。二〇一一年の下院選における選挙不正疑惑をきっかけに大規模な反政府デモが度々発生するようになり、プーチン大統領の支持率も低下傾向を辿った。依然としてプーチン大統領のリーダーシップに対する信頼感、あるいは他に適当な指導者が見当たらないとの理由による消極的支持はかなりの規模で残存しているが、二〇〇〇年代のような権力と国民の蜜月はほぼ瓦解していると言ってよいだろう。

プーチン大統領の権力基盤であったエネルギー資源についても、長期にわたって低止まりが続いており、結果的に世界経済の成長ペースを下回る低成長しか実現できていない。米中が覇権争いを繰り広げる最先端科学技術の進展にもロシアは付いていけておらず、このままではロシアの国際的地位は地盤沈下のように徐々に低下していくことになろう。

こうした中で、ロシアでは二〇二〇年七月に憲法が改正された。今回の改正では、プーチン大統領が二〇二四年に任期切れを迎えた後も大統領選に再出馬することが可能とされる一方、大統領経験者に終身不逮捕特権を付与することも盛り込まれており、大統領続投か院政かはまだ明らかになっていない。ただ、プーチン氏が大統領職そのものに留まるかどうかは別として、プーチン・システムを二〇二四年以降も継続させようとしていることは明らかであると思われる。

では、コロナ危機はプーチン・システムの先行きにどのような影響を与えるだろうか。コロナ危機によって世界経済全体が大きなダメージを受けるであろうこと、グローバルな人の移動や物流が激減することでロシア経済を支える原油価格が低下傾向を示したことなどは、ロシアにとって明らかなマイナス要素である。多くの短期予測が、二〇二〇年のロシア経済がマイナス成長に陥ると予測していることはこれを裏付ける（ただし、当初はマイナス五―六％と見られていたロシアのGDP成長率見通しは後にマイナス四％内外へとやや上方修正された）。

他方で、二〇二〇年夏頃からロシア産原油の国際価格は一バレル四〇ドル台と従前の水準を回復しており（二〇二〇年度ロシア連邦予算での想定値は一バレル四二ドル）、二〇二一年以降は再び一―二％の低成長へと回帰するとの見方が多い。結局、コロナ危機の影響は限定的であるということだ。

ただし、これは前述したロシアの原油依存経済が改まらず、地盤沈下が今後も続くということを意味してもいる。本来であれば原油依存の経済構造を大きく改革し、新たな成長への足掛かりを築くべき局面だが、過去のプーチン政権ではこれがうまくいかなかった。将来の原油価格下落に備えてエネルギー収入のかなりの部分を投資ではなく積み立てに回したこと、エネルギー利権の山分け（レント・シェアリング）がプーチン政権の権力基盤となっていたこと、エネルギー収入がある限りロシアの通貨は常に一定の国際的な購買力を維持し、結果的に国内で輸入代替産業が育たなかったこと、スタートアップ企業が育つのに好適な環境整備にロシア政府が失敗したこと…など様々な原因が指摘されるが、プーチン・システムが続く限り、こうした構図が簡単に変化するとは予期し難い。

唯一、期待が持てるとすれば、二〇二四年以降の展開である。プーチン大統領が引退して院政へと移行し、大統領以下の閣僚を若返らせて民主化や経済改革にある程度の道筋をつけられれば、ロシアが経済停滞や西側との対立（後述）を脱する見込みはないではない。

ただ、前述のようにプーチン大統領は憲法改正によって二〇二四年以降も現職に留まるオプションを維持している。コロナ危機のダメージが限定的となれば、プーチン・システムを大きく変革するインセンティブも薄れ、プーチン大統領の終身化、そして停滞の継続というシナリオが現実味を増すことになろう。

3　西側との対立の行方

現在のロシアが抱えるもう一つの難問が、西側との対立である。二〇一四年のウクライナ危機、二〇一五年以降のシリア介入、そして二〇一六年の米国大統領選に対する介入といった一連の出来事は、ロシアに対する西側諸国の不信、そして脅威認識を大きく高めた。では、ロシアは何のためにこのような振舞いに及んでいるのだろうか。

そこにはいくつかの要因が指摘できる。その第一は、前述したプーチン・システムである。権威主義的な統治と引き換えに国民には安定やプライドを保証するというこのシステムを、米国は非民主的であるとして繰り返し批判し、民主化を要求してきた。しかし、ソ連崩壊後の混乱と弱体化を二度と繰り返さないためには権威主義的な統治方法が必須なのだと考えるロシア側（少なくともプーチン政権の周辺）は、こうした米国の態度を内政干渉であり、政権の転覆を図るものであるとして強い反発を示し続けている。興味深いのは、「内政干渉」が明確な政策という形だけでなく、ポップ・カルチャーのような「ソフト・パワー」の形を取りうるとロシア側が認識していることであろう。近年、ロシアの言論空間では、ソ連崩壊の原因を西側のソフト・パワーに求める見方も浮上しており、こうなるとメディアを含めた幅広い情報全体が西側の地政学的な武器であるとみなされていることになる。

第二に、民主化をめぐるロシアの不満は旧ソ連、中東、アジアにおける友好国との関係にも影を落としてきた。これらの国々の多くは概してプーチン・システムに類似した権威主義的体制を取っており、ロシアとも比較的良好な関係を維持できていたのであるが、それゆえに米国による民主化圧力も繰り返されてきた。これが、ロシアの国際的影響力を低下させようとする米国の陰謀とプーチン政権には映ったのである。特にロシアが強く反発したのは、二〇〇〇年代に旧ソ連諸国で相次いだ一連の民主化革命（いわゆる「カラー革命」）や、二〇一〇年代の中東・北アフリカにおける体制転換（「アラブの春」）、そして二〇一四年のウクライナ政変であった。

そして第三に、民主化された旧東側諸国や旧ソ連諸国には米国中心の軍事同盟であるNATOや欧州の政治経済同盟であるEUが拡大してくるというパターンが繰り返されてきた。つまり、民主化という政治的価値観をめぐる問題が軍事・政治・経済的な、言い換えれば地政学的・地経学的な角逐と結びついている、とロシア側では認識されてきた。

こうしたロシアの不満を反映したのが、二〇一四年のウクライナ侵攻であり、二〇一五年以降のシリアに対する直接軍事介入であったと言えよう。エネルギー、武器輸出、軍事基地といったテクニカルな要因もそこには存在していようが、これらの事例においてロシアを最も強く動機づけたのは、むしろロシアなりの政治体制観や、これを共有する友好国を守るということにあったのではないか。とすれば、これらの振る舞いは（ロシアの主観では）防衛的なものと位置付けられていたことになる。

以上をさらに敷衍すると、二〇一六年の米国大統領選に対する介入にも、ロシアなりの一定のロジックを見出すことができる。ロシアにしてみれば、自国の政治体制の正統性に絶えず干渉してきたのは米国の側であった。そこにウクライナ危機による米露関係の悪化と、ドナルド・トランプというトリック・スター的候補の出現という契機が重なったことで出現してきた政策が、米国大統領選への介入だったと考えられる。

しかし、これら一連の介入は、ロシアの国際的な立ち位置を大きく改善することはなかった。米国が中国と並ぶ「現状変更国家」としてロシアを位置付けたことに代表されるように、ロシアはたしかに国際政治における「台風の目」にはなりはした。しかし、ロシアの地盤沈下という傾向自体は変化せず、むしろエネルギー開発や武器輸出に厳しい制裁を受けることで「沈降速度」は加速することになった。

さらに言えば、以上で挙げた諸事例でロシアが発揮した国際的な影響力は、軍事力やサイバー・情報作戦能力をその根源としている。特に軍事力は経済力に大きく依存するから、こうしたハードな影響力を行使する余地は、経済力とともに漸次低下していくことになろう。

4　「和解」は実現するか

したがって、プーチン・システムの改革と並行してロシアに求められるのは、西側との関係改善であろう。この意味では、対露抑止に無関心なドナルド・トランプが二〇一六年に米国大統領に当選したこと、二〇一九年にウクライナ南東部の紛争地帯に「特別の地位」を付与するという紛争解決の道筋に一定の合意がなされたこと、欧州における対露強硬派の最右翼であった英国がEU離脱を決めたことなどは、ロシアにとって追い風であったと言える。

そして二〇二〇年には、ロシアは二つの大きな布石を打った。一つは、国連常任理事国五カ国による首脳会談（P5サミット）の提案である。これは、国際安全保障の中心をもう一度、国連安保理へと取り戻す試み――言い換えれば、ロシアを秩序への挑戦者ではなく、（国連常任理事国として）秩序を維持する側として位置付け直す試みと言えよう。

もう一つは、二〇二〇年五月九日に予定されていた対ドイツ戦勝記念式典に西側首脳を広く招待したことである。二〇一四年以降、西側首脳は軒並みこの行事をボイコットしてきたが、今回はフランスのマクロン大統領など幾人かの西側首脳が参加の意向を表明し、米国も政府高官を派遣する方針を打ち出した。日本の安倍首相も参加の方針であったとされる。

これら二つのイベントが実現していれば、西側とロシアの和解というイメージを国際社会に演出する上で格好の舞台装置となったはずである。しかし、コロナ危機がそこに水を差した。冒頭で述べたように、戦勝記念パレードは延期を余儀なくされ、六月二四日に改めて開催されたパレードには西側首脳は一切招待されなかった（旧ソ連諸国の「身内」で開催することにしたというのがロシア側の説明であるが、その理由ははっきりしない）。P5サミットの方もコロナ危機の陰に霞んでしまい、実現の見通しは立っていない。

ただ、ここで注意しておくべきは次の二点である。

第一に、コロナ危機はあくまでも突発的な事態であって、通常の外交日程が再開されるいずれかの時点でロシアは再び「和解」を追求し始めるであろう。すでに述べた通り、西側との関係改善なくしてはロシアの地盤沈下は止めようがないためである。

しかし、第二に、ロシアの追求する「和解」はウクライナ危機以前の世界への回帰を意味するものではない。ロシアはウクライナをはじめとする旧ソ連の勢力圏に西側が拡大してくることをもはや認めないであろうし、西側諸国もプーチン・システム下のロシアに対する不信感を決定的なものとしている。この傾向は、ロシアと直に国境を接する北欧や東欧、そして実際にロシアの軍事介入を受けたウクライナやグルジアで特に強い。

このようにしてみれば、例えば制裁の部分的解除といったテクニカルな対立の緩和は考えられても、欧州における緊張関係そのものはかなりの持続性を持つ可能性が高いと言えよう。

5　中国に接近するロシア

こうした中で、ロシアは中国への接近を強めている。

ウクライナ危機以前から、ロシアは中国を中心とするアジア経済圏への接近を図っていたが、これはあくまでも経済的なものであり、ロシア経済全体と極東経済の浮揚に主眼が置かれていた。他方、ロシアは南シナ海問題や台湾問題、南シナ海といった中国の政治・安全保障問題には深入りせず、一帯一路プロジェクト（その多くは中央アジアにおけるロシアの勢力圏を通過する）にも積極的であったとは言い難い。

しかし、二〇一〇年代後半に入ると、ロシアの態度は大きく変わった。二〇一五年、ロシアは自国主導の旧ソ連地域経済統合プロジェクトであるユーラシア経済連合と、中国の一帯一路を「連携させる」として後者にお墨付きを与え、南シナ海問題でも中国寄りの立場を示し始めた。中国もこれに応えるようにクリミア半島付近まで艦隊を派遣したほか、二〇一八年にはロシア軍東部軍管区での大演習「ヴォストーク二〇一八」に人民解放軍が初参加し、翌二〇一九年には中露の爆撃機による合同パトロール飛行が実施された。中露は同盟になることはないだろうが、相互防衛義務を負わない範囲であれば相当の協力関係を築いていくのではないか、という疑念が西側の安全保障コミュニティで真剣に検討され始めたのがこの頃である。

ロシアの対中接近は、幾つかの理由から説明されよう。第一に、西側諸国がロシアのエネルギー開発と武器輸出に厳しい制限を課すようになったことで、ロシア経済はますます中国に依存するようになっている。中露の貿易額は二〇一八年に初めて一〇〇〇億ドルを突破しており、二〇一九年にはこれを五年間で二〇〇〇億ドル規模へと拡大させるという方針がメドヴェージェフ首相(当時)と李克強首相の間で合意された。ロシアの対外貿易額は年間およそ六〇〇〇億ドルであるから、中国がその三分の一を占めるという計算になる。

第二に、西側との軍事的対立を抱えるロシアとしては、東方における対中国国境の安定化は必須の要件である。これは南シナ海で米国と対立する中国にとっても同様であろう。つまり、互いを敵に回さないことが最善の安全保障であるという点で中露は一致しているのであり、中露がそれぞれの事情で米国との対立を先鋭化させたことで、その重要性がさらに増したと理解できる。

第三に、中露は権威主義的な政治体制の必要性という点で国家観の一致を見ており、ある意味では安心できるパートナーである。ロシアが勢力圏とみなし、中国が進出を進める中央アジア諸国についても同じことが言える。

第四に、中露の接近が西側の懸念を呼び起こすことに中露自身は自覚的である。超大国ではないとはいえ、ロシアは依然として有力な軍事力と広範な国際的影響力を持つ国家であって、そのロシアが台湾海峡問題や南シナ海問題で中国に同調し始めた場合には、パワーバランスが大きく変化する可能性が高い(同じことは中国がロシアに加担する場合にも言える)。つまり、中露接近が強まるほどに、西側では抑止よりも関与へのインセンティブが強まり、例えばロシアとしては西側が制裁解除を真剣に検討し始めるといった事態を期待できる。

中露間には様々なトラブルや疑念、あるいは無用の安全保障問題に巻き込まれることへの恐怖などが存在することは事実であるが、協調へのインセンティブが少なからず存在することも見落とされるべきではない、ということになろう。

そして、コロナ危機がこうした構図を大きく変化させる可能性は、今のところ大きくないように思われる。コロナ危機が米中のいずれかに回復不可能なダメージを与えるとか、米中双方がこのようなダメージを受けて共倒れになるといった事態が起きれば別であろうが、現時点ではそのような兆候は見られない。おそらく、米国は見通しうる将来においても総合的には覇権を維持し、中国がこれを追うという構図が継続されるのではないか。となると、ロシアが選択肢うるオプションも、これまと基本的には同様のままであろう。

6　「長い二〇一〇年代」？

以上をまとめると、世界の中におけるロシアの立ち位置がコロナ危機で激変するというシナリオは今ひとつ見出しにくいようである。今後の一〇年間、つまり二〇二〇年代中に限ると、そのような感がさらに強まる。コロナ危機によって幕を開けた二〇二〇年代は、「長い二〇一〇年代」のようなものになるのではないか。

もちろん、二〇二〇年代は二〇一〇年代の単純な延長とはならないだろう。むしろそれは、米外交問題評議会会長のリチャード・ハースがいう「これまでの世界史的潮流が加速化」された世界であると考えられる。ハースが挙げる「潮流」とは、米国のリーダーシップの後退と「それ以外の国々」(特に中国)の台頭、そして国際協調への信頼の低下とそれに反比例する国民国家の再台頭である(Haas, 2020)。そして、こうした「潮流」は、プーチン・システムを支え、旧ソ連圏・中東・米国に対するロシアの介入の余地を作り出し、ロシアを中国へと接近させてきたバックグラウンドそのものでもある。

他方で、コロナ危機下で導入された権利制限や厳しい監視措置などが権威主義体制の国家モデルに正当性を与え、自由民主主義体制に対する優位を与えるという議論は、傾聴すべきものではあるがそのまま受け取ることはできない。「リベラル戦略センター」理事長などを務めるブルガリアの政治学者イワン・クラステフが指摘するように、コロナ危機は権威主義モデルの宣伝材料として機能すると同時に、自由民主主義的な価値が脅かされることへの強い警戒感ももたらしたからである(クラステフ、二〇二〇)。このような見方に立つならば、コロナ危機は世界を権威主義モデルへと画一的に駆り立てるものというより、政治体制間の分断を強める可能性の方が高い。これもまた、二〇二〇年代が二〇一〇年代的な世界のありようをより「加速化」させるというハースの予測を裏付けるものと言えよう。

他方、我々がコロナ危機の収束期を目にしているという保証は一切ない。今後、世界はさらなる感染拡大に見舞われるかもしれないし、より強力な感染症が繰り返し発生するかもしれない。あるいは、エネルギー構造の変革や気候変動は今後も進んでいくであろうし、米国・中国・欧州・ロシア等での政治的変動といった突発的事態が待ち受けている可能性もある。

このように、考察のスパンとスコープをやや広げてみるならば、「長い二〇一〇年代」という予測も絶対的なものではなくなる。例えば感染症危機の常態化や高烈度化はプーチン・システムを強化するのか、それとも弱体化させるのか。あるいは、それはロシアの衰退を加速化するのか、何らかの理由で逆転させるのか。その中で、軍事力をレバレッジとするロシアの存在感は高まるのか、低下するのか。こうした問いに対する明確な答えは今のところ存在していない。

コロナ危機が問いかけているのは、従来の国際政治を駆動していたメカニズムに新たな「歯車」が加わりうるのだという事実であり、しかもそれが容易には予期しがたいものであることへの警告なのだと言えはしないだろうか。

（二〇二〇年九月脱稿）

参考文献
イワン・クラステフ『コロナ・ショックは世界をどう変えるか』中央公論新社、二〇二〇年
Richard Haass, "The Pandemic Will Accelerate History Rather Than Reshape It Not Every Crisis Is a Turning Point," *Foreign Affairs*, May 2020.

継続する安全保障化と地域秩序中心のアプローチ
――コロナ危機下の二〇二〇年におけるトルコの内政と外交

今井宏平

（いまい　こうへい）
日本貿易振興機構アジア経済研究所研究員
専門は現代トルコ外交・国際関係論。著書に『中東秩序をめぐる現代トルコ外交』（ミネルヴァ書房）、『トルコ現代史』（中公新書）、『国際政治理論の射程と限界』（中央大学出版部）、*The Possibility and Limit of Liberal Middle Power Policies: Turkish Foreign Policy toward the Middle East during the AKP Period*（2005–2011）（ROWMAN & LITTLEFIELD）などがある。

1　トルコにおけるコロナ危機

トルコにおいて新型コロナウイルスの蔓延は当初は他人事であった。これは筆者が二〇二〇年二月上旬にトルコを訪れた際にイスタンブルの薬局やアンカラのタクシーの運転手に話を聞いた際の感想である。薬局のスタッフは「最近中国人や日本人がよくマスクや薬用ジェルを買いに来るんだ」と話していた。また、タクシーの運転手は「外国人客を乗せるのは不安だが、職業柄しょうがない」と話していた。トルコの国内線でマスクを着用しているのは外国人客のみでトルコ人はほとんどマスクを着用していなかった。トルコはもともと中国人労働者が比較的少なかったこともあり、二月前半の時点ではまだまだ緊張感は希薄であった。

トルコで緊張が高まるのは、隣国イランで二月後半から感染者が急増してからである。しかし、トルコで本格的に感染者が拡大したのはヨーロッパでの感染拡大に端を発する三月後半であった。ドイツ在住のトルコ人の多さに代表されるように、トルコとヨーロッパの間の人の交流は多い。また、トルコにとってヨーロッパは経済活動に関しても重要な地域である。そのため、トルコでの感染拡大がヨーロッパの感染拡大と軌を一にしていたのは偶然ではない。トルコで最初に感染者が確認されたのは三月一一日であった。その後、三月二〇日前後から感染者が急拡大した。世界保健機関（WHO）の調べによると、一〇月四日現在、トルコの感染者数は三二万三〇一四人で、死者数は八三八四人となっている（https://covid19.who.int/region/euro/country/tr、二〇二〇年一〇月四日閲覧）。感染者数は世界で一八番目であるが、致死率は六七番目となっており、感染者数が多い割には致死率が低いと評価されている（https://www.

worldometers.info/coronavirus/#countries，二〇二〇年一〇月四日閲覧）。

本章では主に二〇年のトルコに関して、大きく二つの点に着目してその新型コロナウイルス対策を検討する。第一にレジェップ・タイイップ・エルドアン大統領率いる公正発展党（AKP）の権力強化に及ぼす影響である。これは新型コロナウイルスと国内政策の関係である。第二に、公正発展党の国際秩序観に及ぼす影響である。これは新型コロナウイルスと対外政策の関係である。

2　権力強化の戦略としての安全保障化

トルコにおいて公正発展党が権力を握って久しい。二〇〇二年一一月の総選挙で勝利して以来、現在（二〇二〇年一〇月四日現在）まで約一八年間権力の座に就いている。早期選挙が行われなければ、次回の総選挙は二〇二三年となっており、公正発展党政権は二〇年にわたり権力の中枢に留まることとなる。トルコ共和国の歴史を振り返っても、公正発展党以上の長期政権は、ムスタファ・ケマル（アタテュルク）が中心となって立ち上げ、一党独裁期に権力の座にあった共和人民党の例があるだけである。ただし、共和人民党はトルコが複数政党制を採用後、初めて実施された一九五〇年の総選挙で敗北して野党となった。この点を考慮すると、これまで六回の総選挙においていずれも勝利をおさめてきた公正発展党の盤石さはトルコ政治史の中でも際立っている。

では公正発展党はどのように権力を獲得・強化してきたのだろうか。これまで、公正発展党は経済の立て直し（二〇〇二年～）、欧州連合（EU）加盟交渉（二〇〇二年～二〇一五年）、国内政治の分断（二〇〇七年～二〇一一年）、そして「安全保障化」とナショナリズムという手段を使って権力を獲得・強化してきた（二〇一五年～）（今井、二〇一九）。ここでは最近の公正発展党の権力強化の手法である安全保障化とナショナリズムについて確認しておきたい。

本稿で使用する安全保障化という言葉は、安全保障上の敵を明確にしてそれを国民に受け入れさせ、権力を強化する政治的手法を指す。安全保障化（Securitization）という言葉が登場したのはバリー・ブザン（Barry Buzan）とオール・ウィーバー（Ole Weaver）を中心としたコペンハーゲン学派の文献においてである。そこで彼らが指摘したのは、社会生活を営む一般の人々が自己のアイデンティティが脅威に晒されていると感じる「社会的脅威」、そして社会的脅威を現出するための一連のプロセスとしての安全保障化であった（Buzan, Kelstrup, Lemaitre, Tromer, and Waever, 1993）。ウィーバーの議論をまとめると、我々意識（we-ness）を強調する集団的アイデンティティが安全保障化の核であり、政治家などの発話行為、それによって聴衆の我々意識が脅かされていると感じ、政治の争点を安全保障の問題に集中させる（とりわけ選挙などのイベント）というプロセスによって脅威認識は醸成される（Buzan, Waever, and Wilde, 1997）。脅威認識が醸成されない場合は安全保障化の失敗、そして醸成した脅威認識が解消された場合は脱安全保障化（desecuritization）したとされる。この安全保障化に関しては、コペンハーゲン学派が発話行為に焦点を当てすぎているという批判もあり、その後一連のプロセスについてさまざまな検討がなされている。しかし、社会的脅威を現出する一連のプロセスが安全保障化であるという合意は研究者の間で共有されている。また、安全保障化は国際関係論の概念であると同時に、為政者が現実政治で採用する戦略として次第に用いられるようになってきている。概念にせよ、政治的戦略にせよ、安全保障化の対象となるのは、主に移民、テロ、感染症、環境問題などである。

3　公正発展党による安全保障化の実践

話をトルコの事例に戻すと、公正発展党が安全保障化の対象としたのは「テロ」であった。公正発展党が安全保障化に舵を切った背景には、二〇一四年の「イスラーム国」の出現、そして二〇一五年七月のトルコ政府とクルディスタン労働者党（PKK）との和平交渉の頓挫という出来事があった。特に二〇一五年に入った後、トルコではトルコ出身の「イスラーム国」メンバーによるテロ事件が起こるようになった（今井、二〇一七a）。それらは、六月五日、トルコ南東部のディヤルバクルにおいて二日後に迫った六月七日の総選挙前に集会を開いていた親クルド人政党である人民民主党の支持者たちを狙ったテロ、七月二〇日のトルコ南東部でシリア国境にほど近いシャンルウルファ県スルチでのクルド人の集会を狙ったテロ、そしてトルコ共和国史上最悪の一〇三名の死者を出した同年一〇月一〇日のアンカラでのテロであった。これに加えて、二〇一三年三月から進められていたトルコ政府とPKKの間の和解交渉が二〇一五年七月に頓挫し、両者は再び対立関係を深めた。

こうした状況下で公正発展党はテロに屈しない姿勢を前面に押し出し、再び国民からの支持を獲得することに成功する。公正発展党は国民に対し、テロとの戦いを主張したうえで、安全を提供できるのは自分たちだけであると説いたのであった。二〇一五年六月の総選挙の際、四〇・八％の得票率で初めて単独与党となれなかった公正発展党は、アンカラでのテロの記憶が鮮明な中での一一月の再選挙で得票率を四九・五％まで上昇させ、五五〇議席中三一七議席を獲得し、単独与党に復帰した。一一月の再選挙に際し、公正発展党が採ったテロとの戦いを強調する戦略は紛れもなく安全保障化であった。

この公正発展党の安全保障化の戦略は、二〇一六年七月一五日のクーデタ未遂事件によって新たな段階に達する。七月一五日にエルドアン大統領および公正発展党に不満を抱く軍部の一部のグループがクーデタを試みた。このクーデタ未遂を試みたグループは、一時イスタンブルとアンカラの軍の重要施設を占拠し、フルシ・アカル統合参謀総長をはじめとする軍部のトップを拘束するも結局このクーデタ事件は失敗に終わった[1]。クーデタ未遂事件は一日で収束したものの、多くの一般人の命が奪われた。クーデタ未遂事件もPKKや「イスラーム国」のテロと同様に安全保障化の対象となった。加えて、クーデタ未遂事件はトルコにおいて三六年ぶりにクーデタが実行されようとしたこと、国会議事堂が爆撃されたことで多くのトルコ国民が衝撃を受けた。これらの出来事は、トルコの領土はムスタファ・ケマルを中心に自分たちの祖先が守り、築き上げてきたという自負を持つトルコ国民のトルコ人としてのナショナリズムを刺激した。そして、エルドアン大統領と公正発展党もナショナリズムを前面に押し出す方針を進めた。その最たる例が二〇一六年一一月からの民族主義者行動党との協力関係である[2]。その結果、公正発展党は民族主義者行動党の協力を得て、大統領制への制度変更を実現することに成功、二〇一八年の大統領選挙と議会選挙のダブル選挙においても協力関係は続き、それにより大統領選ではエルドアン大統領の再選、議会選では公正発展党が単独与党とはなれなかったものの、第一党の座を確保した。

一方、この時期、EUをはじめとした西洋諸国は、クーデタ未遂事件後の公正発展党の対応、大統領が三権に強い影響を及ぼす大統領制への移行に対して、エルドアン大統領と公正発展党に権力が集中していると批判している。加えて、安全保障化を軸とした権力強化の手法は、二〇一八年夏から秋にかけてのアメリカの経済制裁、二〇一九年三月の地方選挙で行き詰まりを見せた。前者では経済危機によって国民の経済が圧迫され、公正発展党への対応の不満が見られ、後者の地方選挙では、公正発展党は得票率で第一党の座を維持したものの、イスタンブル、アンカラ、イズミルという三大都市で敗北する結果となった。このように、安全保障化にナショナリズムの強調を組み合わせた公正発展党の権力強化の手法は、テロの脅威が薄れ、また、経済危機などテロとは関係がない課題が生じる中で、次第に行き詰まりを見せつつあった。

4　トルコの国際秩序観

次に、トルコの最近の国際秩序観について確認しておきたい。トルコは非覇権挑戦国の新興国と規定できる。こうした国の国際秩序観は三つの視角から分析することが有用と考える。第一に、既存の国際秩序の維持と安定にどのように貢献しているかを検討することである。第二に、覇権挑戦国が提示した新たな秩序観を支持しているかどうかを検討することである。第三に、新興国独自の国際秩序観を有しているかどうかである。

公正発展党の国際秩序観の変遷は別稿（今井二〇一七b）に譲るが、二〇一五年以降の国際秩序観はここでも確認しておきたい。端的に述べると、グローバルなレベルでの国際秩序観は現状維持と現状打破のどちらにも関与するが、両者の間のバランスを重視するものである。現状の秩序にあからさまに反旗を翻すことはしないが、覇権国であるアメリカの政策全てに従うわけではない。トルコは大国間で「戦略的ヘッジング」を展開していると言えるだろう。例えば、トルコはアメリカのイランに対する処遇、シリアのクルド人に対する対応、トランプ政権のエルサレムをイスラエルの首都として承認する動きなどには明確に反対の意を示している。また、中国の一帯一路政策にも同調し、中国とロシアがイニシアティブを握る上海協力機構の

対話パートナーともなっているが、中国との間ではウイグルに対する処遇に関して意見の相違がある。(3)

一方でトルコ独自の国際秩序観は確実に存在する。一つは隣接する中東および北アフリカ地域に対する影響力行使、もう一つは開発途上国に対する外交である。一つ目のアプローチはトルコが主導する地域秩序の安定化の試みである。このアプローチはしばしばトルコ共和国の前身と見なされるオスマン帝国の歴史を強調して該当地域に対する関与を強めたため、「新オスマン主義」と呼ばれる。(4)ただ、このトルコ主導の地域秩序安定化政策は二〇一五年頃を境にその対象と関与の手法が変容した。対象地域に関しては、中東の中でもそれまでトルコが関与を強めていたのは東アラブ地域が中心であったが、次第に湾岸地域、さらには北アフリカとアフリカの角にも積極的な外交を展開するようになっていった。また、関与の手法に関して、二〇〇〇年代後半から二〇一〇年代半ばまではソフトパワーを使用して影響力を行使しようとしたのに対し、二〇一〇年代半ば以降はソフトパワーに加え、軍事力の使用や基地建設など、ハードパワーの使用も目立つようになった(カルダシュ、二〇二〇)。これはシリアにおける三度の越境作戦、カタルやソマリアにおける基地建設、そして最近のリビアへの関与を例として挙げることができる。このように、地域限定で秩序の構築とその維持に関与しようとするトルコが、アメリカと並んで重視するのはグローバルな覇権挑戦国の中国よりも、中東地域への関与を深める域外大国のロシアである。シリアにおいてもリビアにおいてもトルコとロシアの利害は一致していないが、観光業が主力のトルコにとってロシアは観光客の提供国であり、原子力発電所建設のパートナーであり、主要な天然資源の輸入国である。また、シリア内戦に関して、アサド政権と外交関係を断絶しているトルコにとって、アサド政権との交渉にはロシアの仲介が不可欠である。

開発途上国に対する外交はトルコ国際協力機構(TİKA)による援助政策、破綻国家化した国家からの難民の受け入れ(特にシリア)に代表される人道外交が基本であった。(5)特に二〇一〇年代はアフリカとの関係が密接となった。アフリカの援助外交で教育重視の日本、資金力が豊富な中国といった先駆的な国々とは異なり、イスラームという文化的な共通性を武器にムスリムが多い国々との関係を深めた。

5　トルコの新型コロナウイルス対策

二〇二〇年初頭の時点で、トルコの国内での権力強化の手段としての安全保障化は次第にその効果が薄まりつつあり、外交に関しては地域秩序の維持のための現実主義的対応に加え、人道外交も同時に展開されていた。そうした状況の中で起きた、新型コロナウイルスによる感染症の拡大は、トルコの国内外の行動にどのような変化をもたらしたのだろうか。まず、トルコのコロナ危機への対策を概観したうえで、内政と外交への影響について考察する。

トルコ政府のコロナ危機に対する対応が迅速であったとされ

る理由の一つに、感染診断キットの作成が挙げられる。トルコ政府は感染者がアジア中心であった二〇二〇年二月の時点で、すでに新型コロナウイルスの感染診断キットを作成、自国での使用に加えて一部を他国にも輸出していた（*Anadolu Agency*, February. 17, 2020）[6]。この診断キットは短時間で結果が出ることが特徴であった。それ以前のキットは診断に三時間以上かかっていたが、トルコが作成したキットは一時間半から二時間で診断を行うことが可能であった。トルコはこのキットをカザフスタン、クルグズスタン（キルギス）といった中央アジアの友好国に輸出したのに加えて、三月後半にはアメリカにも輸出している（*Trtworld*, February. 14, 2020）。国内で感染者が増加した三月後半になると、トルコ政府はこのキットを国内の全ての県に配布し、なるべく多くの人が検査を行える態勢を整えることを目指した。その一方でアメリカに五〇万個もの診断キットを輸出したために、診断キットが足りなくなることも懸念された。

トルコでもマスクは感染のリスクを減らすとして、国民が買い求めた。都市部ではタクシーやバスの運転手のマスクの着用が義務付けられた。トルコのマスクは中国からの輸入が多かったが、三月後半、トルコ政府は中国からのマスクに欠陥があるとして、受け取りを拒否している（*Foxnews*, April. 2, 2020）[7]。トルコでも感染拡大当初、マスクは品薄であった。それを受け、トルコではマスクの製作が急ピッチで進んだ。六月半ばの時点でトルコの八一県中四七県でマスクが製造されていた（*Medical Press*, June. 18, 2020）。トルコにおいてはイスタンブルやアンカラを含む四八の県であらゆる外出時において、他の三三の県でもショッピングモール、スーパーマーケット、レストラン、カフェ、美容室や理髪店で、マスクの着用が義務とされた（*Daily Sabah*, June. 21, 2020）。

トルコの医療機関ではコロナ危機第一波においても医療崩壊は起きず、病床も十分に足りている。この点が後述するように、トルコが自国で被害を出していたにもかかわらず、他国に医療機器の提供や医療援助を可能とした。

医療機器関連の対応が迅速であったトルコであるが、外出禁止に関しては唐突な決定の印象が否めなかった。四月一一日に三一の県で二日間の都市封鎖が出され、六三〇〇万人の人々が外出を制限された（*Hürriyet Daily News*, April. 13, 2020）。食料品、薬局、医療機関を除き、営業は禁止とされた。この都市封鎖の発表が突然であったため、最大都市のイスタンブルでは主食であるパンを買う人々がパン屋やスーパーマーケットに殺到するなど、一時的な混乱が見られた（*France 24*, April. 11, 2020）。この背景として、二〇一九年三月の地方選挙でイスタンブルの市長となった野党第一党である共和人民党のエクレム・イマームオールと、エルドアン大統領および公正発展党との間で調整がスムーズに行なわれなかった可能性が指摘できる。

6 ポスト・コロナ時代のトルコ政府の権力強化

トルコ政府によるコロナ危機への迅速な対応、感染者の数は多いものの、医療崩壊が起きることはなく、また、致死率も相対的に低く抑えられた点は国民から評価された。コロナ禍の中でも積極的にリーダーシップをとることで、エルドアン大統領の国内での支持率は増加した。トルコの大手世論調査会社であるメトロポール（Metropoll）社の調べでは、コロナ危機が起きた直後の三月のエルドアン大統領の政策を支持する割合は五五・四％であり、この割合はエルドアン大統領が大統領となった二〇一四年八月以降で二番目に高い数値であった（Metropoll ツイッター二〇二〇年八月一二日）[8]。この数値は緩やかに下降し、六月には五二％、七月には五〇・六％となっている。

一方でコロナ危機下の公正発展党の支持率は三〇％から三三％前後となっている（Metropoll ツイッター二〇二〇年八月一七日）。政党間協力を行なっている民族主義者行動党との支持率を合わせても四〇％前後である。二〇一八年六月の総選挙では公正発展党の得票率が四二・五％、民族主義者行動党と合わせて約五三・六％だったことを考えると、二年間で一〇％以上支持率が下がっている。

また、ワシントン近東政策研究所のソネル・チャープタイとデニズ・ユクセルは二〇一七年四月の憲法改正によって大統領に権限が集中する大統領制となったことで、大統領がこなすべき決定があまりにも多くなったことが外出禁止の調整不足など、一部の対応の遅れにつながったことを指摘している（Çağaptay and Yuksel, 2020）。そうした中、エルドアンを支えたのが保健大臣のファレッティン・コジャであった。それまではほとんど目立つことのなかったコジャはコロナ危機に対する発表の際、常に国民の前でトルコの状況とその対策についての説明を行なうことでその顔と名前が国民の間に知れ渡った。

コロナ危機に際してもエルドアン大統領と公正発展党の安全保障化を主眼に置く権力強化手法は変化しなかった。新型コロナウイルスこそが最大の敵であり、脅威であった。しかし、コロナ危機以前の安全保障化が国内の分断を招くことが多かったのに対し、コロナ危機下の安全保障化はトルコ全体で問題の解決を図るというスタンスであった。しかし、前述したイスタンブル市長のイマーム・ヤワシュが各県レベルで迅速な対応を試みたのに対し、トルコ政府はその調整に苦慮した[9]。さらに、コロナ危機によりトルコの主要産業である観光業などへのダメージが必至であり、国際通貨基金（ＩＭＦ）の予測でも経済成長がマイナス五％と、今後は国民生活に大きなしわ寄せが来る可能性も指摘されている。

こうした中、エルドアン大統領と公正発展党は二つの動きを見せた。まず、七月一〇日にエルドアン大統領はアタテュルクによって博物館とされていた世界遺産のアヤソフィアをオスマン帝国時代のように、モスクに戻す決定を行った。この決定は国内外から多くの批判にさらされたものの、公正発展党を支持する保守ナショナリストの人々にとっては、アヤソフィアのモスク回帰は悲願であったと言われており、そうした人々には大きなアピールとなった。次いで、公正発展党を中心に七月二九日にSNS規制法が国会で成立した。これは市民の不満や政策の批判がSNS上で展開されるのを防ぐ目的で策定されたものであり、再び国家の中で味方と敵を線引きする手法へ回帰する可能性がある。

7　ポスト・コロナ時代の人道外交

それでは、コロナ危機はトルコの国際秩序観とそれを背景とした外交にどのような影響を及ぼしたのだろうか。前述したトルコの外交の中で活発化したのは人道外交であった。これは中国が展開した「マスク外交」と同様に、マスクを含む医療関係の物資を他国に援助するものであった。注目すべき点は二つである。まず、「はじめに」の部分で述べたように、自国でもコロナ患者が急増する中で、超大国とは言えないトルコが他国に対してマスクやPCRの検査キットを輸出する姿勢は国際社会から称賛された。また、トルコの人道外交の対象はこれまで近隣のトルコと関係が深い国々および開発途上国であったが、コロナ危機後は途上国だけでなく、先進国に対しても援助を展開した。具体的には、四月一二日と二二日にイギリスに医療用のガウンをはじめとした個人用保護具（PPE）などを大量に提供した（*Anadolu Agency*, April. 12, 2020 ; *Aljazeera*, April. 22, 2020）。また、アメリカに対しても四月二九日に五〇万個の医療用マスク、四〇〇〇着のガウン、二〇〇〇リットルの消毒剤、一五〇〇個のゴーグル、四〇〇個のN―九五マスク、五〇〇個のフェイスシールドを提供した（*Anadolu Agency*, May. 3, 2020）。ここ数年、中東和平問題で対立しているイスラエルにも物資を援助した。また、イスラエルと連携し、パレスチナにも援助を行った。具体的には、イスラエルがトルコのインジルリック基地に輸送機を派遣し、トルコ側が提供したマスクや医療用手袋などをパレスチナ自治政府に届けるというものであった（*Middle East Monitor*, April. 11, 2020）。

トルコ政府概算ではあるが、トルコは五月前半の時点で、コロナウイルスが発生してから世界で三番目に多く医療品などを他国に提供した国であった（*Reuters*, May. 11, 2020）。トルコの支援はその後も続き、八月六日時点で約一四〇ヵ国に支援を提供していた（*Anadolu Agency*, August. 6, 2020）。こうしたトルコの医療援助は世界保健機関（WHO）からも称賛された。

しかし、人道外交が活性化した以外、コロナ危機によってトルコの国際秩序と外交姿勢が大きく変化することはなかった。シリア、リビアに対する現実主義的な関与は継続している。また、トルコは依然としてアメリカ、中国の覇権争いを注視しているものの、そこに深入りはしておらず、中東・北アフリカ・アフリカの角などの関与に留まっている。

人道外交は国際社会で賞賛されたものの、これまでのところトルコはそこから実利を得られていない。それどころか、トルコが支援の手を差し伸べたイスラエルは八月一二日にアラブ首長国連邦（UAE）と国交を正常化した。パレスチナの問題を棚上げにしたこの決定にトルコは遺憾の意を示した[10]。このイスラエルの行動が示すように、トルコのソフトパワーを高めることを目論んで展開された人道外交であったが、短期的な視点で評価すると、その効果が発揮されているとは言い難い。

アメリカ、中国、ロシアの中でトルコが最も関係を強化したのはやはりロシアであった。トルコとロシアは六月初旬にコロナウイルスのワクチン開発を共同で行うことで合意した（*Anadolu Agency*, June. 2, 2020.）。また、ロシア人観光客はトルコの観光業にとって欠かせない顧客であったため、両国政府はロシア・トルコ間の旅客機の発着の再開を模索してきたが、八月一日にモスクワ、サンクトペテルブルグ、ロストフからイスタンブル、アンカラへの定期便、さらに八月一〇日からはモスクワ、サンクトペテルブルグ、ロストフからアンタルヤなど地中海のリゾート地への定期便も再開した（*Hürriyet Daily News*, July. 24, 2020; *Anadolu Agency*, August. 1, 2020; *Daily Sabah*, August. 11, 2020)。一方で、九月後半からアゼルバイジャンとアルメニアの間のナゴルノ・カラバフ紛争が激化し、アゼルバイジャンを支援するトルコとアルメニアを支援するロシアの間で新たな緊張が生じた。

8　短期的な視点ではコロナ危機の影響は一時的

前述したように、エルドアン大統領と公正発展党は二〇一〇年代後半、友敵を明確にし、安全保障を重視するスタイルで権力を強化してきた。コロナ危機によってこの友敵をはっきりさせることなく、安全保障に取り組む姿勢が一時的に見られたものの、七月に入り、アヤソフィアのモスク回帰、そしてSNS規制法によって再び国内の分断が強調されるようになった。次回のトルコの大統領選挙・総選挙のダブル選挙は二〇二三年の予定であるが、早期選挙の可能性についても言及されており、こうした国内の分断はその布石となる可能性もある。このように見ると、トルコ国内の権力強化政策にコロナ危機が与えた影響・変化は一時的なものであった。

二〇二〇年一一月以降、トルコにおいてコロナ危機はむしろ深化している。トルコの感染者数が一万人を超えたのは一〇月二八日だったが、そこから一カ月半で二万人を突破した。いわゆる第二波が到来したのがこの時期であった。そこから感染者数の伸びはやや鈍化したが、二一年三月に再び増加に転じ、三月二一日に三万人、四月一四日に四万人を超えた。このように、トルコは二一年三月以降、第三波に見舞われている。第二波、第三波に見舞われているトルコは致死率も上昇し、死者数も世界で一九番目へと急上昇している。エルドアン政権は第二波、第三波の到来で大きな打撃を受けていると言えるだろう。

次いで、コロナ危機がトルコの外交に与えた影響であるが、こちらも一時的な変化であった。コロナ危機下でトルコの人道外交は脚光を浴びたが、それが実利を得ることは少なかった。また、コロナ以前もコロナ後もトルコはグローバルな覇権の推移への関与はなるべく控え、中東およびその隣接地域の秩序構築と維持が優先されている。しかし、二〇二一年に入り、コロナ危機の第二波が到来し、アメリカでジョー・バイデン政権が成立すると状況に変化が見られつつある。トルコはコロナウイルスのワクチンとして、中国からシノバック社製のワクチンを大量に購入している。四月初めの時点で約一八〇〇万人、つまり人口の五分の一が中国製のワクチンを接種している（Washington Post, 7 April 2021）。この中国との間のワクチン外交は功を奏しているように見える。これまでウイグル族を最優先してきたトルコだったが、二一年二月にトルコ在住のウイグル族の人々がアンカラの中国大使館前で中国政府に対して抗議行動を実施した際もデモ参加者を厳格に取り締まるなど、その対応に変化が見られつつある。また、バイデン政権の誕生により、トルコをはじめ、イスラエル、サウジアラビアなど、中東に域内大国は域内の協調を模索し始めている。また、トルコは中国だけでなく、EUとの関係も協調路線に向かうなど、二〇二一年に入り、トルコ外交には変化の兆しが見える。ただし、本章で論じてきたように、公正発展党の支持者は保守ナショナリストが中心であり、ウイグル族に対するシビアな対応は彼らの望むところではない。感染拡大に歯止めがかけることができれば、再度、中国との関係は変化が見られるだろう。

　本章では主に二〇二〇年のトルコに関してコロナ危機が内政と外交に与えた影響を検証した。コロナ危機はトルコの内政と外交の短期的な変化を促したが、危機が落ち着くにつれ、内政と外交もコロナ前と変わらないアプローチが再び採用されるようになった。しかし、第二波、第三波、第四波の到来でトルコの内政と外交は再度変化を余儀なくされつつある。コロナ危機の影響が長期的にどのような影響を及ぼすかの評価は、次回のトルコの大統領選挙・総選挙で明らかになるだろう（二〇二一年四月脱稿）。

(1)　このクーデタ未遂事件は、アメリカに在住するフェトフッラー・ギュレン師率いるギュレン運動に属する一部の軍人によって実行に移されたと言われている。クーデタ未遂事件の詳細に関してはYavuz and Balci（eds）、2018を参照。

(2)　民族主義者行動党はトルコで最も影響力のあるナショナリスト政党であり、トルコの極右から比較的穏健なトルコ人ナショナリストまで幅広く束ねている。民族主義者行動党の公正発展党への歩み寄りに関しては、今井、二〇一七cを参照。民族主義者行動党の中で公正発展党への歩み寄りを良しとしないグループは二〇一七年一〇月に「善良党」を結党した。善良党はイデオロギーに関しては民族主義者行動党とそん色はないが、公正発展党およびエルドアン大統領に同調しないという点が決定的に異なる。

(3)　本書のウイグルに関するコラムを参照。ウイグル族は民族的にトルコ人に近いと言われるテュルク系に当たり、トルコ国内でもカイセリ県やイスタンブル県に多くのウイグル族が住んでいる。トルコ民衆の間でも「同族」であるウイグル族に対して同情的な意見が強く、中国のウイグル族に対する対応に反発を感じる人も多い。特に公正発展党が協力関係を結ぶ民族主義者行動党の支持者はその傾向が強いと言われている。

(4)　トルコの新オスマン主義に関しては、例えばYavuz（2020）を参照。

(5)　トルコの人道外交に関しては、今井（二〇一六）を参照。

(6)　トルコは当初、中国から帰国した四二人に対して診断キットを使用した。

(7)　トルコだけでなく、オランダ、スペイン、ジョージア、チェコも同様の措置を取っている。

（8）最も高かったのは二〇一六年七月一五日に起きたクーデタ未遂事件の直後で六七・六%の支持率であった。逆に支持率が一番低かったのは二〇一五年六月の総選挙時で三七・五%であった。コロナ危機直前の二〇二〇年二月も四一・一%とかなり低かった。

（9）イマームオールは次期大統領選挙においてエルドアンの有力な対抗馬になると予想されている。メトロポール社の調べによると、次期大統領選挙への投票に関して、エルドアンへの投票が四四・三%、イマームオールへの投票が四三・七%と拮抗している（Metropoll ツイッター二〇二一年三月七日）。

（10）トルコとUAEの関係は、中東におけるムスリム同胞団の処遇、ソマリアやスーダンでの利権獲得競争によって近年悪化している（今井、二〇一八）。UAEに続き、バハレーン、スーダン、モロッコもイスラエルと国交を結んだ。

参考文献

今井宏平（二〇一六）「新興国の人道外交——トルコの取り組みを事例として——」西海真樹・都留康子編著『中央大学社会科学研究所研究叢書32：変容する地球社会と平和への課題』中央大学出版部、二二三―二四三頁を参照。

——（二〇一七a）「トルコにおける「IS」の活動」山内昌之編『中東とISの地政学―イスラーム、アメリカ、ロシアから読む二一世紀』朝日選書、一〇一―一一七頁。

——（二〇一七b）「新興国トルコの国際秩序観―その特徴と変遷」滝田賢治編著『21世紀国際政治の展望』中央大学出版部、二二七―二四六頁。

——（二〇一七c）「民族主義者行動党はなぜ大統領制に賛成したのか」『中東レビュー』、Vol. 四、一九―二二頁

——（二〇一八）「なぜトルコはカタルを重視するのか」『中東研究』No. 五三一、九五―一〇四頁。

——（二〇一九）「公正発展党の内政における政権維持の手法（二〇〇二年～二〇一九年）」『中東研究』五三六号、一五―二六頁。

シャーバン・カルダシュ（二〇二〇）「戦略的自律性の追求―アラブの春の挫折とトルコ外交」『アスティオン』第九二号、五四―五六頁。

Barry Buzan, Morten Kelstrup, Pierre Lemaitre, Elzbieta Tromer, and Ole Waever (1997) *Identity, Migration and the New Security Agenda in Europe*, London: Pinter Publishers.

Barry Buzan, Ole Waever, and Jaap De Wilde (1997), *Security: A New Framework for Analysis*, Lynne Rienner.

Hakan Yavuz (2020), *Nostalgia for the Empire: The Politics of Neo-Ottomanism*, Oxford: Oxford University Press.

Hakan Yavuz and Bayram Balci (eds.) (2018), *Turkey's July 15th Coup: What Happened and Why*, Utah University Press.

Soner Çağaptay ard Deniz Yuksel (2020), "Turkey's COVID-19 Response" *The Washington Instiute Website*, June 4, 2020

インド
——コロナの苦境を機会に変えることができるか

伊豆山真理

（いずやま　まり）
防衛研究所理論研究部長
専門は国際関係論、インドの政治・外交・安全保障。著書に「インド台頭論と二〇〇〇年代以降の印中関係」堀本武功ほか編『これからのインド——変貌する現代世界とモディ政権』（東京大学出版会、二〇二一年）、"India, China, and Japan's Policy of Asian Regionalism," in Kanti Bajpai, et al., eds., *Routledge Handbook of China-India Relations*, (Routledge, 2020).

二〇二〇年のインドは、新型コロナウイルスと中印国境問題という二つの難題に直面した。インドは、早い時期から入国制限やロックダウンなどの対策を講じたにもかかわらず、七月末には、米国、ブラジルに次いで世界で三番目に感染者が多い国となり、九月初めにはブラジルを抜いて世界二位の感染者数を記録し、九月末には六三〇万人を超える感染者が報告された。その後二〇二一年二月にかけて、一日の新規感染者数は一万人代まで減少し、感染封じ込めに成功したと思われていた。しかし、三月から第二波に見舞われ、感染は爆発的に拡大、四月二二日には、一日の新規感染者数が三〇万人を突破し、累積感染者数は一五〇〇万人を超えた。こうした事態は、公衆衛生政策の脆弱さ、地方から都市への出稼ぎ労働者の雇用形態や福利など、インドの抱えるガバナンスの問題点を浮き彫りにした。

ロックダウン中の五月中下旬中国が国境地帯の複数の地点で越境を行い、インド部隊に四五年ぶりの死者が出た。インドと中国は、二〇二一年二月撤退に合意したものの完全な緊張緩和には至っておらず、両国の関係は国境問題の交渉を加速させることに合意した二〇〇五年以来、最悪の状態にある。

経済成長をバックに国際社会におけるより大きな役割を追求してきたインドにとって、コロナ禍と国境紛争は、足枷となるのか。本稿では、コロナ後のインド外交の方向性を見通すことを試みる。以下第一に、在外インド人への対応というインド特有の問題に焦点を当てる。グローバル化とともに増大してきた在外インド人が、ひとたびホスト国の国境が閉じられると大量の移動を引き起こし、インドの感染症対策に負荷をかけていることを示す。第二に、中国との国境紛争に焦点を当て、インドの対中外交に及ぼす影響を見る。第三に、コロナ対応をめぐるインドの外交に焦点を当て、インドの国際協力の態様と役割認識を明らかにする。結論を先取りすると、コロナに対応するための国際協力を通してインドは、国際社会における自らの存在意義を維持あるいは高めようとしている。今後のインド外交の方向性として、第一に、包摂的な国連か有志連合的な「ＱＵＡＤプラス」かという二項対立を超えて双方を追求していくであろう。第二に、インドの強みを生かしたワクチンの製造・開発と提供に重点をおいた協力で指導的役割を果たそうとするであろう。

1　厳格な水際対策とロックダウン

一月三〇日、インド南部のケーララ州で国内初の新型コロナウイルス感染者が確認された。留学先の武漢大学から帰省した学生であった。インド政府は迅速に対応した。二月一日、二日の両日政府のチャーター便を運航し、合わせて六五一人のインド人と七人のモルディブ人を武漢から帰国させた（*Economic Times*, February 1, 2020 ; February 2, 2020）。二月二日、中国人へのＥ-ビザ発給を停止、五日には中国人へのビザ発給を全面的に停止した（Bureau of Immigration N. D.）。一三二人のインド人乗員が乗船していたダイヤモンド・プリンセス号の教訓を生かし、二月一四日、チェンナイ港では香港を含む中国人、シンガポール人、タイ人乗員の上陸を禁止した（*The Hindu*, February 14, 2020）。

中国に続いて感染拡大国となったイタリア、イラン、韓国、日本に対しても同様の水際対策が適用され、三月三日、これら四カ国からの入国ビザが停止された（*The Hindu*, March 3, 2020）。ＷＨＯがパンデミック宣言を出した三月一一日には、外交、公用、国連・国際機関職員ビザを除く、全てのビザの三月一三日から四月一五日までの停止が発表された（*The Hindu*, March 12, 2020）。

三月二二日、ロックダウンの試行ともいえる「国民の外出禁止」が行われ、感染者が六二四人にすぎなかった二五日、三週間にわたる全土のロックダウンが決行された。

初期の対策にもかかわらず、インドの感染は止まらなかった。その要因としては、都市部における人口の密集や低調な保健医療政策があげられる。ＧＤＰに対する保健医療支出は、ＯＥＣＤ平均の八・八%、中国の五・〇%に対してインドは三・六%である。人口一〇〇〇人当たりの病床数は、中国の四・三、ブラジルの二・三に対してインドは〇・五と際立って低い（OECD 2020）。ＷＨＯが指針とする人口一〇〇〇人当たりの医師数は一人であるが、インドでは医師一人当たりの人口が最小のデリーで二〇二八人、最大のビハール州では四三七八八人に上る（*The Hindu*, March 25, 2020）。

インド政府はこうした公衆衛生の脆弱さを認識していたからこそ、早期の水際対策や厳しいロックダウンに踏み切ったのであった。問題は、迅速な政策が国内で予想を超える人の移動を誘発してしまい、その管理に直面したことである。また、海外では多くの在外インド人が在留先での感染拡大への不安、失業、大学閉鎖などさまざまな理由から帰国を選択し、あるいは受入国から半ば出国を強制された。感染症対策としての「ステイ・ホーム」は、出稼ぎ労働者とグローバルに活躍する在外インド人が故郷をめざして大量に移動することに帰結し、人の移動とともに、ウイルスは海外からインドの各都市へと運ばれた。

ロックダウンにより交通が遮断される中、職を失った都市の出稼ぎ労働者が郷里に向かって徒歩で大移動する様子は日本でも報道された。インド政府は五月一日から出稼ぎ労働者の帰郷のための特別列車の運行を開始し、七月九日に終了するまでの間に、四四九六本を運行し、六三一万四〇〇〇人を輸送した（*Hindustan Times*, July 24, 2020）。国内出稼ぎ労働者への対応の問題点については、野口（二〇二〇）、湊（二〇二〇）らの論考に譲り、以下では海外出稼ぎ労働者を含む在外インド人への対応に焦点を当てる。

2　在外インド人への対応

インド政府の統計では、在外インド人は三二〇〇万人である。

表1の通り、「非居住インド人（NRI：Non-Resident Indians）と、「インド系（PIO：Persons of Indian Origin）を合わせて在外インド人と定義される。PIOとは、かつてインドの旅券を保持していたことがある者、または祖父母がインド国籍を保持していた者で、現在インド国籍を有しない者である。NRIとは、インド国籍を有し、一定期間外国に居住する者である。留学生や一時的に海外で就労するインド国籍者はNRIに数えられる。コロナによってインドに大量帰国しているのは主としてNRIである。

インド政府は感染国が限定されていた三月には、厳密な検査と隔離を伴う帰国支援を試みていた。航空便の乗り入れ禁止により、カシミールとラダック出身のおよそ一〇〇〇人の巡礼者と三〇〇人の留学生が足止めされたイランのケースでは、三月一〇日、C-17が第一次帰国便として派遣されたのに続いて、一三日、一五日にはイランのマーハーン航空が帰国特別便として運行された。事前に帰国希望者のウィルス検査の検体がインドに輸送されるという用意周到さであり、二五四人の陽性が判明していた（*Deccan Herald*, March 18, 2020; *India Today*, March 9, 2020; *The Print*, March 10, 2020）。一六万人の在留者のうちおよそ三八〇〇人が留学生であるイタリアでは、インド政府が現地でのウィルス検査済み証明書を要求したために、検査を受けられない帰国希望者が空港で搭乗を拒否される事態が生じた（*The Hindu*, March 11, 2020）。検査の余力がないイタリアに代わって、インド政府が派遣した検査官が現地で帰国希望者のウィルス検査を行う措置がとられた後（*Hindustan Times*, March 13, 2020）、三月一五日インド航空の特別便が二一八人のインド人を乗せて帰国した。搭乗前にウイルス検査を必須としたイランとイタリアのケースは、前線で防止しようとする初期の徹底した水際対策を象徴している。そして両国からの帰国が完了する前後の三月二四日、インド政府は全ての国際線の乗り入れを

表１　在外インド人の人数（上位 30 カ国）と帰還計画による帰国者数

	国名	NRI	PIO	在外インド人	帰国者数	NRI に占める帰国者の比率
1	United States of America	1,280,000	3,180,000	4,460,000	77,305	6.0%
2	UnitedArab Emirates	3,419,875	5,269	3,425,144	457,596	13.4%
3	Malaysia	227,950	2,760,000	2,987,950	12,612	5.5%
4	Saudi Arabia	2,592,166	2,781	2,594,947	163,851	6.3%
5	Myanmar	9,207	2,000,000	2,009,207	662	7.2%
6	United Kingdom	351,000	1,413,000	1,764,000	39,141	11.2%
7	Canada	178,410	1,510,645	1,689,055	13,342	7.5%
8	Sri Lanka	14,000	1,600,000	1,614,000	8,085	57.8%
9	South Africa	60,000	1,500,000	1,560,000	1,661	2.8%
10	Kuwait	1,028,274	1,587	1,029,861	90,759	8.8%
11	Mauritius	10,500	884,000	894,500	982	9.4%
12	Oman	779,351	1,790	781,141	85,498	11.0%
13	Qatar	745,775	775	746,550	104,444	14.0%
14	Singapore	350,000	300,000	650,000	24,867	7.1%
15	Nepal	600,000	0	600,000	332	0.1%
16	Trinidad & Tobago	1,800	555,000	556,800	0	0.0%
17	Australia	241,000	255,000	496,000	7,926	3.3%
18	Bahrain	323,292	3,366	326,658	24,704	7.6%
19	Fiji	1,400	313,798	315,198	5	0.4%
20	Guyana	600	298,782	299,382	0	0.0%
21	France（Reunion Island）	300	297,000	297,300	0	0.0%
22	Netherlands	40,000	200,000	240,000	3,376	8.4%
23	New Zealand	80,000	160,000	240,000	1,835	2.3%
24	Suriname	205	237,000	237,205	0	0.0%
25	Italy	157,695	45,357	203,052	3,083	2.0%
26	Thailand	20,000	175,000	195,000	2,141	10.7%
27	Germany	142,585	42,500	185,085	19,744	13.8%
28	Indonesia	8,500	111,500	120,000	2,585	30.4%
29	Philippines	105,000	15,000	120,000	7,462	7.1%
30	France	19,000	90,000	109,000	16,337	86.0%
その他も含む合計		13,459,195	18,683,645	32,100,340	1,405,154	10.4%

（注）　1）帰国者数は 2020 年 9 月 15 日現在。
　　　2）帰国者数は、陸路 131,618 人、海路 3,987 人を含む。

（出所）　Ministry of External Affairs, Population of Overseas Indians, n. d.（https://mea.gov.in/images/attach/NRIs-and-PIOs_1.pdf）; Country Wise Number of Repatriated Indians till 15. 09. 2020, Annexure-I to Rajya Sabha Unstarred Question No. 1369, to be Answered on September 22, 2020,（https://www.mea.gov.in/Images/amb1/ru1369_22_09_20_01.pdf）. より筆者作成。

中止した（菅原 二〇二〇）。

四月に入ると、インドが多数の出稼ぎ労働者を送り出している中東諸国や東南アジア諸国でも感染が拡大し、インド人労働者に対する解雇や賃金不払い、寮からの退去命令が報道される中で、中東諸国からインド政府に対する労働者の帰国要請が高まった（Trigunayat 2020）。クウェートではインド人居留者数を人口の一五％に制限する法案が出され（*Arab News*, July 24, 2020）、オマーンでは外国人の雇用が制限された（Pradhan 2020）。UAEはインドの帰国便を手当てし、費用も負担するという申し入れを行い、帰還を働きかけた。出稼ぎ労働者や家族からの訴えを受けて、労働者送り出し州であるケーララ州政府も、政府の対応を求めた（*The New Arab*, April 14, 2020）。

内外の圧力を受けた政府は、五月七日から、「ヴァンデ・バーラト（Vande Bharat mission）」と命名された大規模なインド人帰還計画に乗り出した。七月末までに二〇〇〇便以上の特別便が運行され、世界各地から八七万八九二一人のインド人が帰国した（Ministry of External Affairs, July 31, 2020）。本稿執筆中の八月には、第五次計画が継続しており、九月一日からの第六次計画も発表された。空路によるインド人帰還計画は、民間ベースであり、外務省・民間航空省は調整のみを行うという位置づけである。各地の在外公館からの情報により、便が設定され公表されるが、航空券は利用者が航空会社から直接購入する仕組みとなっている。

並行して五月五日、海軍による「海の橋作戦（Op. Samdura Setu）」も開始された。米国から供与されたドック型揚陸艦ほか三隻の艦艇がのべ八回、マレ、コロンボ、バンダル・アッバースに派遣され、三九九二人のインド人が帰国した（Indian Navy, July 8, 2020）。海軍の作戦は、二〇〇六年レバノン、二〇一一年リビア、二〇一五年イエメンで行われた紛争地からの自国民退避作戦の延長にあり、その成功が称揚されている。

在外インド人の大量帰還計画が推進されている背景には、在外インド人を重視するモディ政権の政策がある。モディ政権は、欧米社会で実業家や政治家として成功したインド人の政治力・経済力を活用して、海外からの投資を誘致することを念頭に置いており、二〇一四年九月の訪米時に、ニューヨークのマディソン・スクエアで一万八〇〇〇人のインド人コミュニティを集めたイベントを行った（*The Hindu*, September 30, 2020）。在外インド人からの送金は、二〇一九年八二〇億ドルを超え、IT関連のサービス輸出と並んで、貿易赤字を埋める貴重な収入源となっている（堀江 二〇二〇）。海外送金のおよそ四割を占めるのがUAEと米国からの送金であり、前者は非熟練労働、後者は熟練労働者やIT技術者など高度な専門職からの送金である（Reserve Bank of India 2018）。インドの二〇一九年の総選挙では、九万九〇〇〇人余りの在外インド人が帰国して投票しており（*Economic Times*, October 20, 2020）、モディ政権が在外インド人の票を与党に取り込もうとしているという見方もある（*Hindustan Times*, May 6, 2020）。インドの経済発展や国家統合のために在外インド人を結集する政策をとってきたモディ政権は、受入国で困難に遭遇する在外インド人を保護する政策をとることを余儀なくされた（Mitra 2020）。

コロナ禍による国境間の移動制限は、在外インド人の大量帰国をもたらしただけでなく、長期的にもインドに負の要因をもたらし得る。移動する人材は、世界各地で機動的に労働力を提供し、インドにグローバル化の恩恵をもたらしてきた（南埜・澤 二〇一七）。在外インド人の移動の停止は、インドの成長モデルの持続を不透明にしている。

3　中印国境における衝突

五月九日中印国境シッキム州ラトゥーラで衝突が発生し、インド側に一一人の負傷者が出た（*Hindustan Times*, May 11, 2020）。これと前後して西部国境の複数の地点で中国による実効支配線（LAC）の越境が発生した。中国は実効支配下にあるアクサイチンの少なくとも四つの地点における越境により、五〇平方キロメートルほどの領土拡張を行ったが、いずれも一キロメートルから一〇キロメートルの侵入にすぎず、また実効支配線の中国側であると主張する（Tellis 2020）。中国はこれまで地図上で自らの主張する実効支配線の位置を一切示していないので、インド側が現状維持を主張しようにも「現状」を確定することすらできない。

インド側は当初穏便に解決することを試みた。政府による公式発表はなく、陸軍参謀長が「LACに関する双方の認識の相違から、単発的な衝突は起こり得るもの」であり、「確立されているメカニズムにより管理可能」であると言明した（*The Hindu*, May 14, 2020）。六月六日にラダックで行われた両国の軍団指揮官レベルの会談では、部分的緊張緩和が合意された（Ministry of External Affairs, June 6, 2020）。

六月一五日、ラダックのガルワン渓谷で「中国による一方的な現状変更の企図に起因する（Ministry of External Affairs, June 16, 2020）」衝突が発生し、インド側に二〇人の犠牲が出た（*The Diplomat*, June 17, 2020）。中印国境で死者が出たのは四五年ぶりであったこと、また緊張緩和の合意に基づく撤退の最中に衝突が発生したことから、インドの受けた衝撃は大きく、対中認識修正の契機となった。

中印間の協議は閉ざされておらず、第二回指揮官会談（六月二二日）、局長級の「国境問題の協議と調整メカニズム会合（WMCC）」（六月二四日、七月一〇日、七月二四日）、特別代表会合（七月五日）が開催されている。しかし、インド側には中国が「誠実に」作業を行っていないという認識が存在する（Ministry of External Affairs, July 30, 2020）。

なぜ、中国がこのタイミングでインドに攻勢をかけているのか。この議論はインド内外で継続しているが、中国側の動機という観点からおおむね四つの要因を抽出できる。第一は中国のコロナ対応の失敗、第二はインドによるラダックの直轄領化、第三はインドによる国境道路とくにDSDBO道路（Darbuk-Shyok-Daulat Beg Oldie）の建設、第四は米印の関係深化である。第二と第三にあげられているインドの行動は、中国側にとって、国境における軍事バランスの優位を縮小させると認識されていると考えられる。たしかにモディ政権は、国境インフラの整備を加速させており、とりわけDSDBO道路の建設は、ラダック側から中国が実効支配するアクサイチンへのアクセスを改善する。（*The Economist*, May 29, 2020; Grossman 2020）。第四の米印の接近については、最近に始まったものではなく、二〇〇〇年代半ば以降の原子力協力合意、装備供与を経て、二〇一〇年代半ば以降の海洋安全保障協力強化へと進展してきたものである。インド側としては米印協力が対中包囲網と見なされないように腐心してきた。今回も国境における衝突当初に、陸軍参謀長がグローバルな問題との関係をあえて否定する発言を行っていた（*The Hindu*, May 14, 2020）。しかし、コロナへの初期対応をめぐって国際的に孤立する中国にとっては、インドが米国やEU諸国と協調して公衆衛生分野における台湾の主体性を認めたこと、あるいは中国に先駆けて近隣諸国・インド洋諸国への人道支援を行ったことが、懲罰の対象とするに十分だったのかもしれない。

対中関係に関わってきた外務次官や中国大使経験者などからは、失望と無力感が表明されている。それを最も的確に表明しているのは、「過去何十年間にわたって積み上げられてきた中印間のコンセンサスが踏みにじられた」というサラン元外務次官である。そのコンセンサスとは、相互に脅威とならないこと、アジアでともに台頭することが可能であること、両国はお互いにとって経済的機会であること、両国のパートナーシップはグローバルな意義をもつことである（Saran 2020）。すなわちインドは、中印両国が共に経済発展を遂げて、アジアにおける大国として共存し、グローバルなアジェンダでは新興国として公正な秩序構築のために共闘することを構想してきた。そしてこうした総合的利益の中で国境問題も解決に近づくと考えていた。しかし、これまでの国境における信頼醸成や危機管理に関する蓄積が機能しないという事実に加え、インドが中国に対して行ってきた市場の開放や政治的配慮などを、中国は何も評価していないという事実は、インドの識者を愕然とさせた。

インドの対中戦略の見直しがどのような方向に向かうのか、未だ不透明であるが、専門家の間では、チベット問題や台湾問題をレバレッジに使うという主張が見られるようになった。実際、蔡英文・台湾総統の就任式典に与党BJP議員がビデオで参加した（*The Hindu*, May 20, 2020）。台湾駐在の外交使節を任命したという報道もある（*Financial Express*, July 13, 2020）。また、技術分野で中国に対抗するべきという議論も出ている。政府も六月二九日、TikTok, Shareit, Mi Video Call など五九種の中国のアプリを禁止する措置をとった（*The Hindu*, June 29, 2020）。

4　コロナ対応をめぐる国際協力

中印国境における衝突が生じるまでの間、インドが行っていたコロナに対応する国際協力には二つの柱があった。

一つは、近隣諸国やアフリカ諸国に対する人道支援であり、最初の対象国は中国であった。二月二六日、在留インド人帰国のため武漢に空軍のC-17が派遣されたが、往路にはマスク等の支援物資が積載された。また、インド洋島しょ国に対しては、五月一〇日海軍艦艇による「サーガル・ミッション」が開始され、艦艇がモルディブ、モーリシャス、マダガスカル、コモロ、セーシェルを訪問し、食料と医療関係品を提供した。モーリシャスとコモロではインドの医療チームによる現地での指導も行われた（Ministry of External Affairs, May 10, 2020; Indian Navy, June 28, 2020）。五五日にわたるこのミッションは、二〇〇四年末のインド洋津波以降インドが拡大してきた人道支援・災害救援（HA／DR）活動の延長線上にあるとともに、モディ政権の近隣諸国第一政策の具体化でもある[1]。

もう一つの国際協力は、二国間あるいは多国間の「公衆衛生外交」とでもいうべきものである。モディ首相は三月一五日、南アジア地域協力連合（SAARC）諸国とのテレビ会議を主催し、コロナ対策のためのSAARC緊急基金の創設とインドの一〇〇〇万ドルの拠出を約束した。五月四日には非同盟諸国コンタクト・グループ会議（オンライン開催）に参加し、列席するテドロスWHO事務局長らに対して、コロナ危機に対する「調整された、包摂的、衡平な」対応を呼びかけた（Ministry of External Affairs, May 4, 2020）。モディ首相が就任以来不参加を続けてきた非同盟諸国会議に出席したことは、米中対立下で非同盟諸国会議の有用性を見直していることを示した。一方五月一一日には、トランプ大統領の呼びかけによって開催された関心国外相会議に、日本、韓国、オーストラリア、ブラジル、イスラエルとともに参加した（外務省 二〇二〇、*The Hindu*, May 13, 2020）[2]。

また、インドは五月一八、一九日に開催されたWHO総会において、執行理事会の次期議長（任期一年）に決定し、台湾のオブザーバー参加を求める米国と中国との間の微妙なかじ取りを迫られた（*The Diplomat*, May 14. 2020; Pant 2020a）。インド政府の公式な立場は明らかにされていないが、総会において、コロナウイルスの起源と感染拡大に対する独立した調査を求める文案を含む決議案の提案国（三五カ国とEU 二七カ国の六二カ国）に加わっている（*Indian Express*, May 18, 2020）。中国に対して過度な政治的配慮をすることなく科学的・客観的なデータに基づいた議論を行うという立場をとったといえる。

米国との保健衛生協力は、抗マラリヤ薬ヒドロキシクロロキンの提供をめぐる展開が注目された。インドは一時期輸出を禁止したが、トランプ大統領がツイッター上で「報復」に言及すると四月七日、近隣諸国や一部の「甚大な影響を受けている国」に対する提供を発表する（Ministry of External Affairs, April 7, 2020）。効果が確認されていない薬品の輸入をトランプ大統領が急いだ背景には、米国での薬価の抑制のために一九〇億ドル規模の製薬産業を抱えるインドとの協力が必要であり、その先鞭をつけたかったのではないかという見方がある（Balasubramanian 2020）。

5　コロナ後のインド外交

(1) ミドルパワーとしての多国間協力へ

国連外交と米国やその同盟国・友好国との協調（有志連合参加）とは、インドにとってしばしば対抗関係にあった。国連草創期からインドは、大国の利害から独立した秩序の担い手たる国連を理想としていたからである（Bhagavan 2015）。インドの国連PKOに対する積極的関与と、イラク等における米国主導の軍事作戦に対する懐疑的な姿勢とが対照をなしているのも、その一例である。しかしコロナへの対応は、国連主義対米国主導型の協力という相克を越えて、インドをミドルパワーとしての多国間協力へと向かわせている。

ウイルスの発生源や拡散の責任論をめぐる米中間の論争が国連安保理の機能を麻痺させる状況下で、国連機能の強化を主張する議論が、タルール元国連事務次長（*The Hindu*, April 19, 2020）、アクバルウッディーン元国連大使（*The Hindu*, June 18, 2020）など、国連ポスト経験者から出されている。アクバルウッディーンは、米中対立下での多国間主義を悲観視していない。UNESCOや人権理事会の先例をあげて、米国脱退後もWHOは生き延びるとする。また、中国は国連支出に見合うほどには人材と影響力を増進できておらず、国連機関が中国に牛耳られることもないという見方を示す。包摂的な国連こそグローバルな規範の設定ができるのであり、国連の健全な機能にむけてインドが漸進主義的外交をとるべきと主張する。インドは二〇二一年から二年間の任期で国連安全保障理事会非常任理事国に選出されており、これら実務経験者の議論の線で国連の活性化に力を入れていくことが予想される。

一方でインドは、日米豪印四カ国の枠組み（QUAD）の新たな展開を活用していくと見られる。三月二〇日、ポンペオ米国務長官の呼びかけで、感染症対策を議題とする外務次官級テレビ会議が行われ、四カ国に加えてベトナム、ニュージーランドが参加した（Ministry of External Affairs, March 20, 2020）。インドのメディアではすぐさま「QUADプラス」と伝えられた（*Times of India*, March 21, 2020）。この会議はその後毎週定期的に行われており、インド外務省の発表からは肯定的評価が読み取れる。インドの関心事項である自国民退避・帰還、ビザの取り扱いについて、各国の具体的な手続き紹介とすり合わせが行われ、また医薬品、防護装備などの供給体制、第三国への援助における調整なども議題となっている（Ministry of External Affairs, May 14, 2020）。

「QUADプラス」を、中国に対抗する安全保障協力と結び付ける議論もあるが（Rajagopalan 2020）、政府はこの枠組みを感染症対策に限定していると見た方がよいだろう。ただし、インドのQUADプラスへの期待には、中国と共闘して国際組織を改革するという従来の政策からの離脱が見て取れる（Panda 2020）。QUADプラスでは「新しいグローバリゼーションのテンプレート」や「今日の現実を反映した制度」の構築（Ministry of External Affairs, May 14, 2020）、つまり新興諸国の発言権、決定権の拡大に向けた国際組織の改革も課題とされているというのがインドの認識である。

新型コロナウイルスへの対応には、多国間での連携・協力が不可欠である。それゆえインドも国連主義と米国主導型の協力の両者を追求する必要性を感じている。たとえばモリソン豪首相とのオンライン首脳会談（二〇二〇年六月四日）で発出された共同声明では、「死活的な保険、技術、その他の財やサービスのサプライ・チェーンの分散を強化する」ために「多国間、地域、多元的（plurilateral）メカニズムにおいて協力を行う（Ministry of External Affairs, June 4, 2020）」としているが、「多元的」には日豪印、QUADプラス、QUADが含まれる。一方第一五回インド-EU首脳会議としてオンラインで行われたボレルEU委員長との会談（二〇二〇年七月一五日）後の共同声明では、「WHOなどの国際機関を通した対応能力の向上」に触れ、「国連とWTOを中核とする効果的な多国間主義とルールに基づく多国間秩序を促進する決意」が表明されている（Ministry of External Affairs, July 15, 2020）。インドは国連を重視しつつも、その部分集合としての地域的なあるいは「多元的」な協力を追求し、これまで慎重であったQUADのような米国とその同盟国・友好国による協力もその選択肢に含めるという態度が鮮明になりつつある。

(2) ワクチン供与でグローバルな公共財を提供するインド

豪州、EUとの首脳会談に見られるように、公衆衛生分野での協力、サプライ・チェーンにおける協力、そして多国間主義の復興という三つのテーマが、コロナ後のインドの外交政策の中心となっている。EUとの間では、医薬品やワクチンの製造開発での両者の「シナジー」が言及され、ワクチンの開発は「グローバルな公共財」と述べられた。

インドはもともと「世界の薬局」と言われるほど、医薬品製造で大きなシェアを占めており、三種混合や狂犬病などさまざまなワクチンの開発・製造の実績をもつ（上池 二〇二一）。こうした強みを生かして、ワクチンの供給においてグローバルな役割を果たそうとしているのである。二〇二〇年八月、インドのワクチン製造企業セーラム・インスティテュート（SII）は、途上国にワクチンを供給するGAVI COVAX AMCファシリティへの参加を発表した。SIIは、アストラゼネカまたはノヴァヴァクスのワクチン一〇〇万回分をライセンス生産する。ビル&メリンダ・ゲイツ財団から一億五千万ドルの資金提供を受けることで、その価格は一回分三ドルに抑えられ、COVAXファシリティに参加する九二カ国に供給される（Serum Institute of India 2020）[3]。

八月一五日の独立記念日におけるモディ首相の演説は、インドにおける三種類のワクチン開発に触れ、科学者に賞賛を送っている（*Times of India*, August 15, 2020）。セーラム・インスティテュート以外の二種類のワクチンは、バーラト・バイオテック・インターナショナル（BBIL）による国産のワクチン（COVAXIN）と、ドクター・レッディーズ・ラボラトリーズがラ

表2　インドから近隣諸国・インド洋地域諸国へのワクチンの無償供与
（供給数量は2021年4月19日現在）

	国名	供給数	供給開始日	ワクチンの種類
近隣諸国	バングラデシュ	3,300,000	2021/1/21	SII
	ミャンマー	1,700,000	2021/1/22	SII（150千）BB（20千）
	ネパール	1,100,000	2021/1/21	SII
	ブータン	550,000	2021/1/20	SII
	モルディブ	200,000	2021/1/20	SII
	スリランカ	500,000	2021/1/28	SII
	アフガニスタン	500,000	2021/2/7	SII
インド洋地域諸国	モーリシャス	100,000	2021/1/22	SII
	セーシェル	50,000	2021/1/22	SII
	バーレーン	100,000	2021/1/28	SII
	オマーン	100,000	2021/1/30	SII

（注）　SII セーラム・インスティテュート、BB バーラト・バイオテック
（出所）　https://www.mea.gov.in/vaccine-supply.htm（2021年4月19日アクセス）より筆者作成。

表3　インドからのワクチンの商業輸出上位10ヵ国
（供給数量は2021年4月19日現在）

	供給数	輸出開始日
バングラデシュ	7,000,000	2021/1/25
モロッコ	7,000,000	2021/1/22
イギリス	5,000,000	2021/3/5
サウジアラビア	4,500,000	2021/2/14
ブラジル	4,000,000	2021/1/22
ミャンマー	2,000,000	2021/2/11
ネパール	1,000,000	2021/2/20
南アフリカ	1,000,000	2021/1/31
メキシコ	870,000	2021/2/12
アルゼンチン	580,000	2021/2/16

（出所）　https://www.mea.gov.in/vaccine-supply.htm（2021年4月19日アクセス）より筆者作成。

イセンス生産を行うロシア製ワクチン・スプートニクである。前者は二〇二一年一月、後者は四月にインド政府から緊急利用を承認された（Bharat Biotech 2021; *The Hindu*, April 13, 2021）。

二〇二〇年九月、国連総会演説においてモディ首相は、インドのワクチン製造・輸送能力を、感染症の危機と闘う全ての人類の助けとすることを約束すると述べた（*Hindustan Times*, September 26, 2020）。この言葉のとおり、二〇二一年一月、国内の医療従事者を対象とする接種を開始するとほぼ同時に、近隣諸国へのワクチン提供を開始した（Ministry of External Affairs, March 17, 2021）。

二〇二一年四月一九日現在、インドは九四カ国に六六〇〇万回分のワクチンを提供している。このうち一九六〇万回分はCOVAXファシリティ、三五七〇万回分は商業ベース、そして一〇六〇万回分は無償供与である。

無償供与は主として、近隣諸国を対象としているが、アフリカ諸国にも少量の供与が行われている。変わったところでは、モンゴル、国連PKO要員への無償供与が行われている。COVAXファシリティ枠組みでの提供は、主としてアフリカ諸国が対象となっている。商業ベースの輸出の上位国は、モロッコ、ブラジル、イギリスであるが、近隣諸国にも輸出されている（Ministry of External Affairs, Covid-19 Updates, https://www.mea.gov.in/vaccine-supply.htm）。

「公平な」ワクチンへのアクセスと、そのための「安価な」ワクチンの提供というグローバルな課題を、インドは各国首脳との会談において繰り返し強調している。また、これを実現するためのインドの取り組みとして、二〇二一年四月のインド・オランダ共同声明では、ワクチン製造能力の向上や、ワクチンの提供に言及されている（Ministry of External Affairs, April 9, 2021）。感染拡大による国内のワクチン需要の肥大、原薬の中国や米国への依存などの制約要因はあるが（*Bloomsburg Quint*, June 2, 2020；朝日新聞二〇二〇年八月一九日；BBC April 13, 2021）、今後も政府と製薬産業とが一体となって、グローバルな公共財の提供役割を担うというインド流のワクチン外交を展開していくことが予想される。

（3）中国に対抗するモデルとしての民主主義

インドの国際協力において、「民主主義」はどれほどの重みをもつのだろうか。

ポンペオ長官が「自由主義国家」の結束により中国共産党に対抗することを呼びかけた、七月二三日の演説に対するインド論者の反応は分かれる。

ロンドン大学のパントは、ポンペオ長官の提案を支持し、価値に基づく民主主義国家の結束がなければインドの安全保障利益を守れないと主張する（Pant 2020b）。一方、デリーのシンクタンクに所属するジョシは、「新冷戦」の前線国家となるリスクに警鐘を鳴らし、「自由世界と独裁者」の闘いという言説は、自由（リバティー）が縮小しているブラジルやインドでは通用しないと述べる。ジョシはイデオロギーではなく利益を組み込んだルールを多国間主義かつ多元主義的に形成する必要を主張する（Joshi 2020）。

インドが多国間協力のベースに置くべきは、ジョシの主張する「ルールに基づく秩序」か、パントの主張する「民主主義」か。「ルール」を支持するマリクは、中国の「権力とヒエラルキーに基づく秩序」に対して自由で開かれたインド太平洋の「法と秩序に基づく構想」を対置させている。マリクは両者が衝突する不安定な地域秩序を予測する（Malik 2020）。一方、多国間協力のベースとして「民主主義」を重視するサラン元外務次官は、アジアが中国によって支配される空間になるのは、インドが経済発展に失敗した場合だけでなく、民主主義の基準を擁護できなかった場合であろうと述べる。サランは、外交上のレトリックとしての民主主義ではなく、インドが国内で民主主義の価値を体現するモデルとなるべきと主張している（Saran 2020）。

インドは、コロナ禍のもとでもグローバルなアジェンダ形成で主要な役割を果たそうとしているが（Bharatiya Janata Party 2019）そのためには、経済力、科学技術力に加えて、民主主義のモデルを示すことができるのかが問われている。

本稿は、二〇二〇年八月二三日提出、一一月一三日再校提出された原稿に、二〇二一年四月二〇日最小限の加筆・修正を加えたものである。また、本稿に示された見解は、筆者個人のものであり、防衛研究所または防衛省の見解を代表するものではない。

（1）SAGARは、サンスクリット語で「海」を意味するが、モディ政権は、"Security and Growth for All in the Region＝SAGAR"をインド洋諸国に対する政策として打ち出している。モディ首相のモーリシャスにおけるスピーチを参照（Ministry of External Affairs, March 12, 2015）。

（2）ただしこの外相会議に関するインドの公式発表は見当たらない。

（3）モディ首相は、二〇二〇年にビル・ゲイツと二回のオンライン会談を行っており、ワクチン製造が国策と結びついていることは間違いない。

参考文献

Balasubramanian, Sai 2020. "Why Did President Trump Request India for Hydroxychloroquine?" *Forbes*, April 13.

Bhagavan, Manu 2015. "India and the United Nations," David M. Malone et al. eds., The Oxford Handbook of Indian Foreign Policy, Oxford: Oxford University Press.

Bharat Biotech 2021. "Bharat Biotech's 'COVAXIN™' Emergency Use Authorization approval by DCGIksCDSCO, MoH&FW, a significant landmark in India's Scientific Discovery, and Scientists Capability," January 03, https://www.bharatbiotech.com/images/press/bharat-biotech-covaxin-emergency-use-authorization-approval-by-dcgi-cdsco-moh-and-fw.pdf

Bharatiya Janata Party 2019. *Sankalpit Bharat, Sashakt Bharat*, Election Manifesto https://assets.documentcloud.org/documents/5798075/Bjp-Election-2019-Manifesto-English.pdf

Bureau of Immigration, N. D. "Coronavirus related visa restrictions and conditions for entry into India," https://boi.gov.in/content/coronavirus-related-visa-restrictions-and-conditions-entry-india

Grossman, Derek 2020. Chinese Border Aggression Against India Likely Unrelated to Pandemic, *The Diplomat*, July 5.

Indian Navy, "Mission Sagar - INS Kesari Arrives at Kochi," June 28, 2020, https://www.indiannavy.nic.in/node/26564

Indian Navy, July 8, 2020, "Indian Navy Completes "Operation Samudra Setu"", July 8, 2020, https://www.indiannavy.nic.in/node/26608

Joshi, Manoj 2020. “US-China Rivalry Presages New World Order,” ORF Commentaries, August 6, https://www.orfonline.org/research/us-china-rivalry-presages-new-world-order/

Kapur, Lalit 2020. “Geopolitical Lessons of COVID-19 for India,” DPG Policy Papers, 5(18), May 4, https://www.delhipolicygroup.org/uploads_dpg/publication_file/geopolitical-lessons-of-covid-19-for-india-1426.pdf

Malik, Mohan 2020. “The pandemic’s Geopolitical Aftershocks,” ASPI, The Strategist, August 4, https://www.aspistrategist.org.au/the-pandemics-geopolitical-aftershocks/

Ministry of External Affairs, March 12, 2015, “Prime Minister’s Remarks at the Commissioning of Offshore Patrol Vessel (OPV) Barracuda in Mauritius (March 12, 2015),” http://mea.gov.in/Speeches-Statements.htm?dtl/24912

Ministry of External Affairs, March 20, 2020, “Foreign Secretary’s Conference Call with counterparts from Indo-Pacific Countries,” https://mea.gov.in/press-releases.htm?dtl/32592/Foreign+Secretarys+Conference+Call+with+counterparts+from+IndoPacific+Countries

Ministry of External Affairs, April 7, 2020. “Official Spokesperson’s response to media queries on COVID19 related drugs and pharmaceuticals,” https://www.mea.gov.in/response-to-queries.htm?dtl/32619/official+spokespersons+response+to+media+queries+on+covid19+related+drugs+and+pharma ceuticals

Ministry of External Affairs, May 04, 2020, “Prime Minister participates at the online Summit of NAM Contact Group, “https://mea.gov.in/press-releases.htm?dtl/32670/Prime_Minister_participates_at_the_online_Summit_of_NAM_Contact_Group

Ministry of External Affairs, “May 10, 2020, Mission Sagar: India’s helping hand across the Indian Ocean,” https://www.mea.gov.in/press-releases.htm?dtl/32678/mission+sagar+indias+helping+hand+across+the+indian+ocean

Ministry of External Affairs, May 14, 2020, “Cooperation among select countries of the Indo-Pacific in fighting COVID-19 pandemic,” https://mea.gov.in/press-releases.htm?dtl/32691/Cooperation_among_select_countries_of_the_IndoPacific_in_fighting_COVID19_pandemic

Ministry of External Affairs, June 4, 2020, Joint Statement on a Comprehensive Strategic Partnership between Republic of India and Australia, https://mea.gov.in/bilateral-documents.htm?dtl/32729/Joint_Statement_on_a_Comprehensive_Strategic_Partnership_between_Republic_of_India_and_Australia

Ministry of External Affairs, June 6, 2020, “India-China meeting of Army Commanders on June 06, 2020,” https://www.mea.gov.in/press-releases.htm?dtl/32746/indiachina+meeting+of+army+commanders+on+june+06+2020

Ministry of External Affairs, June 16, 2020, “Official Spokesperson’s response to media queries on the situation in the western sector of the India-China border,” https://www.mea.gov.in/response-to-queries.htm?dtl/32761/official+spokespersons+response+to+media+queries+on+the+situation+in+the+western+sector+of+the+indiachina+border

Ministry of External Affairs, July 15, 2020, Joint Statement of the 15th India-EU Summit, https://mea.gov.in/bilateral-documents.htm?dtl/32827/Joint_Statement_of_the_15th_IndiaEU_Summit_July_15_2020

Ministry of External Affairs, July 30, 2020, “Readout on India-China LAC Disengagement by the Official Spokesperson during the virtual Weekly Media Briefing on 30 July 2020,” https://www.mea.gov.in/media-briefings.htm?dtl/32864/readout+on+indiachina+lac+disengagement+by+the+official+spokesperson+during+the+virtual+weekly+media+briefing+on+30+july+2020

Ministry of External Affairs, July 31, 2020, “Transcript of Virtual Weekly Media Briefing by the Official Spokesperson (30 July 2020),”https://mea.gov.in/media-briefings.htm?dtl/32865/transcript+of+virtual+weekly+media+briefing+by+the+official+spokesperson+30+july+2020

Ministry of External Affairs, March 17, 2021, “Statement by External Affairs Minister in Lok Sabha on the Vaccine Maitri Initiative,” https://www.mea.

gov.in/Speeches-Statements.htm?dtl/33655/Statement+by+External+Affairs+Minister+in+Lok+Sabha+on+the+Vaccine+Maitri+Initiative
Ministry of External Affairs, April 9, 2021, "Joint Statement on India-The Netherlands Virtual Summit - Towards a Strategic Partnership on Water," https://www.mea.gov.in/bilateral-documents.htm?dtl/33789/Joint_Statement_on_IndiaThe_Netherlands_Virtual_Summit__Towards_a_Strategic_Partnership_on_Water
Mitra, Devirupa 2020. "As Pressure Rises, MEA Suggests Allowing OCI Card Holders on Repatriation Flights in Due Course," *The Wire*, May 14, https://thewire.in/external-affairs/exclusive-mea-oci-card-holders-repatriation-india
OECD 2020. World Health Statistics, https://stats.oecd.org/Index.aspx?DataSetCode=SHA
Panda, Jagannath 2020. "India and the 'Quad Plus' Dialogue," RUSI Commentary, 12 June, https://rusi.org/commentary/india-strategic-quad
Pant, Harsh V. 2020a . "The Taiwan Question in Indian Foreign Policy," ORF Raisina Debates, May 16, 2020, "https://www.orfonline.org/expert-speak/taiwan-question-indian-foreign-%20policy-66249/" https://www.orfonline.org/expert-speak/taiwan-question-indian-foreign- policy-66249/
Pant, Harh V. 2020b. "The Democracy Challenge," ORF Raisina Debates, August 7, https://www.orfonline.org/expert-speak/the-democracy-challenge/
Pradhan, Prasanta Kumar 2020. "India and GCC Countries amid COVID-19 Pandemic," *IDSA Comment*, May 21, https://idsa.in/idsacomments/india-and-gcc-covid-19-pandemic-ppradhan
Rajagopalan, Rajeswari Pillai 2020. "Towards a Quad-plus Arrangement," ORF Commentaries, May 07, https://www.orfonline.org/research/towards-a-quad-plus-arrangement-65674/
Reserve Bank of India, 2018, Press Release, "India's Inward Remittances Survey 2016-17," https://www.rbi.or g. in/scripts/FS_PressRelease.aspx?prid=44722&fn=5
Saran, Shyam 2020. "How India can Counter China," Rediff. com, July 28, https://www.rediff.com/news/column/ladakh-standoff-shyam-saran-how-india-can-counter-china/20200728.htm
Serum Institute of India, 2020, Press Relsease, "Serum Institute of India to Produce up to 100 Million COVID-19 Vaccine Doses for India and Low- and Middle-Income Countries as Early as 2021" August 7, https://www.seruminstitute.com/download/Press-release-Gavi-SII-BMGF-Partnership-annoucement.pdf
Sinha, Jayant 2020. "Covid-hit World is Shutting out Indians. It will Affect Remittances, Economies and Lives," *ThePrint*, May 26, https://theprint.in/opinion/coronavirus-pandemic-closes-border-after-border-flow-of-indians-abroad-reversing/429453/
Tellis, Ashley 2020. "Hustling in the Himalayas: The Sino-Indian Border Confrontation," Carnegie Endowmet for International Peace, June.
Trigunayat, Anil 2020. "GCC and the Indian Diaspora in the Context of COVID-19," Vivekananda International Foundation, April 20, https://www.vifindia.org/print/7374
伊藤融 二〇二〇『戦略的岐路に立たされるインド：新型コロナ対応と中国の攻勢』笹川平和財団国際情報ネットワーク分析ＩＩＮＡ　六月二五日　https://www.spf.org/iina/articles/toru_ito_01.html
外務省 二〇二〇「新型コロナウイルスに関する米国主催関心国外相会合」五月一一日　https://www.mofa.go.jp/mofaj/press/release/press4_008434.html
上池あつ子 二〇二一「『世界の薬局』インドのワクチン開発・分配戦略」『外交』66
菅原清行 二〇二〇「新型コロナウイルス感染症拡大と日印関係」『現代インド・フォーラム』No. 46　二〇二〇年夏季号
野口直良 二〇二〇「『自立したインド』の実現に求められるもの」コロナの先の世界（19）国際経済連携推進センターＣＦＩＥＣ　七月二〇日　https://www.cfiec.jp/jp/pdf/prp/0019-noguchi.pdf
堀江正人 二〇二〇「インド経済の現状と今後の展望」三菱ＵＦＪリサーチ&コンサルティング　経済レポート　二月一三日　https://www.murc.jp/wp-content/uploads/2020/02/report_200213.pdf
湊一樹 二〇二〇『世界最大のロックダウン』はなぜ失敗したのか――コロナ

禍と経済危機の二重苦に陥るインド」アジア経済研究所、ＩＤＥスクエア七月
南埜猛・澤宗則 二〇一七「インド系移民の現状と動向――インド政府統計による考察」『兵庫地理』62 http://www.lib.kobe-u.ac.jp/repository/90004012.pdf

インドネシア
――コロナ危機下の反民主的政治アジェンダ

本名　純

（ほんな　じゅん）
立命館大学国際関係学部教授
専門はインドネシア政治・比較政治。
著書に『民主化のパラドックス――インドネシアにみるアジア政治の深層』（岩波書店）などがある。

はじめに

インドネシアは、東南アジアで新型コロナウイルスの被害が最も深刻な国だといわれる。初の国内感染が確認された二〇二〇年三月二日以降、感染者数は徐々に増え、六月半ばからは急上昇し、七月中旬には累積感染者数で中国を抜き、八月初旬には一二万人を突破した。この数字はフィリピンと同程度であるものの、確認された感染死亡者数はインドネシアが圧倒的に多く、東南アジアの最多記録を更新してきた（一年後の二〇二一年三月の時点では四万人を超える）。コロナショックによる健康被害や経済悪化は、日々のニュースから把握しやすい。では、政治にはどのようなインパクトを与えているのか。パンデミック下のインドネシアの政治はどのように変容しているのか。それはポスト・コロナの時代にどう影響するのか。それらについて議論するのが本稿の目的である。

インドネシアでは、二〇一四年以降、ジョコ・ウィドド大統領（通称ジョコウィ）が国政を担ってきた。彼は「庶民派」イメージを最大の売りにして二〇一四年の大統領選挙を制し、「反イスラム急進主義」のアピールと共鳴して二〇一九年選挙で再選を果たした（本名二〇一九）。このまま二〇二四年の任期終了を迎えれば、同国で初の「文民長期政権」として歴史に刻まれよう。これまでの長期政権は、スハルト時代（一九六六～九八年）とユドヨノ時代（二〇〇四～一四年）のみで、どちらも国軍出身の大統領である。その意味で、ジョコウィ政権の一〇年は、同国の民主主義の歴史に明るい展望をもたらそう。

しかし、その民主主義の時間的伸張と質的向上は別問題である。民主政治の下で、安定した長期政権を達成することは、必ずしも民主的な政治運営の向上を意味しない。このギャップが開いたり縮んだりする要因は、国によって様々あろう。ジョコウィ政権下のインドネシアでは、コロナ危機がギャップ拡大の大きな要因になっている。権力エリートたちが、パンデミックによる非常事態を口実に、民主主義に脅威となる政治アジェンダを推進しようしているからである。それはどのようなものか。以下で具体的に見ていきたい。

1　コロナ対策の「軍事化」と「犯罪化」

どの国を見ても、コロナショックに対する国家ガバナンスで重要なのは、政治のトップリーダーによる適切な危機管理コミュニケーションと、それを通じた国民からの信頼調達である。普段から雄弁で、こういうコミュニケーション能力の高い政治家と、そうでない政治家では、その信頼の調達で大きな差が出よう。ジョコウィは後者である。遠慮深く、お茶を濁す言い方で明確な意思表示を避けるのが「ジャワ文化」の美徳だと言われるが、ジョコウィは「ジャワ人のなかのジャワ人」である（大統領付き政治アドバイザー談）。そのためか、前もって準備した文書を棒読みする政策発表はあっても、記者会見を開いて国民に向けたメッセージを発することはほとんどない。

このパーソナリティーに加え、政治権力の実態も彼のリーダーシップの障害になっている。ジョコウィは、政権与党の闘争民主党に属しているものの、党首ではない。国会第一党である同党を率いるのは党首のメガワティ元大統領であり、彼女がジョコウィの政治パトロンとして強い影響力を持つ。さらに、国会は同党だけでなく他の六党との連立で与党連合を組んでおり、その数の力で国会議席の約四分の三を確保するものの、連立の党首たちの合意なしに政府提出法案を国会で通過させるのは難しい。つまり、インドネシアは制度的には大統領制であるものの、立法府の権限が大きく、実質的には「弱い大統領制」を強いられている（川村二〇一五）。こうした力関係も働き、政党の党首でもないジョコウィが、与党連合を牽引して政治のリーダーシップを発揮するのには大きな限界がある。

政党政治を自由に動かせないジョコウィにとって、官僚機構が大事な手足となる。それでも、各省庁の大臣の多くは与党連合から送り込まれた政治家であり、大統領への忠誠は必ずしも強くない。そういう政治環境で、ジョコウィが最も使いやすいのが国軍と警察という治安機関である。国軍司令官や陸・海・空の三軍トップ（各参謀長）、そして警察長官を選抜するのは大統領の特権だからである。その命令系統を通じて、論理的には中央から地方の村レベルまでの治安機構を掌握することができる。そのため、コロナ危機においても、国軍と警察を積極的に「コロナ対策」に動員しようというインセンティブが働くのである。

まずジョコウィは、二〇二〇年三月一三日に「新型コロナ対応推進タスクフォース」を発足させ、各州にもその地方支部を設立した。政府の感染対策は、このタスクフォースを中心にして、情報収集から医療対策の推進、社会啓蒙まで効果的に全国で展開していくとした。そして、このタスクフォースの指揮官にドニ・ムナルド陸軍中将（元陸軍特殊部隊司令官）を任命し、幹部にも多数の陸軍将校を抜擢した。タスクフォースの州支部も同様に、地方軍管区から大量の軍人が動員された。感染症対策のタスクフォースに、公衆衛生の専門家や保健大臣ではなく軍人が抜擢されることに、市民社会団体から批判の声が上がった。タスクフォースの中央本部と州支部には約二〇〇名の軍人が配置されており、「コロナ対策の軍事化」とも批判された。しかし政府は、各地のロジスティックには陸軍が関与していたほうが効率的だとし、方針を変えないと突っぱねた。

さらに六月半ば、ジョコウィは四月上旬から実施していた市民の行動規制を緩和すると発表した。インドネシアのコロナ禍での行動規制は、ロックダウンではなく、大規模社会規制（PSBB）という名のステイホーム政策で、これを感染拡大の深刻な地域で実施していた。しかし、経済活動の大幅な冷え込みから、経済界からは早くもPSBB解除を迫る声が高まり、そのロビーを受けたジョコウィが、六月中旬に行動規制の緩和を宣言し、交通制限も緩める方針に転換した。当然それに対する批判も大きく、特に医師会や公衆衛生の専門家からは、感染拡大カーブがピークに達していない状況でのPSBBの解除はパンデミックを悪化させるだけだと非難が上がった。しかし、商工会議所を中心としたビジネス界の強力なロビー活動は、各党の幹部や閣僚への直談の末、大統領をも説得させた。

しかしジョコウィは、国軍の動員をさらに加速させた。行動規制を緩和するからには、これまで以上に市民が積極的に防疫ルールを遵守していくことが必須だとし、駅やバスターミナル、商店街や市場、宗教施設などに、国軍兵士と警察官を三〇万人以上動員し、手洗いやマスクの着用、さらにはソーシャルディスタンスの遵守など、「社会規律」の指導を徹底させると発表した。こういう公共秩序の管理は、本来は警察活動の範疇であるにも関わらず、ジョコウィは国軍の活用を推し進めている。

なぜジョコウィは国軍に頼るのか。政党幹部や閣僚と違って、国軍司令官と陸軍参謀長という軍のツートップは、ジョコウィが個人的に信頼を置いているからである。国軍司令官のハディ空軍大将は、ジョコウィが昔中部ジャワ州の古都ソロ市の市長をやっていたときの地元軍管区所属の軍人で、当時からの長い付き合いがある。陸軍参謀長のアンディカ大将も、第一期ジョコウィ政権（二〇一四～一九年）で大統領親衛隊長を務めており、当時から大統領と個人的に緊密な関係を持っている。ジョコウィは、この二人の右腕に国軍を任せて、コロナ対策に積極的に動員することで、大統領としてのリーダーシップを示そうとしている。実際ジョコウィは、上記のタスクフォースを組み入れた新たな組織「新型コロナ対策・国家経済回復委員会」を七月二〇日に設立し、感染症対策と経済活動の両立を目指す政府の方針を明確にしたが、その副委員長にアンディカを抜擢した。ジョコウィのアンディカへの信頼の高さが伺える。

ジョコウィによる国軍の動員は、エリート将校たちにも大きなメリットがある（Honna 2020）。それは国軍の役割拡大である。特に非軍事部門への役割拡大は、国軍の組織利益と直結する。一九九八年の民主化以降、国軍は政治からの撤退と非軍事部門への出向廃止という改革圧力を受け入れてきた。軍人のプロフェッショナル化を求められ、国防への専念を二〇〇二年の新国防法にも定めた。スハルト権威主義時代に謳歌していた国内治安の役割も、警察に委ねることになった。この国軍改革のインパクトを最も大きく受けているのが陸軍であり、役割の縮小がポストの削減となり、大量の「余剰将校」を発生させることになった。二〇一八年には五〇〇〇人を超える陸軍将校が「職なし」となり、軍人たちの大きな不満となっていた。

　そこにコロナ危機の到来である。この機会に便乗して、いかに「失地回復」をするか。それがアンディカ率いる陸軍の大きな関心になっている。タスクフォースを指揮して大量の軍人を「緊急時」の感染症対策に動員することは、非軍事部門への役割拡大にほかならない。また、「社会規律」の監視のために、全国各地で国軍を動員することで、軍人を日常的な公共の秩序に関与させることになり、これも以前の国軍改革で失った治安活動の復帰に弾みをつける。もちろん警察は、この国軍の「領域侵害」を不満に思っているものの、大統領の政策に異議を唱えるわけにもいかず、静観している。コロナ危機は、国軍の反改革アジェンダの突破口になっており、それはポスト・スハルト時代のインドネシアにとっても、民主政治の質的劣化を加速させるものである。

　一方で警察のほうも、国軍の動きを横目に、「治安維持は警察で十分」というアピールを大統領に訴えるかのごとく、コロナ禍で積極的な治安活動を行い、組織としての忠誠をジョコウィに示そうとしてきた。大統領は、コロナ前の二〇一九年一一月に、新警察長官としてアジス国家警察刑事局長を抜擢し、その後釜に元大統領副官として信頼を置いているリストヨ警察少将を昇進させた。翌年三月にコロナ危機が始まると、この警察組織のツートップのイニシアティブで、警察長官令が全国の警察署にテレグラム配信された。その四月一〇日付の長官令は、コロナに関する偽情報や大統領への誹謗中傷がネット上に広がるのを取り締まるとし、リストヨ刑事局長の指揮下でサイバー空間の特別パトロールを実施して、対象者には侮辱罪を適用していくと通知した。フェイクニュース規制を口実に、大統領批判がSNSで拡張するのを遮断しようという目論みである。

　すぐに八〇人以上が告発され、人権擁護団体などが一斉に猛反発した。検挙されたなかには、ジャカルタの政治評論家のSNSアカウントがハッキングされ、批判的な書き込みが外部に流されたものや、東ジャワ州で学生活動家が農村の土地問題絡みで「資本主義に反対」と訴えるや否や、「国家反逆罪」の容疑がかかったものもあった。また、各地で環境保護団体や労働問題NGOなどが予定していた勉強会や集会にも、突然地元警察が踏み込んできて集会の中止を強要するケースも報告されている。中止の口実に使われたのがコロナ危機であり、ソーシャルディスタンスが徹底されていないという説明しかなかった。このように、前述の警察長官令は明らかに各地で効果を発揮しており、とにかく大統領批判や政府批判につながる可能性のあるものは潰していくという治安維持活動が浸透していった。

以上、国軍にしろ警察にしろ、コロナ危機を契機に民主主義への挑戦とも言える動きを見せている。国軍は反改革アジェンダを推進し、警察は市民の表現の自由を圧迫する。どちらも、コロナ対策に国軍や警察を動員したいジョコウィ大統領の政治的なインセンティブが大きく作用している。

2　既得権益の国会政治

国軍や警察に限らず、与党政治家もコロナ危機に便乗し、国会での法案審議を既得権益の拡大に導くケースが増えている。そのひとつが「性暴力撤廃法案」である。これは国の機関である国家女性委員会や、多くの市民社会団体が以前から法制化を要求していたもので、これまで法的な根拠が曖昧だったため、女性への性暴力が野放しだったという主張に基づくものである。性的暴力の被害は年々増えており、二〇一九年度には四〇万件以上が報告されていて、法整備が待ったなしで必要だと国家女性委員会は訴えてきた。そのロビー活動もあり、国会は当初、二〇二〇年度の優先審議案件リストに性暴力撤廃法案を入れていた。しかし六月三〇日、国会は突如この法案を優先案件から除外すると決め、審議の先延ばしを発表した。その理由を、コロナ対応で国会も忙しくなり、審議時間も短くなっており、年内の立法化は困難だと判断したためと説明した。この決定と理由に市民社会団体は猛烈に反発し、二〇一九年から八倍も被害件数が増加しているにも関わらず、女性を保護する法律を作らないという判断は尋常でないと糾弾している。

この法案の排除は、与党連合内のイスラム系政党のイニシアティブで進められた。彼らは、従来から性暴力撲滅の法整備に反対してきた。その理由として、家庭内暴力の「犯罪化」は宗教的に問題だと主張する。彼らの主張では、妻は夫に奉仕する「義務」があり、夫の行動を罰することは「妻の義務」を軽視することにつながるという。その軽視が、不倫やフリーセックスを助長し、しいてはＬＧＢＴの拡大にも発展しかねないと主張する。こういうイスラム系政党の保守的な発想は、ジェンダー平等や人権といった価値観を訴える多くの世俗的な市民社会運動を前にして劣勢を強いられてきたものの、二〇一九年一〇月からの第二期ジョコウィ政権の副大統領に、インドネシア最大のイスラム社会組織である「ナフダトゥル・ウラマー」の前総裁であるマアルフ・アミンが就任したことで、再び保守的なアジェンダを推進していくモメンタムが高まっている。そういう政治背景の下、コロナ危機を口実にして、性暴力撤廃法案の審議をしないという国会判断が強行されたのである。

ちなみに与党連合に加わるイスラム系政党は二つだけで、その他は世俗的な政党である。国会第一党の闘争民主党と第二党のゴルカル党が、その世俗政党の代表と言える。その両党によって積極的に推進されるのが、「オムニバス法」の制定である。オムニバス法というのは、雇用機会の創出を目的とし、そのために必要な投資の促進を加速させるために、投資に関わる七三の現行の法律を一斉に見直して修正するパッケージ法案である。雇用の創出は、人口ボーナスを効果的に経済成長に取り込むための重要課題であり、第二期ジョコウィ政権の最優先政策のひとつである。ところが、このオムニバス法の中身が準備されていくプロセスで、雇用よりも投資のほうに政治経済エリートの関心が集まっていった。アイルランガ経済担当調整大臣の下で、この法案の準備が進められたが、そこに財界の利権エリートたちが群がった。アイルランガはゴルカル党の党首でもある。同党はスハルト時代から財界トップの権益を代弁してきた。そのコミュニティーが中心になってまとめたオムニバス法案は、雇用促進を口実に、これまでの投資に対する規制を緩和して、ビジネスエリートの利権拡大につなげるものになった。

例えば、投資の誘致に貢献するということで、労働規制の緩和が盛り込まれ、人材派遣の利用や雇用契約でフレキシブルな形態を取れるように提案した。多くの労働団体は強烈に反発し、雇用促進という名の労働者権利の剥奪だと法案を糾弾した。あまりにも強固な反発を受けた与党連合は、この労働に関する部分を今のオムニバス法案から切り離すことを約束し、収束を図ろうとした。

労働団体は武闘派リーダーが多く、街頭で体を張って大規模なデモを展開してきたが、その他の市民運動の多くは、コロナ禍のPSBBに基づくステイホーム規制が働き、デモの実施を躊躇するケースが目立った。国会の与党連合は、それを見据えて反対運動が実力行使に出にくいタイミングでオムニバス法の制定を進めようとした。労働問題以外にも批判の対象になったのは、例えば投資促進の名目でインフラ事業に関する規制を緩和するとし、その規制緩和に環境アセスメントの簡素化を含めている問題である。これまで、大規模なインフラ事業によって環境破壊が起きないよう、環境アセスメントの基準を高めて開発とのバランスを保とうとしてきた。それを歪めるのが今回の法案であり、環境NGOは各地で反対の声をあげた。しかし上述のように、市民団体の集会が警察によって強制的に解散させられたり脅迫を受けるケースが各地で起きた。環境NGOのメンバーが、コロナ感染の疑いがあるという理由で警察に拘束され、病院に連行されて閉じ込められたという報告もある。

さらにオムニバス法案には、森林ビジネスへの投資促進ということで、木材の輸出に関しても規制緩和の方針が示された。コロナ禍で木材加工業への雇用促進につながると国会議員は説明する。しかし、環境NGOはこれにも大きな懸念を示した。木材輸出の規制緩和によって、違法伐採が今以上に活発になることを危惧するからである。その批判を掲げたNGOが、ソーシャルメディアで「非愛国運動」と叩かれ、「隠れ共産主義」とのレッテルを貼られて誹謗中傷される事態にも発展している。

また鉱業部門に関しても深刻な懸念が示された。オムニバス法案では、鉱山開発に活力を与えることで国家財源も増え、川下産業の育成で雇用の促進につながるとしている。そのために必要なのが、大型投資家が期待する法的確実性の強化であるとし、その強化のためには採鉱許認可を中央政府に一元化すると提案した。これは、明らかに地方の鉱山業者よりも中央の巨大企業に有利に働く。そういう中央財界の思惑が露骨に現れている。さらに、その許認可権を地方政府から奪取することは、民主化後の地方分権化を骨抜きにするものでもある。スハルト独裁時代の反省から、中央集権的な国家管理を否定し、二〇〇四年の地方自治法の制定によって州や県の自治体に資源開発の許認可権を移譲した。オムニバス法は、それを逆行させるものであり、再中央集権化につながる恐れがある。

以上のように、「雇用創出」を看板に掲げて、コロナ危機の今だからこそ雇用対策が重要であるという「殺し文句」をアピールするものの、ゴルカル党首の下で準備を進めるオムニバス法の核心は別の所にあることが理解できよう。それはビジネス利権の拡大であり、コロナショックに便乗して環境や人権や地方分権といったハードルを強行突破しようとするものである。これも民主政治に対する攻撃として懸念されよう。

3　国家イデオロギーの独占

最後に、同じ与党連合のなかでも国会第一党でメガワティ元大統領が率いる闘争民主党が進める政治アジェンダを見てみよう。その代表が、同党の主導で進める「パンチャシラ・イデオロギー指針」（ＨＩＰ）法案の法制化である。これもオムニバス法案と同様に、コロナ危機で国民の関心が国会の議論に向きにくい政治環境を搾取しようとしている。ＨＩＰ法案は、「建国の父」スカルノがインドネシアの独立のときに掲げたパンチャシラ[1]という国家原則を国の公的イデオロギーとして法定化しようというものである。さらに、そのイデオロギーを全ての国家活動のガイドラインと定め、法律や政策や社会活動がそのガイドラインに沿っているかをチェックする権限を「パンチャシラ・イデオロギー教育庁」（ＢＰＩＰ）に一元化させようというものである。これは見方を変えれば思想管理政策であり、政治的に極めて重い案件であるにも関わらず、コロナ禍で国会審議にかけ、連立与党の数の力で早急に法制化してしまおうと企てた。

このＢＰＩＰは、ジョコウィが二〇一八年に大統領令で設立したものであり、政治パトロンのメガワティに貢ぐかのごとく、理事長ポストを彼女に捧げた。メガワティはスカルノの長女である。父親のレガシーともいえるパンチャシラを、自分の手で国家の思想的指針として法定化することに野心を持たないわけがない。それを察した党幹部たちがＨＩＰ法案を準備して、二〇二〇年五月半ばに議員立法の形で国会審議に入った。

しかし、審議に入るや否や、イスラム主義勢力の猛反発を受け、法案の撤回と再提出を迫られた。とりわけ強い抗議を示したのがイスラム保守勢力で、ＨＩＰ法案にはパンチャシラを国家原則とする歴史的な背景として示されるべき「反共産主義」について触れていないと糾弾した。さらに、「反共」に触れていないのは意図的で、後に法を隠れ蓑にして共産主義のカムバックをサポートするのが「隠れた狙い」なのではないかと、大体的に陰謀論を展開した。こういう抗議に発展してしまうと、穏健イスラム勢力も手放しで法案に賛成するという態度を示し難くなり、副大統領にも相談して、闘争民主党に法案の撤回を求めることとなった。

このハプニングのせいで、当初のＨＩＰ法案は差し戻しになったが、すぐにでも修正法案が提出される予定である。修正版には反共の歴史が明示的に書かれており、その点を強調することで、逆にイスラム保守勢力の積極的な支持さえ確保できると闘争民主党は睨んでいる。しかし、その「取り込み」で市民社会が分断され、問題だらけのＨＩＰ法案への反対運動が弱体することを懸念する市民社会勢力も少なくない。彼らの法案批判は、イデオロギーの法制化によってパンチャシラの解釈を国家が独占する点にある。パンチャシラは、そもそも国家ビジョンであって、イデオロギー的体系性を持つものでない。それを法律で解釈を定め、指針としてあらゆる政策や社会活動を評価するツールにすることは、思想や表現の自由への深刻な侵害であり、その監督と指導をＢＰＩＰのような政府機関が行うことは、スハルト時代への回帰であり民主主義への脅威でしかないと批判する。

こういう危機意識を強く持つ人権ＮＧＯや民主化運動は、コロナ禍で法案内容がほとんど社会に周知されていない今の状況で、こういう問題だらけで緊急性もない法案を国会議員だけで議論するのは危険であると訴える。しかし、こういう状況だからこそ、ひっそり速やかに法制化したいというのがメガワティ率いる闘争民主党の魂胆であろう。

おわりに

本稿では、ジョコウィ政権下のインドネシアで、コロナ危機の政治インパクトがどのようなものかを考察してきた。大統領や国軍、警察、そして与党連合内のゴルカル党や闘争民主党やイスラム系政党まで、多様なアクターが各々の政治アジェンダを前進させる突破口にコロナ危機を利用している力学を明らかにした。その総体としてのインパクトを一言で言えば、民主政治の質的悪化である。

似たような展開は、インドネシアに限らず世界中で起きており、コロナショックによる民主化の後退という議論（Croissant 2020；Diamond 2020；本名二〇二〇）に集約させることも可能であろう。しかし、国際比較で見ると、逆にインドネシアの特徴も浮き彫りになる。特に民主化後退が懸念される国では、ポピュリスト・リーダーが都市封鎖やロックダウンを断行し、治安部隊を動員して戒厳令に近い状況を作り、非常事態の名の下で民主主義の制度を凍結していくという展開が目立つ。東南アジアではフィリピンのようなケースが挙げられるし、欧州でもブルガリアやポーランドやハンガリーなどがコロナ禍で専制政治を強化してきた。

しかし、そのような権威主義化が進んだ国とインドネシアでは明らかに展開が異なる。本章で見てきたのは、多様な政治エリートたちが各々の既得権益を最大化する機会をコロナ危機に見出し、それを各々が貪欲に追求していく過程で、民主主義の重要な防波堤が何箇所かで決壊しそうになっている状況である。ここでは、誰も民主主義を捨てて権威主義体制にシフトするなど考えていない。そうではなく、民主制度が持つ権力のチェック機能を最小限に抑えることで、多様な政治エリートの多様な利益を確保しようというモチベーションが共有されている。そのチェック機能を弱めるのがコロナ危機であり、権力エリートはその機会に便乗して様々な反民主的政治アジェンダを推進しようとしてきた。

こういう火事場泥棒の政治は、コロナ危機に限定されない。将来、ポスト・コロナのインドネシアに、どのような危機が到来するかは予測不能であろう。しかし、いかなる危機であれ、それが民主主義の放棄と権威主義の復活をもたらすかと問われれば、おそらくその可能性は低いと思われる。なぜか。権力エリートの既得権益は極めて多元的であり、誰も民主政治のゲーム設定を放棄して権力を集中させるモチベーションを持たないからである。その意味で、インドネシアの民主政治は、質的な悪化に伴い「レジリエンス」を高めているとも言えよう。その逆説も、コロナ危機で得る政治的教訓のひとつかもしれない。

（1）パンチャシラは「建国の五原則」と呼ばれるもので、「唯一神への信仰」「公正な人道主義」「インドネシアの独立」「民主主義」「社会的公正」が掲げられる。漠然としているが、それ故に多様な価値観をフレキシブルに吸収しながら国民国家を育てていくというインクルーシブ精神の表れでもある。

参考文献

川村晃一（二〇一五）「ジョコウィ大統領の政権運営――「弱い大統領」をいかに克服するか」『アジ研ワールド・トレンド』No. 241、一一月。
本名純（二〇一九）「兵器化される情動反応――二〇一九年インドネシア大統領選挙にみる選挙テクノロジーの影」Synodos、六月六日。
本名純（二〇二〇）「東南アジアにみる新型コロナ危機の政治インパクト」『立命館大学国際地域研究所・国際情勢解説』二〇二〇年 No. 4、五月。
Croissant, Aurel（2020）“Democracies with Preexisting Conditions and the Coronavirus in the Indo-Pacific,” *The Asia Forum*, June 6.
Diamond, Larry（2020）“Democracy versus the Pandemic: the Coronavirus is Emboldening Autocrats in the World Over,” *Foreign Affairs*, June 13.
Honna, Jun（2020）“Military Politics in Pandemic Indonesia,” *The Asia-Pacific Journal/Japan Focus*, Vol. 18, No. 5, August 1.

ブラジル・ボルソナーロ政権はなぜパンデミックを防げなかったのか？——予見されていたコロナ禍の危機と米中対立下での外交戦略

舛方周一郎

（ますかた　しゅういちろう）東京外国語大学世界言語社会教育センター講師
専門は国際関係論、ブラジル現代政治。
著書に「ラテンアメリカ　地球規模課題の実践」（共著）などがある。

はじめに

金融危機や自然災害など、予測不可能で大きな影響を与える出来事のことを「ブラック・スワン」という。元来は金融業界用語で、一見すれば、新型コロナウイルス（COVID-19）のパンデミックは、この「ブラック・スワン」だと考えられる。しかし、ダニ・ロドリックなど著名な識者たちが論じているように「感染症によるパンデミックの危機は起こる可能性がきわめて高く、世界を根底から覆す力がある出来事で、実際にそれが起きて大きな衝撃を与えるだろうと警告されてきた」（『日本経済新聞』二〇二〇年四月三〇日）。こうした警告があったにもかかわらず、多くの国ではなぜ予測されていたパンデミックを防ぐことができなかったのだろうか。

本章が対象とするブラジルもまた、予測された危機に対応できなかった国の一つである。ブラジルは建国以来、マラリアやデング熱などの熱帯病の流行に悩まされ、二〇〇九年のパンデミックインフルエンザ（H1N1）でも多くの犠牲者がでた。さらに二〇一六年八月のリオ五輪開催前後にはジカ熱の発生が確認されるなど、感染症対策には常に対応が迫られてきた。

しかしその教訓も虚しく、ブラジルにおいて二〇二〇年二月末頃から始まったCOVID-19の感染拡大は、本稿の執筆時点（二〇二〇年八月末日）で国内全体では増加の一途をたどっている。米国ジョンズ・ホプキンス大学の調査によれば、世界の感染者が一八〇〇万人超のところ米国・ブラジル・インドの三ヵ国で約半数を占め、うちブラジルでは感染者約二八〇万人、死亡者九万六千人（うち回復者一九七万人）と、いずれも米国に次ぎ世界で二番目となっていた。

こうした現実を前に、COVID-19感染拡大の防止対策にむけてブラジルが混迷している責任の所在を「コロナ感染防止対策を軽視して、経済政策を偏重している」として二〇一九年一月より政権運営を担うJ・ボルソナーロ大統領の統率力の欠如や、右派政治家としての政治イデオロギーに関連付けて批判する考察も数多い（Duarte 2020）。これらの批判は、ボルソナーロがコロナ禍だけでなく、二〇一八年一〇月のブラジル大統領選挙戦や、二〇一九年八月のアマゾン森林火災の報道などでも「暴走する（常軌を逸した）ブラジルの大統領」のように伝えられてきたこととも通底する。しかし単に過激な発言と行動を根拠にボルソナーロ大統領の言動をステレオタイプに押し込み、対象を単純化・矮小化することは、時として一方からの偏見を助長してしまう。特にコロナ禍において望まれるのは、なぜボルソナーロ大統領がそのような言動をとるのか、欧米諸国や日本との相違点を冷静かつ多角的に判断して、ブラジルがおかれた国内および国際的な文脈への理解に努めることであろう（舛方二〇二〇b）。

コロナ禍におけるボルソナーロ大統領の評価は、今後の対応次第で変わりうるものであり、厳しい歴史の審判に委ねる。しかし現状においてコロナ禍は、ブラジルが長きにわたって抱えてきた制度的（構造的）な問題と、米中対立が進む世界秩序におけるブラジルの外交戦略を表面化させるに十分な引き金となったことは確かである。

そこで本章は、この時期にブラジルにおいて、なぜパンデミックを防げなかったのか。コロナ渦に対応するために、ブラジルは米中とどのような外交を展開しているのかを明確にする。構成は、以下の通りである。第1節では、ラテンアメリカ・カリブ諸国（LAC）三三ヵ国におけるCOVID-19感染拡大状況のうち、特にブラジルにおけるコロナ関連の経緯と感染状況を整理する。第2節では、ブラジルにおけるビフォア・コロナの時代を概観する。そして中国への経済依存度の増加と国内の政治危機から、ブラジルではボルソナーロ政権発足以前から国家のガバナンス力は低下していたため、COVID-19対策に十分に対応できなくなっていたことを示す。第3節では、ブラジルが予期された問題に対処できなかった原因を政治経済の側面から説明する。すなわちボルソナーロ大統領は「古い政治」と決別した「新しい政治」を目指した改革型の指導者だった。そのため、コロナ禍という非常事態の状況下で、構造的に身動きが取れなくなり、国家全体の合意形成を困難にしたことを示す。第4節では、米中対立が鮮明化する国際社会にあって、COVID-19対応をめぐるブラジルの外交戦略は、二ヵ国との政治・経済協力を是々非々で活用するものであることを明らかにする。そしてまとめでは、コロナ渦において顕在化する民主主義の後退と新たな世界秩序を展望する。

1　LAC諸国におけるCOVID-19の感染拡大状況とブラジル関連の経緯

(1) LAC諸国の概観的状況

ヨーロッパ地域での感染拡大の後、LAC諸国三三ヵ国のC

表1　ＬＡＣ諸国（33ヵ国）の感染者数上位10ヵ国におけるCOVID-19感染拡大状況（2020年8月4日現在）

国名	感染者数（人）累計	死者数（人）累計	致死率：死者数/感染者数（%）累計	10万人当たりの感染者数（人）	10万人当たりの死亡者数（人）	国内人口数（10万人、19年世銀）
ブラジル	2,750,318	94,665	3.44	1303.16	44.85	2110.5
メキシコ	443,813	48,012	10.82	347.88	37.63	1275.76
ペルー	433,100	19,811	4.57	1332.19	60.94	325.1
チリ	362,962	9,745	2.68	1915.16	51.42	189.52
コロンビア	327,850	11,017	3.36	651.28	21.89	503.39
アルゼンチン	206,743	3,863	1.87	460.06	8.6	449.39
エクアドル	87,963	5,808	6.6	506.3	33.43	173.74
ボリビア	81,846	3,228	3.94	710.89	28.04	115.13
パナマ	68,456	1,497	2.19	1612.08	35.25	42.46
グアテマラ	52,365	2,037	3.89	315.38	12.27	166.04

（注）世界保健機構コロナウイルス情報および、世界銀行資料より筆者作成。

ＯＶＩＤ‐19感染者数は累計四三二万で、世界全体に占める割合は約二六・八二%で、感染者が最も多い地域となった。ＷＨＯから二〇二〇年五月二二日に「ＣＯＶＩＤ‐19感染の新たな中心地」と表明された同域内では、ブラジルが最多の感染症例がでており、その後にメキシコ、ペルー、チリ、コロンビアと続く。ただし、感染者数・死者数・致死率・一〇万人当たりの感染者・死亡者の拡大傾向は、域内各国で一様ではない（表1）。

ＬＡＣ諸国で感染が拡大する共通の原因は、一般には、貧富の格差、就労条件と居住地の問題などで社会隔離が難しいインフォーマルセクターの多さ、脆弱な医療制度などで説明される。人類史の中でパンデミックは幾度となく発生してきたが、ＣＯＶＩＤ‐19の世界的な感染拡大は特にグローバル化により加速してきた地球規模での自由な人の移動が助長したといえる。初期の感染を起こした可能性のある中国湖北省の武漢市からヨーロッパ全域まで感染が拡大していた時期に、ＣＯＶＩＤ‐19の被害をいわば「対岸の火事」と楽観視していたＬＡＣ諸国への拡散も、近接性の高いヨーロッパからの人の移動により始まったことは特筆に価する。

（2）ブラジルでの感染拡大の経緯

八月末の時点では、中南米諸国における感染者数の半数以上がブラジルでの感染者となっている。そのため地域の感染状況は、人口約二億一〇〇〇万人を超えるブラジルの動向が最も注

表２　ブラジルコロナ関連2020年月表（２月〜８月）

月　日	出　来　事
２月23日	サンパウロで国内初の感染者（イタリア帰りの出張者）
３月17日	サンパウロ市非常事態宣言発令
３月20日	保健省が伯全土を共同感染状態宣言
３月27日	ブラジルへの空路での入国禁止
４月15日	最高裁が社会隔離措置決定権は地方自治体にある旨判決
４月16日	マンデッタ保健相辞任
４月25日	モーロ法務相辞任
４月30日	累積感染者数が中国を抜き8.7万人
５月15日	タイシ保健相辞任
５月22日	保健相がヒドロクロロキンの処方を認める使用要綱を発表
５月31日	感染者数50万人
	パウリスタ通りで大統領支持派と反支持派で衝突。軍警察が催涙弾で鎮圧
６月12日	死者数が世界第２位
６月21日	感染者数100万人
６月24日	IMFが2020年GDP成長率を−9.1%と予想。
７月　７日	ボルソナーロ大統領COVID-19陽性
７月17日	感染者数200万人
８月　４日	閣僚８人が新型コロナ感染
８月　８日	コロナ死者10万人突破、感染300万人

（出所）　各種資料をもとに筆者作成（８月17日現在）

目されている。[1] 表２では、特に二〇二〇年八月までのブラジルでの感染拡大の経路を時系列で示している。

二〇二〇年二月二六日、サンパウロで国内初めてのＣＯＶＩＤ-19感染者が確認された。その数日前までイタリアに出張していたという六一歳の男性が、南米諸国で初めて確認された感染者となった。その後も欧米からの帰国者による症例が目立った。

三月一二日、米国トランプ大統領との米ブラジル首脳会談に出席したブラジル政府高官の感染が発表された。三月二〇日には保健相がブラジル全体の共同感染状態を宣言し、その一週間後にブラジルへの空路での入国が禁止された。中南米を代表する有数のハブ空港をもつサンパウロ州などの地方政府は、連邦政府に先んじたＣＯＶＩＤ-19対策を行っていたものの、ブラジル全土では、活動の自粛を要請するまでには、初の感染者が確認されてからおよそ一ヵ月を要したことになる。それゆえに、ＣＯＶＩＤ-19対策をめぐっては、ブラジルはＬＡＣ諸国の中でもメキシコと並び初動対策が遅れた国と評価されている（Blofield et al. 2020）。

コロナ禍は、次第にボルソナーロ大統領の政権運営の評価と関連性を帯びていく。特に問題となったのは、ＣＯＶＩＤ-19対策に奔走した保健相の解任と、大統領の息子が関与した疑惑をもみ消すために連邦警察の人事に介入した疑義を理由に政権人気を支えた法務・治安相が辞任したことである。政治的混乱が浮き彫りになる中で、COVID‐19感染者は四月に入って増加し、四月三〇日には累計感染者が中国を超えて八万七〇〇〇人に達した。五月三一日にはCOVID‐19対応をめぐり、サンパウロ市内で大統領派と反支持派の運動が衝突し、軍警察が出動・鎮圧する出来事も発生した。その後も感染者は拡大の一途をたどり、六月には死者数・感染者数ともに世界二位となり、感染者は国家運営の中枢であるボルソナーロ大統領および閣僚の三分の一にまで及んだ。

八月末時点で、感染者は三〇〇万人を超えることになったが、数は高止まりの様相もみせる。重症患者の治療に従事するサンパウロ市の集中治療室（ICU）の収容率は減少傾向にあり、サンパウロでは徐々に経済活動が再開されている。新規感染者は五月以降からは、むしろ内陸部で広がっている。

2 ビフォア・コロナで予見された危機

ブラジルがコロナ禍に十分に対応できなかった原因の背景には、ビフォア・コロナの時代に高まっていた中国への経済依存と、国内の政治危機がある。ブラジルは一九八五年の民主主義体制への移行後、グローバル化する世界を意識しながら、巨視的な民主化過程の中で各分野の制度整備を進め、二〇〇八年前後に自由民主主義体制がある程度まで定着した国と見なされてきた（Alston *et al.* 2016）。一次産品の価格が上昇した二〇〇〇年代、原油や鉄鉱石、大豆などの資源を主に中国が買い付けたことにより、ブフジルはペルーやベネズエラなど他の中南米諸国と同様に安定した経済発展を成し遂げた。この経済発展のエンジンによって、ブラジルは政治経済的に成長が著しい五ヵ国の新興国と称されるBRICSブームを牽引した。当時のL・ルーラ労働者党（PT）政権は、政策方針として経済のグローバル化と、自由民主主義を優先するグローバル・ガバナンスによる統制・強化を受容した国家運営を実施したことで、国際的な存在感を高めた。特に二〇〇八年世界金融危機後、G20やBRICS首脳会議を中心に新興国同士の連携を強化するとともに、ブラジルは特に貿易先として中国への経済的依存関係を深めた。

ルーラ大統領の後任となったD・ルセフ政権は、中国への一次産品輸出を中心とした貿易関係を維持しつつも、自国産業を保護して国際競争力を強化することを目指して保護貿易主義的な政策を採用した。しかし主要な貿易国だった中国経済の鈍化とともに、一次産品の価格が下落し、ブラジル経済の低迷もみえ始めた。すると二〇一二年以降に徐々に表面化した財政収支の悪化や、教育・保健医療・汚職、暴力などの課題に改善がみられないことで、二〇一三年六月に新中間層を中心に民主主義の質の改善を求める抗議運動が発生した（舛方二〇一六）。

この運動が転機となり、批判の矛先は次第に既存の政治のあり方に向かった。ルセフ政権は民主主義の促進も努めていたが、皮肉にも検察や司法、メディアの権力拡大も促し、暗黙の了解だった政治家の汚職が次々に表面化することになった。ルセフ大統領は再選後の二〇一五年から始まった第二次政権で開放経済型の経済政策へと修正を試みたものの、保護主義を主張する大統領政党の労働者党から反発をうけて改革を進めることはできなかった。大規模な汚職捜査による大物政治家たちの逮捕は続き、二〇一六年八月にルセフ大統領が弾劾されると、既成の政党政治に国民の不信は高まり、社会的分断が表面化した政治的危機に直面した。

ルセフ大統領の弾劾後、労働者党政権は終焉をむかえ、副大統領であったM・テメールが大統領に昇格して政権運営を担うと、国家運営は経済のグローバル化と国家主義を望む方向へ転換した。テメール大統領は、経済的な依存度・政治的イデオロギーから主に中国などの新興国や途上国との協力関係も重視した前政権の全方位的な外交戦略から欧米諸国中心の外交戦略への回帰を目指した。経済運営では新自由主義改革に転じて、在ブラジル企業の競争力を阻害する意味で「ブラジル・コスト」とされてきた統一労働法（CLT）改正などの経済財政改革に乗り出し、経済基盤を安定させたうえで国内社会を守ることを求めた。次政権へ移行する前の調整役としての機能をもつ政権だったとも評価される。しかし、テメール大統領自身も不正問題から訴追をうけたことなどで、市民の政治不信を一層高めた。

他方で、一向に収束に向かわないブラジルの政治危機と同時期に二〇一六年一一月に米国大統領選挙によって共和党のD・トランプが大統領に選出されると、ブラジル国内では俄かに既存政治とリベラルな価値に挑戦する右派・下院議員のボルソナーロに期待が集まっていた。二〇一八年一〇月の決選投票の結果、社会自由党（PSL）のボルソナーロが対抗馬の労働者党候補者に勝利した(2)。その勝因は一三年半続いた労働者党政権の政権運営と、汚職スキャンダルへの不満から、労働者党への嫌悪感が増したこと、反共・反汚職・治安維持への期待に加えて財政再建などの新自由主義路線を掲げて、既成政治に抜本的な変革を求める中間層・高所得者層の支持をくみ取ることに成功したことなどがある（浜口・河合二〇一九）。市民の間には国内経済が低迷しているのにも関わらず、政治エリートだけが私腹を肥やしていることへの怒りが蓄積していた。政治エリートとの一定の距離を置いていたボルソナーロは、いずれも問題を抱える候補者の中でいわば消去法で選ばれたのである。

対外的には、中国の投資に対する警戒発言にくわえて、トランプ大統領の外交政策を支持し、気候変動パリ協定の脱退を宣言するなど(3)、反グローバリズム的とも解釈されかねない発言を繰り返したボルソナーロ大統領の選出は、国内外で注目された（高橋二〇一九）。

3　暴走する大統領？：予期された危機になぜ対処できなかったのか？

中国との貿易関係など、グローバル経済を受容してきたことで起きた国家機構や体制の脆弱化、国家全体で合意が取れない政治・社会などからも確認できる通り、コロナ禍という緊急時に大統領がガバナンス力を発揮できない状況は、同政権が発足する以前から予期されていた。しかし、ボルソナーロ大統領は政権発足から一年を経た二〇二〇年一月の段階で、経済界・エコノミストらを中心に相対的には妥当な政治運営をしたと評価されていた。国内の社会分断と政治的な混乱が深刻な中にあっても難しい政権運営の舵取りを行っていたためである。それでも、現時点でボルソナーロ大統領は予期された危機に十分に対処できなかったのはなぜだろうか。以下ではその原因を政治経済の側面から説明する。

(1) 大統領の権限を制約する民主制度――対立する地方自治体・議会・司法

ブラジルには、大統領の権限を拘束する民主主義制度のあり方がある。ブラジルの政治制度の特徴は、拒否権プレイヤーの多さにある。拒否権プレイヤーは、主に大統領、議会、上院などの制度的なものと、政党のような党派的なものの二種類に大別される(Tsebelis 2002)。ブラジルの政治制度は、大統領制・比例代表制・二院制・分権的な連邦国家・違憲立法審査権をもつ、いわゆる「合意型の民主主義」を採用する。ブラジルの民主制度により、大統領も複数のアクターとの合意形成が迫られることで、行動はある程度まで拘束される。その制度が政治の安定をもたらしつつも、改革が進まず身動きの取れない状態(Deadlock)をつくりだしてきた(Ames 2002)。

コロナ禍において顕著だったのは、まず中央・地方関係の悪化である。一九八八年のブラジル連邦憲法のもとで、州や市町村などの地方自治体には、連邦政府からの自律性が保障されている[4]。分権化した連邦国家のブラジルは、州政府など地方自治体の権限が強く、州知事や市長の協力なしには国全体で連携して対策を取るのが困難である。先述のように感染者の拡大が深刻化した三月以降、社会的隔離措置の是非をめぐって、地域格差の大きいブラジル全体の状況を鑑み、柔軟な措置を推奨したボルソナーロ政権は、グローバル・スタンダードに沿った厳格な社会隔離措置を求めるサンパウロ州、リオデジャネイロ州の知事や、北部アマゾン地域の市長らと対立してきた。こうした対立が顕在化する中で、四月一五日、最高裁判所(STF)は社会的隔離措置をめぐる最終決定権は、連邦政府ではなく地方政府にあると判断した。

コロナ禍において顕著だったのは、また、発足当初から生じていた大統領・議会関係の不安定化である。ブラジルの政党制度は分極した多党制である。しかし近年は主要三党が政党政治の主軸であった。ただし、その三党も、単独では十分な議席を獲得できず、法案可決には、両院において議席の三分の二の承認が必要なために、大統領制下での大規模な与党連合が必要だった。ブラジルで成立してきた「連立大統領制」(Coalitional Presidentialism)とよばれる政治システムは、政権の政治運営の安定性を生んだ半面、政権が議会運営で調整を迫られることで、急進的な改革を阻止してきた(新川・舛方二〇一九)。ボルソナーロは公式的な連立政権を形成せずに、両院とも大統領政党一党のみで議席の過半数を得ていない少数政権を選んだ。既存の政党政治に依存しない姿勢は、ボルソナーロの新たな政治運営の特徴であった。同時にそれは大統領・議会関係で対立構図をうみ、潜在的に議会から発議される大統領弾劾が発生しうる状況を作り出している（菊池二〇一九）。COVID-19対応では大統領の権限の一つである大統領令を連邦議会が不採択にしたことや、最高裁は、判事に対するフェイクニュースの拡散に関する捜査をめぐり、大統領側に圧力をかけたり、COVID-19対応をめぐる大統領権限の強化を否定したりするなど、ボルソナーロ大統領の意向を立法や司法も抑制する対応を示している（二宮二〇二〇）。

このように大統領の発言だけで、国家全体の政策方針が決まるわけではなく、大統領を中心とした連邦政府はCOVID-19対応に関して個別で実施できることは限定されていることがわかる。八月末現在では、大統領はこうした対立するアクターとの関係修復に努めていることからも、国内ではコロナ禍において大統領の暴走に歯止めをかける民主制度が適切に機能している側面もあるといえる。ただし、ボルソナーロ大統領はいわば「古い政治」と決別した「新しい政治」を目指した改革型の指導者だったため、コロナ禍という非常事態の状況下で、構造的に身動きが取れなくなり、国家全体の合意形成を困難にしたともいえる。

（2）新自由主義改革――小さな政府によるCOVID-19対策と経済運営の難しさ

ボルソナーロ政権は、民営化の促進、関税削減、社会保障・税制改革、省庁数の削減など新自由主義政策に基づく「小さな政府」を志向した政治運営を行い、前政権期から転換した経済回復の見通しを示してきた。一方で、教育・医療・環境・文化などの社会政策に関する公共事業の削減を迫るものとなった。コロナ禍での医療体制の不備は、ボルソナーロ政権下の新自由主義改革で医療保健分野への予算が削減されたことで追い打ちをかけたことは見逃してはならない（Ortega and Michael 2020）。

集中と選択による対策は現政権の立場からすれば、国家の財政再建を最重要課題とする決断であったともいえるが、既得権益者らの対抗により改革にむけた障害となっていた年金・税制改革・インフラ改善の取り組みで一定の効果をあげていた。ところがCOVID-19拡大により、産業界は甚大な被害を受けている。鉱工業・サービス業でマイナス成長と消費減により、IMFによれば二〇二〇年の第一四半期のGDPは前期比マイナス一・五％、二〇二〇年全体ではマイナス九・一％と予測され、今後もさらなる企業の倒産、雇用・収入喪失、財政収支の悪化が懸念されている。こうした状況下で貧富の格差が大きいブラジルの貧困層にとって職が奪われることは、生命を奪われることに直結する。痛みを伴う新自由主義改革の実施によって、失業者が増加していた中で、経済を停止させることのもつ意味は、比較的財政に余裕のある欧米や日本とは異なる。政権はCOVID-19対策としての制限措置と国家全体の経済運営を両天秤にかけ「ブレーキを踏みつつ、アクセルを踏む」難しい運営が迫られている。

4　米中とのブラジルの外交戦略

世界秩序・規範が人権や平等を含む社会権の軽視、学術・報道の自由への制限、反グローバル主義などイリベラル「非自由主義的」な思想と拮抗する中で、ボルソナーロ政権は米中対立が鮮明化する国際社会の中で生き残りをかけてきた。その特徴として、政治面では人権、難民、気候変動など多国間協調を軸とした自由主義的なグローバル・ガバナンスに疑義を提示する米国トランプ政権の外交手法に追従するバンドワゴン戦略を狙っている（Pitts 2020）。ボルソナーロ政権はベネズエラ難民の対策など、南米域内での協調が必要な課題への関与に主導権を発揮することはない。そこに冷戦期の地域秩序の下で南米の覇権国を目指し、隣国のアルゼンチンとの軍拡競争を展開したかつてのブラジル外交の姿はない。

ただし対中関係では、ボルソナーロ大統領は二〇一九年一〇月に訪中し、同年一一月には習近平国家主席がブラジルを公式訪問している。会談では貿易拡大とエネルギー・科学技術研究での協力、インフラ分野でも、ブラジル政府は民間の主導権で進める「投資パートナーシッププログラム（ＰＰＩ）」と、中国の「一帯一路」構想（ＢＲＩ）をともに推進していくと発表した。ボルソナーロ大統領自身も、選挙期間中に発言した中国の投資に対する警戒感を就任後は抑制している。

コロナ禍は、このような米中対立が進む世界秩序におけるブラジルの外交戦略を鮮明にした。まず、米国との対外関係は前政権に比べて親密度を増している。保健相は四月二日には駐ブラジル米国大使と面会し、ＣＯＶＩＤ-19対策における米国とブラジルの協力について協議したと説明した。その際には、ブラジル企業がブラジルと米国双方で使用するマスクを生産する可能性などが話し合われたと述べた。六月一日にはトランプ・ボルソナーロ両大統領が電話会談し、「保健衛生問題での協力」が確認されたという[5]。そして六月五日、ボルソナーロ大統領は記者団に対して「米国は（世界保健機関：ＷＨＯからの）脱退（を表明）した。我々も将来的に検討する。ＷＨＯがイデオロギーを排して活動しない限り、我々も抜ける」と、ＣＯＶＩＤ-19の終息後に、対応が中国寄りとの批判を受けているＷＨＯ脱退の意向を示唆する発言を行っている。

一方で中国との対外関係では、ブラジル外相がコロナは「共産ウイルス（comunavirus）」とブログに書き込むなど、政治的には一定の警戒感を緩めていない。ただし中国政府は、既に中南米諸国に対して「一帯一路」構想の一部として医療物資や通信機器を提供するヘルス（健康）・シルクロード（ＨＳＲ）構想とデジタル・シルクロード（ＤＳＲ）構想を通じた支援を展開している。具体的にはＨＲＳでは中南米地域の多くの国が寄付を受け、中国から医療品を購入している。またＤＲＳでも、Ｈｕａｗｅｉなどの中国企業に感化され、ＩＴや電子通信の技術を活用した問題解決を通してＣＯＶＩＤ-19に対応している

（Koop 2020）。ブラジルでも、中国は医療分野・インフラ技術、資金面で中国企業と協働しながら連邦および州レベルの政策に重層的に関与しており、コロナ禍において「一帯一路」構想は再形成されている。[6] 中国経済に依存せざるを得ないブラジルが、実利的・現実主義的な側面からは、中国との相互依存的な関係を維持していることがわかる（Bernal-Mesa and Xing 2020）。

まとめ

本章では、コロナ禍がブラジル国内の構造的問題と、米中対立が進む国際社会の中での外交戦略を浮き彫りにしたことを示した。現在進行形のCOVID-19の感染拡大は、ブラジルでは第二波・第三波も予想され、本書で紹介されるその他の多くの新興国と同様に、今後もさらなる経済悪化により貧困層や格差の拡大、失業等による社会不安を進め、既存の構造的問題を悪化させる可能性もある。しかし世界に目をむけてみれば、短期的には低所得者向けに現金を給付しつつ、急進的な改革を目指すことを名目にして、特にトルコやインドなどと同様に、強権的で排斥的な指導者の台頭と、彼らに共鳴する民意の高まりが連動している。[7]

民主主義の価値を軽視しても、グローバル経済の受容と国家主権の強化を望み、経済基盤を安定させたうえで、国内社会を守ることを求める選択は、ビフォア・コロナの時代に始まっていた。[8] 確かに新自由主義改革の推進と民主主義の後退傾向は前政権期から確認されたもので、特にコロナ禍においてボルソナーロ大統領の行動を制約した点では、ブラジルの民主制度の効果が機能する側面もあることも示された。ただし民主主義の後退傾向は現政権期でもおこっており、今後の行方次第では民主制度と社会制度の根幹をも侵食しかねない。

対外的にも、中南米地域における中国の台頭は米国の覇権に対して脅威となるが、いまのところ中国の影響はあくまで経済的な側面に限られている。コロナ禍の中においてもブラジル政府に対しては、技術面・資金面で政策に関与しようとする中国の思惑を是々非々で活用する相互依存的な外交戦略が浮かび上がった。このように西洋圏が中心だった世界秩序において、欧米諸国に従属する周辺的な地域として描かれてきたブラジルは、台頭する中国とともに異彩を放つ非西洋圏の一角として重要な位置づけをもつ（Stunkel 2016; Acharya and Buzan 2019）。非西洋圏の利益を反映した世界秩序への修正が迫られる国際社会の変容は、コロナ渦でのブラジルの姿からも確認できるだろう。

【付記】

本稿は、二〇二〇年八月三一日に脱稿したものである。その後、米国におけるバイデン政権の誕生や、新型コロナウイルスのブラジル変異型の猛威などにより、ブラジルの政治経済・国際関係の状況も日々めまぐるしく変化している。二〇二〇年八月以降のブラジル情勢に関しては、新潮社の会員制・国際情報ウェブサイト『foresight』における筆者の記事を参照いただきたい。

※本章はＪＳＰＳ科研費（19K13632, 20H01462）の研究成果の一部である。

（1）ただし感染者数の多さに比べ、致死率自体は三・四％と他の中南米諸国に比べても特段に多くないことは注視すべきことである。

（2）なおボルソナーロ大統領は社会自由党の党首との対立により同政党を離党し二〇二〇年現在は無所属となっている。

（3）ただし、政権発足後に環境相からブラジルは気候変動パリ協定からの脱退の意思はないことが表明された。

（4）民政移管後の一九八八年に制定された現行の連邦憲法第一八条には「ブラジル連邦共和国の政治行政組織は、本憲法の諸規定に従い、全て自治権をもつ連邦、州、連邦区およびムニシピオ（基礎自治体）を包含する」として、現在のブラジルは、連邦レベル、州レベル（二六州政府と一連邦直轄区）、基礎自治体レベル（五五〇〇以上の市町村）を基本的な行政区分とする。

（5）五月三一日ブラジル外務省は、保健分野における米・ブラジル協力に関する共同声明を発表した。同声明によれば、米国政府は抗マラリア薬であるヒドロキシクロロキン（ＨＣＱ）二〇〇万服をブラジル国民に提供したとされる。

（6）ブラジルは、ＣＯＶＩＤ-19対策用のワクチン開発の舞台になっている。大統領と閣僚が中国に警戒心をもっていたとしても、いくつかの州政府や市長は連邦政府のＣＯＶＩＤ-19対応とは一線を画し、既に中国政府からの直接的な支援を要請している。その結果、例えばサンパウロ州政府は六月一一日、同州管轄のブタンタン研究所と、中国シノバック・バイオテックが提携してワクチン生産することを発表した。詳しくはLang（2020）を参照。

（7）ブラジルの民間調査会社ダタ・フォーリャが二〇二〇年八月一一・一二日に実施した調査によれば、国民の四七％は、ブラジルにおいてＣＯＶＩＤ-19で一〇万人の死者が出たのは、ボルソナーロ大統領の責任ではないと答えている。一方、大統領の責任であると答えたのは、一一％に留まった。また同日の調査では、コロナ禍において政権の支持率は増加して、就任以来の最高値となったことが明らかとなった（『Datafolha』二〇二〇年八月一四日）。

（8）世界各国の民主主義の度合いを示すV-ＤＥＭ（多様な民主主義）研究所が発行する二〇二〇年度の報告書では、ボルソナーロ政権初年度にあたる二〇一九年のブラジルは、インド・米国・東欧諸国など二〇ヵ国とともに民主主義の質の低下ないし後退を示す「専制化」（autocratizatior）の第三の波から、重大な影響を受けている国と指摘されている（V-DEM Institute Democracy Report 2020）。ブラジルの民主主義の後退の傾向は、特に自由指標の低下から示される。ブラジルの国内外では、左派イデオロギーの排除を名目とした「イリベラルな揺れ戻し」（illiberal backlash）が表面化している（Hunter and Power 2019）。

参考文献

川島真・遠藤貢・高原明生・松田康博編（二〇一九）『中国の外交戦略と世界秩序――理念・政策・現地の視線』昭和堂。

菊池啓一（二〇一九）「ボルソナロ政権下における不安定な大統領・議会関係」『ラテンアメリカ・レポート』36（1）一―一二。

高橋亮太（二〇一九）「ボルソナロ新政権の外交政策――二〇一八年大統領選挙公約および外交成果に対する評価」『ラテンアメリカ・レポート』36（1）三四―四三。

新川匠郎・舛方周一郎（二〇一九）「ラテンアメリカの大統領制下における大連立――ブラジルの事例分析を通じて」『アジア経済』60（2）三四―六七。

二宮正人（二〇二〇）「国軍の「調整権」をめぐる政治闘争――ブラジル憲法解釈による大統領指導力強化は失敗に」外交vol. 62 七四―七五。

浜口伸明・河合沙織（二〇一九）『ブラジル有権者の急な右旋回――市データを用いた二〇一八年大統領選挙の分析』『国民経済雑誌』219（6）一―二〇。

舛方周一郎（二〇　六）「混迷化するブラジルの政治社会と世界経済の政治的トリレンマ」村上勇介編『ＢＲＩＣs諸国のいま――二〇一〇年代世界の位相』CIAS discussion paper No. 57. 一二三―一三八

舛方周一郎（二〇二〇）「ブラジル・ボルソナーロ政権の中間評価――イリベラルな民主主義の行方」『ラテンアメリカ時報』二〇二〇年夏号二一五。

舛方周一郎「コロナ禍のブラジル報道を『ファクトフルネス』から捉え直す」foresight 二〇二〇年一二月四日記事。

舛方周一郎「『ブラジル大統領』が「電子投票」に疑問を投げかける理由」foresight 二〇二一年二月四日記事。

舛方周一郎「ブラジル・ボルソナーロ大統領に強敵現る最も愛され憎まれる『カリスマ』は救世主となるのか」foresight 二〇二一年四月二日記事。

吉田朋之（二〇二〇）「最近のブラジル情勢」日本ブラジル中央協会講演資料、令和二年七月二〇日。

Acharya, Amitav and Barry Buzan（2019）*The Making of Global International Relations: Origins and Evolution of IR at its Centenary,* UK: Cambridge University Press.

Alston, Lee J., Marcus André Melo, Bernardo Mueller, and Carlos Pereira（2016）*Brazil in Transition, Beliefs, Leaderships, and Institutional Change.* Princeton and Oxford: Princeton University Press.

Ames, Barry（2002）*The Deadlock of Democracy in Brazil, Interests, Identities, and Institution in Comparative Perspective,* Ann Arbor: University of Michigan Press.

Barreto, M. L. at al.（2020）"O que é urgente e necessário para subsidiar as políticas de enfretamento da pandemia de COVID-19 no Brasil? " *Revista Brasileira Epidemiol* 2020. 23.

Bernal-Mesa, Raúl and Li Xing eds（2020）*China-Latin America Relations in the 21st Century: The Dual Complexities of Opportunities and Challenges*, Cham: Palgrave Macmillan.

Blofield, Merike Bert Hoffmann, and Mariana Llanos（2020）"Assessing the Political and Social Impact of the COVID-19 Crisis in Latin America" *GIGA Focus,* Latin America, Number 03, April 2020.

Duarte, Tiago Ribeiro（2020）*Ignoring scientific advice during the COVID-19 pandemic: Bolsonaro's actions and discourse, Tapuya: Latin American Science, Technology and Society,* DOI: 10.1080/25729861.2020.1767492

Hunter, Wendy and Timothy J. Power（2019）"Bolsonaro and Brazil's Illiberal Backlash," *Journal of Democracy*, volume 30, number 1, January 2019.

Koop, Fermín（2020）, "Coronavirus reshapes Belt and Road in Latin America," *Diálogo Chino*, July 30, 2020.

Lang, Marina（2020）, "Brazil's State Governors Open Their
Own Channels with China", *Diálogo Chino*, August 13, 2020.

Ortega, Francisco and Michael Orsini（2020）Governing COVID-19 without government in Brazil: Ignorance, neoliberal authoritarianism, and the collapse of public health leadership, Global Public Health; https://doi.org/10.1080/17441692.2020.1795223.

Pitts, Bryan（2020）"The Empire Strikes Back: US-Brazil Relations from Obama to Trump" in Timothy M. Gill eds. *The Future of U. S. Empire in the Americas: The Trump Administration and Beyond.* New York and London: Routledge. 165-187.

Rodirik, Dani（2012）*The Globalization Paradox: Democracy and the Future of the World Economy*, WW Norton（ダニ・ロドリック『グローバリゼーション・パラドクス：世界経済の未来を決める三つの道』白水社）

Stunkel, Oliver（2016）*Post-Western World: How Emerging Powers Are Remaking Global Order,* Cambridge: Polity Press.

Tsebelis, George（2002）*Veto player: How political institution work.* Princeton University Press（ジョージ・ツェベリス『拒否権プレイヤー』早稲田大学出版部）

南アフリカ、そしてアフリカの衰退と再生

平野克己

（ひらの　かつみ）
日本貿易振興機構アジア経済研究所上席主任調査研究員
専門はアフリカ研究、開発経済学。
著書に『経済大陸アフリカ』（中公新書）、『アフリカ問題――開発と援助の世界史』（日本評論社）、『南アフリカの衝撃』（日本経済新聞出版社）、『図説アフリカ経済』（日本評論社）などがある。

新興市場（emerging market）という用語には疑義がなくもない。この言葉がさかんに使われるようになったのは今世紀初頭で、開発途上地域や移行経済群が先進国を凌ぐ経済成長を呈していたなかでのことである。しかしこれは当時の空前の資源ブームがもたらした現象であって、この間先進国から莫大な資金が資源輸出の代金として、あるいは資源開発投資として非先進国に流れ込んでいた。そして同時期に、中国経済のエポックメイキングな世界的プレゼンスの拡張が重なっていたのである。

1　BRICSの一角、南アフリカ

新興国ブームを象徴したのはBRICsだろう。これはゴールドマンサックス社が二〇〇一年に出したレポートに登場した造語で、ブラジル、ロシア、インド、中国の頭文字をとったものだ。二〇〇九年からはこれら国々が首脳会合をもつようになり、南アフリカは二〇一一年に中国海南島で開かれたサミットに招かれた。これを機に末尾のSが大文字になり、BRICSは五ヵ国になった。

表1は、資源価格が上昇を続けていた二〇一一年までのBRICS各国の経済パフォーマンスをみたものである。比較のため日本の数字を併記した。

各国経済の世界的プレゼンスは米ドル換算した名目GDPで測られる。この期間ブラジル、ロシア、中国のドル建て名目GDP成長率は年率二〇%を超えていて、この十年間でほぼ五倍になった。インドや南アフリカはこれに及ばなかったが、それでも三倍以上に拡大した。世界経済全体の名目総生産はこの期間だいたい倍増だったから、BRICS諸国はその差だけ世界シェアを伸ばしたのである。非先進国のなかにはBRICS以上に急速な経済成長を呈した東チモール、アゼルバイジャン、

表1　BRICS 諸国の経済パフォーマンス1（2002-2011年、%）

	米ドル建て名目成長平均年率	現地通貨建て実質経済成長平均年率	期間為替変化率
ブラジル	20.7	4.2	74.6
ロシア	20.7	4.7	6.7
インド	15.3	7.1	4.2
中国	20.6	11.1	28.1
南アフリカ	11.9	3.6	45.1
日本	3.7	0.5	57.1

（出所）国連統計より筆者作成。

カタールのような産油国もあったが、なんといってもＢＲＩＣ四ヵ国は規模において突出しており、先進国中心の世界経済像を脅かす新興勢力の代表的存在といえた。

その観点では南アフリカの見劣りは否めない。人口は五〇〇〇万人台でＧＤＰは三〇〇〇億ドル台だから、億を超える人口を有し一兆ドル以上の経済規模をもつ四ヵ国とは比較にならない。メキシコ、インドネシア、トルコといった国々のほうがはるかに大きい人口と経済を擁している。それでも南アフリカがＢＲＩＣＳグループに迎え入れられたのは、当時アフリカ最大の経済大国だったからだ（二〇一三年にＧＤＰ算定基準が見直されたナイジェリアが現在ではアフリカ最大のＧＤＰをもつ）。

南アフリカの取り込みは中国のイニシアティブによるものだったが、これでＢＲＩＣＳは全大陸に跨るグループとなり、世界銀行改革、ＩＭＦ改革、国連改革など既存の国際システムに対する意見表明を積極的に行うようになった。実は南アフリカは二〇〇三年からインドおよびブラジルとＩＢＳＡと称する政府間対話の場をもち、首脳会議も開催していたのだが、ＩＢＳＡはほぼＢＲＩＣＳに吸収されてしまった。ＢＲＩＣＳ五ヵ国は二〇一四年に共同出資で新開発銀行（通称ＢＲＩＣＳ銀行、本部上海）を設立するが、これは、前年に中国が設立したアジアインフラ投資銀行と同様、中国マネーにマルチなチャンネルが敷設されていく流れの一環であった。

2　BRICSという幻影

表1に戻ろう。ドル建てＧＤＰの大きさを決めるのは国内経済規模と為替である。そこで、原数値である現地通貨建ての実質ＧＤＰ成長率をみると、高成長の中国やインドと、それにおよばないブラジル、ロシアの対照がみえてくる。南アフリカはさらに低成長であった。それでもこの三ヵ国がドル建てＧＤＰの高成長を謳歌できたのは、通貨の高騰があったからにほかならない。ただしロシア・ルーブルについては二〇〇八年リーマンショックの直撃を受けて大暴落し、それまでの騰貴分を失ってしまった。ただロシアはＢＲＩＣＳのなかでインフレ率がもっとも高かったにもかかわらずリーマンショック時を除いて為替減価にはつながっておらず、結果としてドル換算ＧＤＰを押

表2　BRICS 諸国の経済パフォーマンス 2（2011-2018 年、%）

	米ドル建て名目成長平均年率	現地通貨建て実質経済成長平均年率	期間為替変化率
ブラジル	−5.3	−0.4	−54.2
ロシア	−6.1	0.7	−53.1
インド	6.2	7.3	−31.8
中国	7.9	7.1	−2.3
南アフリカ	−2.6	1.4	−45.2
日本	−3.5	1.2	−27.7

（出所）　国連統計より筆者作成。

しあげたのである。

ドル建て名目GDPが実質経済成長率に依存しているか、あるいは為替変動に依存しているかの違いは、資源ブームが終わって以降いっそう明瞭になった。表2は二〇一一年以降についてみたものである。中国とインドのドル建てGDPは依然経済成長を続けているが、その他の国々はマイナス成長に落ち込んだ。南アフリカに関しては人口増加率程度の実質経済成長しか実現できていないし、為替が急落した結果ドル建てGDPが縮小傾向に陥り、世界経済におけるGDPシェアが低下している点はブラジルやロシアと同様である。

ロシアにおいては原油、ブラジルにおいては原油と鉄鉱石、南アフリカにおいてはプラチナ、鉄鉱石、石炭といった資源輸出に依存している以上、通貨は資源価格に左右され、経済は国内生産量よりも資源価格と為替変動によって強く影響を受ける。空前の資源ブームとなった今世紀初頭にあってはインドを凌ぐ成長ぶりにみえたが、実質成長率に反映される国内生産力の向上を伴っていなかったゆえに、資源ブーム終了とともにインドや中国についていけなくなった。しかもロシア、ブラジル、南アフリカとも最大の輸出先を中国に仰いでいる。つまりは中国の資源需要拡大を経済成長の原動力にしていたわけで、BRICSが対等な関係を基盤としていたとはいいがたい。むしろ、当時経済外交のマルチ化を模索していた中国の思惑に乗っていたとさえいえるだろう。

南アフリカにおけるいっときの経済成長が国民にとってどのようなものであったかは、日本との比較において類推することができる。日本もまたこの時代に円為替の大きな変動を経験したからである。

表1からも窺えるとおり二〇〇八年から二〇一二年にかけて円高が進行した。そのためドル建てGDPは一見順調に成長し、低落傾向にある日本経済の世界シェアは八%台を回復したが、リーマンショックの影響を受けて二〇〇九年は大幅なマイナス成長に転落し、二〇一一年には東日本大震災に見舞われた。為替要因によるドル建てGDPの成長は国民が実感できるものではなく、むしろ日本企業は円高に苦しみ、輸出が低迷して潜在成長力を落としていった。この事情は南アフリカ人にとっても同様である。二五%という高失業率にさしたる改善のな

いまま通貨高が進行した当時の南アフリカの経済状況を、一般国民は好景気とは認識できなかったろう。

さらに、表2にみる二〇一一年以降の南アフリカと日本の数字はたいへん似通っている。両国の実質経済成長率が示しているとおり、経済が停滞して景気の見通しが好転せず、通貨安も加わって徐々に世界的プレゼンスが低下していくなかで南アフリカ人も日本人も生活している。これは〝新興国〟の姿ではない。南アフリカの実態は、日本がそうであるように、衰退しつつあるかつての大国というに近い。

資源ブームのなかで高成長を享受した多くの開発途上国は、大なり小なり南アフリカやブラジル、ロシアと同様の暗転を経験し、そこにパンデミックが襲った。今世紀初頭の資源ブームはイラク戦争勃発を契機としたが、その背景にあったのは膨張を続ける中国経済社会の旺盛な資源エネルギー需要であった。当時の真の成長要因は、群れをなして登場した新興国なのではなく、世界経済史に画期をなす中国の経済成長だったといえそうである。それゆえ現在では、BRICSがそうであったように新興国が並列的に語られるのではなく、中国だけが国際政治経済の主要テーマとして専ら語られている。

3　民主南アフリカのガバナンス危機

南アフリカが中国の後押しでBRICS入りしたとき、この国の政権を率いていたのがジェイコブ・ズマ大統領であった。二〇〇〇年以降中国が息せき切って進めていたアフリカ攻勢にとり、アフリカビジネスの集積地南アフリカは重要なターゲットであった。しかしながら、一九世紀から欧米資本が蓄積してきた南アフリカは容易に進出できる国ではなく、中国はさまざまな手段を使ってズマ政権を取り込もうとした。そのズマ大統領は、民主化後の黒人政権内のみならず、南アフリカ史上稀にみる異形の汚職政治家だったのである。

ズマは、五八〇〇万総人口のうち一二〇〇万を擁する南アフリカ最大の民族集団、ズールーの出身である。ズールーはこの国初の一九九四年普通選挙にとって最大の抵抗勢力だった。ズールーを懐柔するため登用されたズマは副大統領にまで上りつめたが、汚職とレイプ疑惑で二〇〇五年に罷免された。反撃にでた彼は当時のムベキ大統領を破って与党アフリカ民族会議（ANC）の総裁選に勝利し、二〇〇九年に大統領となった。そこから南アフリカの行政システムは腐りはじめ、経済は徐々に破綻していったのである。現地ではズマ政権下での大々的な汚職を「国家横領」（state capture）と称する。不正蓄財にとどまらず政府調達案件から各種公社、国有会社にまで汚職と腐敗が拡散された。その結果、現在南アフリカ航空には会社更生法が適用され、電力公社には巨額の政府救済策が検討されている。かつて南アフリカのインフラ水準はアフリカ随一といわれ、世界でも有数と称されたが、それを支えた公的機能は全滅したというに近い。南アフリカ国債の格付けは投資不適格にまで落とされている。

南アフリカに先立つこと一四年前、一九八〇年に民主化と黒人政権への移行を果たした隣国ジンバブエは、すでに国家破綻というべき状態にある。二〇一八年のクーデタで倒され、二〇一九年に九五歳で死去したムガベ前大統領の想像を絶する悪政の結果といってよい。南アフリカもまた同じ運命を辿るかもしれない。行政機構の腐敗が末端にまで浸食し、犯罪発生率の高さや民主化前から続く高い失業率と共振して、この国から社会的信頼が蒸発しようとしている。

自身のスキャンダルと相次いだ閣僚の失脚に追い詰められたズマ大統領が二〇一四年に副大統領に起用したのが、現大統領のシリル・ラマポサである。ラマポサは一九九四年民主化を成し遂げた最大の功労者といってよく、かのマンデラの右腕だった。その業績と能力は国内外でよく知られており、南アフリカ民主化後は民間に転出してビジネス界で成功していた。そのラマポサが二〇一八年のANC総裁選に勝ち、ズマを追い落とした。ラマポサ新政権による国家と経済の立て直しが始まった矢先にパンデミックが襲ったのである。

4 新型コロナ禍

ズマ政権が残した傷跡はあまりに大きく、南アフリカ経済は二〇一九年第3四半期からマイナス成長に落ち込んだが、そこにパンデミックがやってきた。三月五日にイタリアからの帰国者が新型コロナに感染していることが判明、同月一五日には国家災害事態が宣言され、二六日からロックダウンが始まった。国境が封鎖されて生活必需サービスを除く経済活動が禁止されたが、一方で南アフリカ政府はGDPの一〇%にも相当する財政出動を打ち出し、IMFから四三億ドル、BRICS銀行から一〇億ドルの緊急融資を受けることになった。しかし産業界や野党はロックダウン緩和を要求、これを受けて五月以降は徐々に経済活動が再開されたが、六月に入ると感染者数が急増しだし、七月にはドイツやイタリアを上回るようになった。規制緩和後に本格的な感染爆発が始まったのである。

南アフリカ統計局は二〇二〇年第2四半期の実質経済成長率をマイナス五一・七%、二〇年度全体ではマイナス七%になるとしている。総固定資本形成は一七・五%減、政府債務は対GDP比で七八・八%、失業率は二八・五%に上昇した。

政策対応のスピードやPCR検査の展開をみても、南アフリカ政府の対応は決して悪くなかった。ロックダウン緩和がどのような経路を伝って感染爆発につながったかはまだわからないが、アパルトヘイト期に形成された、貧困層黒人が密集するタウンシップを労働力源とする南アフリカの都市と産業は、新型コロナの感染を止められない構造になっている。いったん都市にウィルスが侵入すると、小売りや接客業に従事する黒人は高い感染リスクに晒され、感染が起これば人口が密集するタウンシップにウィルスが持ち込まれる。タウンシップで培養されたウィルスは再び都市へと日々運び込まれるのである。アフリカ全体の感染者の半分が南アフリカという状態が続いているが、ただしこれは、南アフリカのPCR検査率が突出して高いのでそうなっているにすぎない（南アフリカのPCR検査数は八月段階で三〇〇万を超えていて、率でみると日本の四倍近い)。指標とすべきは死亡者数のほうである。

二〇二一年四月時点で感染者数は一五〇万人を超え、アフリカ全体の三六%を占めている。ただしこれは南アフリカのPCR検査率が突出して高いということが影響しており(南アフリカのPCR検査数は一〇〇〇万を超えていて、率でみると日本の倍以上である)、指標とすべきは死亡者数のほうだ。

しかしながらアフリカの多くの国は、出生数はなんとか把握できても死者数とその死因を把握できていない。二九ヵ国が国連に死者数を報告していないし、国内死者の七五%以上を把握している国は五四ヵ国中南アフリカを含む八ヵ国しかない(Coverage of Birth and Death Registration, 国連統計局ウェブサイト)。感染者数は検査数に依存するから、その国の感染実態を推測するには感染死者数がもっとも重要な指標になるが、アフリカの場合一部の国を除いてそれすら分からないのである。

二〇二一年四月時点で南アフリカにおける新型コロナ死者は五万人を超えたが、この国では毎年一〇万人が感染症で死亡している(南アフリカ統計局)。二〇〇六年をピークとする数年では年間三〇万人がHIV/AIDSで亡くなっており、いまでも七五〇万人がHIV感染者である(UNAIDS統計)。サブサハラ・アフリカ全般についていえることだが、アフリカ社会はマラリアやエイズはじめ感染症の脅威に日常的に晒されている。希少な医療設備を新型コロナ対策に集中すれば他の患者を犠牲にすることになる。

パンデミック対策においては個々人よりも国民全体の健康と国家レベルの医療体制を優先して考えなくてはならない。それゆえ緊急事態宣言によって強権を発動し、人権をも一時制約できるようにするわけだが、開発途上国は国富のレベルが低いため長期にわたって経済活動を停止してしまうと、非感染者を含む国民の生命そのものを脅威に晒してしまう。おそらくアフリカの農村では生産活動が継続していると思われるが、都市においても遠からず、なし崩し的に経済活動が再開するだろう。南アフリカにおいても感染死者数と経済活動のバランスを冷徹に勘案しなければならない状況にある。

新型コロナ禍の終息はワクチンの開発と接種の展開でしかかえられない。中国政府が提供するシノファーム製ワクチンと、世界保健機構(WHO)主導のCOVAX(COVID-19 Vaccines Global Access)イニシアティブによるオックスフォード大学/アストラゼネカ製ワクチン(インド・セラムの生産)が二〇二一年以降アフリカ各国に搬入され始め、南アフリカでは二月から接種が始まっている。しかしながら、ワクチン調達量はいまだ総人口の数パーセントをカバーするのみである。

5　今後予想される経済展開

新型コロナ禍の終息はワクチンの開発とグローバルな接種の展開でしかえられない。アフリカ、とくにサブサハラ・アフリカで全人口を対象に接種を貫徹することは、これまでに経験したことのない大事業である。その事業完了をまたなければ国境を完全開放できないとするならば、航空や観光業のみならず各産業が以前の状態に戻るまで相当の年数を要することになる。ウィルス抗体をもった人間のみを対象に段階的、スポット的に人的移動を解禁していくことになるのだろうが、いずれにしても対アフリカ投資は甚大な影響を被るだろう。またパンデミック前から低落傾向にあった、アフリカ総輸出の六割を占める原油の価格が大きく回復する見込みは当面ないことから、アフリカ経済が深刻な不況に落ち込むことは避けられない。それは一九八〇年代の経済危機に匹敵する深刻なものになるだろうし、今回は世界経済全体が傷んでいることからいっそう厳しい状況になるに違いない。南アフリカについていえば、たとえパンデミックをうまく乗り切ったとしても、先に述べた国民経済立て直しに成功しなければ経済回復は期待できない。

アフリカ経済は内発的な発展ダイナミズムが希薄であるがゆえ、アフリカ外からやってくるダイナミズムに依存してきた。このような受動性がアフリカ経済を特徴づけている。しかしポスト・パンデミックにおいてはおそらく、先進国企業が本格的に対アフリカ投資を再開するのはかなり遅れ、中国、インド、トルコ、ブラジルといった新興国企業が先行するのではないか。いずれにしろアフリカでは、外からの投資に左右されない経済活動に活路を見出すか、あるいは、リモートで内外をつないで事業を運営するビジネス形態を模索することになるだろう。開発援助においても事情は同じである。その意味で、南アフリカを一つの拠点としながらアフリカ各地で急速にIT化が進行していることは、新しい投資形態やビジネス開発にとって貴重な足掛かりである。投資の出し手においても受け手においても、IT化への対応能力が今後の鍵を握るからである。

パンデミック対応策として二〇二〇年六月にアフリカ連合(AU)は医療関連資器材に特化した政府向けEコマースを立ち上げた。世界的に不足しがちな医療器具や医薬品をAUが一括して事前調達し、各国政府と政府指定機関を対象にネット販売するというプラットフォームである。世代交代したAU事務局では能力の高い若い人材がリーダーシップをとるようになっており、彼ら彼女らをアシストできるアフリカ企業も育っている。

アフリカのIT化を支えてきたのは中国企業である。ZTEは一九九〇年代から南アフリカに進出し現在はアフリカ各地で5Gネットワークを立ち上げているし、ファーウェイは二〇〇五年にAUとAIや5G開発についてMOUを締結し、以来協力関係にある。アフリカ市場におけるフィーチャーフォンやスマートフォンの最大供給者は中国企業トランシオンであり、エチオピアで現地生産も行っている。米中対立の一つの核が次世代技術覇権の争奪戦だとすれば、アフリカにおいては中国が圧倒的に優勢である。

6　国際関係の展望

シェールガス革命以降アメリカの対アフリカ輸入は激減し、投資意欲も減退した。くわえて今回、トランプ前政権が世界保健機関（WHO）およびテドロス事務局長を「中国寄り」として非難し、拠出金の停止のみならずWHO脱退を表明したことは、アフリカ諸国に大きな失望と反米感情をもたらした。エチオピアの元保健相・外相、世界エイズ・結核・マラリア対策基金理事長を務めたテドロスは、アフリカが自信をもってWHO事務局長選に送り出した統一候補であり、二〇一七年に圧倒的多数をもって選出されている。

新型コロナ禍に際してWHOの対応にはたしかに瑕疵があった。台湾をめぐる騒動など良識を疑うものもあった。しかし、正体不明のウィルスを前に致し方ない側面も多々あるうえ、WHOの不明を責められるだけの実績を示した政府政権はきわめて限られている。少なくともトランプにその資格があるとは思えない。現在WHOの新型コロナ対策最大のドナーは、WHOが初めて開設した民間拠出基金であるが、一億ドルを超える民間拠出の七割はアメリカ人が出している。パンデミックはアメリカにおける官民の隔たりをも露わにした。

元来アメリカは中東和平政策においてエジプトと、対ソマリア対策においてエチオピアと軍事部門を含む同盟関係を有していたが、エチオピアがナイル川上流に建設したグランドルネサンスダムをめぐっては、両国およびスーダンとのあいだの水利調停にワシントンは失敗し続けており、アフリカにおけるアメリカのプレゼンスは一貫して低下している。他方中国は対アフリカ輸出入双方において圧倒的な首位であり、投融資でもインフラ案件を中心にその存在感は他国を凌いでいる。つまりアフリカは、いまや中国の勢力圏といって過言ではない。

パンデミック発生以前からアフリカ経済に関しては債務負担の増大が問題視されてきた。資源ブーム終了後各国の税収と財政は著しく悪化しており、これにパンデミックの打撃が加わったいま、中国の巨額なインフラ融資はほぼすべてが不良債権化した。アフリカ諸国に対する債務救済が現在検討されているが、中国はその要請に応えなくてはならない。その額は中国経済にとってみればさほど深刻なものではないだろうが、二〇世紀末に先進国を悩ませた「アフリカ問題」に中国もまた本格的に、ある意味では単独で直面することになる。

7　試される中国

その一つがガバナンス問題である。前記したジンバブエのムガベ政権を支えていたのが中国であり、南アフリカのズマ政権の後ろ盾にも中国がいた。アフリカにおける民主化とガバナンスの改善は、遅々たる歩みながらそれでも前進してきた。そのなかで漸くにして淘汰した「悪しき権力」と中国との過去の関係は、中国の汚れたレガシーとしてアフリカ人の記憶に確実に残っている。ズマ政権以前の南アフリカは、加速的に親中化が進むアフリカにあってバランス外交を堅持しようとしていたが、ズマはそれを覆し、外交全般を中国寄りにシフトした。マンデラがつくった民主南アフリカを根底から壊してしまったかもしれないズマ政権に関与したことは、ラマポサ現政権の心情的な中国離れを生むだろう。たとえ腐敗に塗れたとしてもAN

Cは、アパルトヘイトを打倒したというレガシーゆえ議会軽視の行政手法や強権政治はとりえない。中国的な行政システムはANCの自己否定を意味する。したがって、国家の立て直し作業においてラマポサ政権は中国依存からの軌道修正をめざすだろう。

当面の医療関連援助は別として、今後対アフリカ開発援助は実行がたいへん困難になる。これまで一帯一路インフラ建設に邁進してきた中国も、新しい手法の開発を強いられるであろう。当分経済成長が期待できないアフリカで、足元の各国財政やガバナンス問題から、グランドルネサンスダムのような地域問題、そして人類最多の絶対貧困層を抱えた開発問題まで、底なしの泥沼にも似たアフリカ問題への関与を中国はもはや逃れることができない。資金力だけでは対応できない「ニューノーマル」がやってくる。中国外交は中国自身の体制的アイデンティティから政府一極志向である。現下の旗印は国有企業を使った一帯一路政策（BRI）であって、走出去政策によってアフリカにやってきた民間人や企業を重くみていない。政府中心主義は当然、アフリカ各国政府をカウンターパートとして最重視するが、アフリカ経済における政府の比重は縮小を続けてきたのであり、その傾向は今回のパンデミック発生でいっそう強まるだろう。経済ダイナミズムを担うさまざまな形態の企業群が、重い債務を抱えて身動きがとれない政府に代わり、中心的役割をはたすようになるに違いない。

その観点から、アフリカでも絶大な人気のあったジャック・マーを表舞台から放逐してしまった中国共産党の、民間ダイナミズムを許容できない側面は、中国の今後のアフリカ政策における根源的な欠点となるかもしれない。先述したごとくアフリカにおけるアメリカのプレゼンスは後退してきたが、一方でGAFA各社は、アフリカの先進的部分に着実に関与している。うまくいっていないのは「パワーアフリカ」や「プロスパーアフリカ」といったアメリカ政府のイニシアティブなのである。

アフリカとの有効な接合の仕方が政府の範疇と違うところにあるのは、小国に分立していて国家機構が弱体なアフリカの実態を反映している。だが、二〇世紀末からいっそう強大化したグローバル企業をみると、これは二一世紀世界全体に浸透していく未来的姿なのかもしれない。中国は、そのような新しい世界において指導的国家たりうるかどうかを、アフリカにおいて試されている。

II

小国の立ち回り

column

中国＝モンゴル関係のメタファーとしてのコロナ

尾崎孝宏

（おざき　たかひろ）
鹿児島大学法文教育学域教授
専門は文化人類学、内陸アジア地域研究。
著書に『現代モンゴルの牧畜戦略――体制変動と自然災害の比較民族誌』（風響社）、『東アジアで学ぶ文化人類学』（共著、昭和堂）などがある。

1　市中感染の抑止に成功しているモンゴル

モンゴル国は二〇二〇年八月三日現在、日本国外務省の発している感染症危険情報レベル２（不要不急の渡航は止めてください）にとどまっている（外務省海外安全ホームページ）。同日時点のモンゴル国における累計症例数は二九三名、死亡者数はゼロ、感染者は全て国外からの輸入症例でモンゴル国内での市中感染は発生していないという（在モンゴル日本国大使館ホームページ）。モンゴル国の総人口は三三〇万人ほどと少ないが（National Statistics Office of Mongolia）、中国とロシアというコロナが蔓延した国家に挟まれている地理的条件を勘案すれば、驚異的な少なさである。

モンゴル国政府のコロナへの対策は初動が極めて早く、かつ徹底的な移動禁止や疑い例の隔離措置を実施した。例えば出入国の規制に関しては、早くも一月三一日に第一弾が公表され、翌日の二月一日から実施されている（在モンゴル日本国大使館ホームページ）。そこでは中国＝モンゴル国間の出入国については外国人も自国民も制限する一方、両国間の物流については極力支障のないように措置している。その後、二月五日には中国及び台湾での滞在・トランジット歴を有する外国人を入国禁止としたのを皮切りに入国制限措置が拡大され、三月一〇日にはモンゴル国内の空港に離発着する全ての国際定期便の運航を停止した。

二〇二〇年八月三日現在、モンゴル発着の全航空便の運航停止措置及び全ての国境検問所からの外国人の入国停止措置が継続しており、例外は「モンゴル国内に駐在する外交団及び国際機関職員とその家族」「モンゴル国民と結婚した外国人とその両者の子供」「国際貨物の運転手、モンゴル・ロシア・中国の鉄道関係者等」のみである。

モンゴル国内でも一月二七日より防疫対策措置が実施されており、当初は地方間の移動も制限されていたが、二〇二〇年八月三日現在では大人数が集まるイベント活動や施設利用の禁止、教育機関の休校措置などが継続している。

2　モンゴルと感染症

このようにモンゴル国の迅速な対応が際立っているが、モンゴル国内の文脈で見た場合、今回のコロナへの措置はルーチンとして行われており、結果的に非常に大規模で長期間にわたっているだけ、というのが正直なところであろう。その一要因としてモンゴル国は医療体制が脆弱である点が指摘しうるが、そうした国が感染症に対して敏感とは限らない。ならば何らかの文化的要素を考慮する必要があろうが、その一つとしてモンゴル人が伝統的に牧畜を主たる生業としてきた歴史がある。

多数の家畜を飼養することは病原菌やウイルスへの感染リスクを伴う上、人獣共通感染症という形で人間の健康をも脅かす。その代表例がペストや炭疽で、モンゴル国はいずれも常在国である。人間には感染しないものの感染力が強い口蹄疫を含め、現在でも毎年のように何らかの感染症が報告されている。

歴史的に見れば、その代表例は一四世紀半ばのペストである。中央ユーラシアに端を発すると言われるペスト菌を拡散した人為的要因は、モンゴル帝国の出現を背景として成立したユーラシア規模の巨大交易圏であった（原山一九九九）。ペストの保菌宿主たるげっ歯類が生息する草原を大量の人や物が移動した当時の状況は、コロナのパンデミックの背景である経済のグローバル化や移民、ツーリズムと二重写しに見えてくる。

現在モンゴル国においてペストや口蹄疫などの感染症が発生した場合、それが人間も罹患するか動物だけかに関わらず、小規模な場合は世帯レベル、大規模な場合は郡や県レベルで隔離措置や通行止め、動物の移動禁止などが一定期間実施される。筆者の印象では一般的にモンゴル人は移動が頻繁であり、かつ長距離移動を厭わない人々であるが、こうした禁足令に対しては比較的従順に応じているようである。コロナのパンデミックが明らかになりつつあった二〇二〇年二月二七日に訪中して習近平主席と会談したバトトルガ大統領は、帰国後一四日間の自主隔離を行った（Nikkei Asian Review）。

3　有利に働いた諸要素

このようにモンゴル国の感染症へのルーチン的対応が功を奏したことは間違いないが、今回のパンデミックではモンゴル国にとって有利に働いた諸要素が存在した。

まず、パンデミックの発生地が中国だったことである。

モンゴル国にとって中国は隣国で、輸出総額の八九%、輸入総額の三四%を占める重要な貿易相手国である（National Statistics Office of Mongolia）。だが経済面での対中依存とは裏腹に、政治的には常に中国を警戒し続けている。一九九〇年代初頭の社会主義崩壊までソ連の衛星国家であったモンゴル国が一九九〇年代より採用したのが「第三隣国政策」で、国家の安全保障のためアメリカ、日本、韓国などとの関係を重視する外交方針である。

ゆえに中国を発生地とする感染症が出現した場合、物的交流はさておき人的交流を遮断することに躊躇する要因は少ない。むしろ、感染症の蔓延に苦しむ姿を隣国に見せる方が危険である、という判断が容易に導かれる。中国からモンゴル国への感染症の流入には、SARSなどの先行事例が存在する。二〇〇三年四月、内モンゴル自治区フフホト市から帰国した六名がSARSに感染していると診断されると、モンゴル国政府は向こう二週間のウランバートル＝フフホト間の列車の運行停止、帰国者四三〇名の自宅待機勧告などを即座に打ち出し、それに対し当時のWHO駐モンゴル代表は「過剰反応ではないか」とのコメントを出したが、モンゴル国政府は実施した（Refworld, UNHCR）。二〇〇五年に鳥インフルエンザが流行した際も、ウランバートル市内では「中国からの渡り鳥に鳥インフルエンザが検出された」などと噂され、中国から感染症が流入する可能性は想定済みの事項であった。

また今回のパンデミックにおいては、中国では旧正月（春節：二〇二〇年一月二五日）時期に大量の人々が移動することで感染拡大を引き起こしたが、同年モンゴル国の旧正月（ツァガーンサル）は二月二四日と、一カ月のタイムラグが存在した。なお春節とツァガーンサルは同時期の年のほうが多い。モンゴル国でも旧正月期間は人の移動や飲酒を伴う会食など、感染リスクの高まる行為が増加するし、中国を含む海外からの帰省者も少なくない。モンゴル国では、中国での感染拡大を受け二月一〇日に大統領が声明を出し、旧正月の親族訪問を控えるよう国民に呼びかけた。

冬季であったことも重要である。モンゴル国を訪問する外国人観光客は観光シーズンの夏季に限定されるほか、建設労働者の多くは中国人労働者だが、冬季は厳寒で地面が凍結するため、道路工事や建築物の基礎工事はできないので帰国している。そのため冬季の出入国はモンゴル人が主で、感染症流入のコントロールが相対的に容易であった。

4　今後の問題

現状とは異なり、長期的視点でのモンゴル国へのコロナの影響は楽観視できない。現在のモンゴル国は、国民が頻繁に出入国することを前提として成り立っている。二〇二〇年四月現在、一九万人のモンゴル人が国外にいると見積もられており（Montsame News Agency）、彼らは韓国や米国への出稼ぎ労働者、中国への国境貿易従事者や留学生、日本への自動車輸入関連業者、あるいは国外で病気治療中の人々など、老若男女を問わない多様な人々であり、特に韓国には五万人ほど滞在している。

二〇二〇年八月現在、モンゴル国と外国を結ぶ航空便はモンゴル国政府によるチャーター便のみで、同年八月にはソウル四便、フランクフルト三便、成田二便などが予定されている（在モンゴル日本国大使館ホームページ）。これはパンデミックを受けての帰国フェイズがまだ終了していないことを意味している。二〇一一年三月に発生した東日本大震災でも帰国希望のモンゴル人が成田空港へ殺到したが、今回の状況はその規模、継続時間ともに未曽有の状況である。現状では、モンゴル人が再び海外へ出稼ぎや病気治療に行ける目途は立っていない。これらは受け入れ国側の事情に依存しており、モンゴル国だけがうまく対応していても仕方ない事項である。

さらに、コロナのパンデミックと並行して米中対立が激化している点も看過できない。今回のパンデミックでは、二〇二〇年二月末の大統領訪中時にモンゴル側がヒツジ三万頭を寄贈すると、モンゴル国における感染者発生後の三月末に中国側が検査キットとマスク五〇万枚を寄贈し（NewsMN）、バランスをめぐる駆け引きが続いている。なお、モンゴル国で最も使われているSNSアプリはFacebookであり、現状では中国系のSNSアプリや接触確認アプリが普及する見込みは乏しい。ただしモンゴル国の経済は、中国の経済状況に大きな影響を受ける。昨今の情勢を受けて、中国政府からモンゴル国政府に何らかの働きかけがあっても不思議ではない。

コロナのパンデミック後、マスク姿のモンゴル人が報道される機会が出現した。五年ほど前から冬季のウランバートル市内では大気汚染が酷いため、マスク姿の人物を見かけることが増えたが、白いマスクは日本人、黒いマスクは韓国人、モンゴル人はマスクなし、と筆者の友人は冗談半分に語っていた。現在、メディアで報道されるモンゴル人の多くは青いマスクをしており、上述の友人は「中国製だ」と評している。アフター・コロナの時代に、青いマスクをして日本製ハイブリッド車に乗り、韓国へ出稼ぎに行っている友人とFacebookで連絡を取るモンゴル人の生活スタイルは持続できるのだろうか。

［付記］

二〇二一年四月二日現在、モンゴル国での類型症例数は九〇〇〇名を超えている。二〇〇〇年一一月よりモンゴル国内での感染が確認され始め、二〇二一年三月に急増した。なお二〇二一年のツァガーンサルは二月一二日で、奇しくも春節と同じ日であった。

参考文献

原山煌（一九九九）「タルバガン、野に満ちし頃——文献資料より見たタルバガン——」『国立民族学博物館研究報告別冊』20：六九—一三四

column

アフター・コロナの中国の新疆政策

田中　周

（たなか　あまね）
東京大学先端科学技術研究センター特任研究員
専門は現代中国政治、中国―中央アジア関係、ナショナリズム論。
著書に『転換期中国の政治と社会集団』（共編著、鈴木隆・田中周編、国際書院）などがある。

1　中国の新疆政策

新型コロナウイルスの脅威が世界を席巻する中で、中国政府による厳格な都市封鎖ならびに監視システムとビッグデータを駆使した感染拡大防止策は功を奏してきたように見受けられる。新型コロナウィルスの流行曲線の平坦化を達成した二〇二〇年三月以降に、中央政府は経済復興を目指して減税、雇用支援、景気刺激策、通関及び関税の特例措置といった経済対策を導入し、特に地方政府は積極的な中小企業支援策を採っている。ただし、その後も局地的な感染再拡大は生じており、七月に新疆ウイグル自治区の区都ウルムチでは感染者数の急増を受けて、航空便や地下鉄などの公共交通機関の運行が制限され、PCR検査実施のための医療支援チームが湖北省や江蘇省をはじめとする中国各地から派遣された（『人民網』二〇二〇年七月一八日）。

テュルク系ムスリムのウイグル族が居住する新疆を統治するために中国政府が実施してきた政策は、①経済開発、②安全保障、③民族政策の各面から構成される。経済開発面においては、二〇一四年に入って中国政府は、新疆を「一帯一路」構想（BRI）の一翼を担うシルクロード経済ベルト（SREB）の「核心区（core area）」と位置づけてきた。安全保障面においては、新疆に脅威をもたらすテロ活動を抑止するために上海協力機構（SCO）の枠組みのもとで反テロ政策を推進している。また民族政策の側面においては、一九四九年の中華人民共和国建国以来、少数民族の居住区域を確定して自治権を与える民族区域自治政策が実施されてきた。ただし現状においては、新疆の安定と発展を最優先に考える中国政府は、民族政策よりも経済開発と安全保障を重視していると指摘できる。

そこで本コラムでは、コロナ下の状況において、さらにはアフター・コロナを見据えて、中国の新疆政策の今後の動向をうらなう上で欠かすことのできない三つの視覚を提示したい。具体的には以下に、①BRIの軌道修正、②イスラーム諸国の立場、③アメリカの立場の各要素に言及する。

2　BRIの軌道修正

SREBの核心区としての新疆には、中国と各地域との連結性（connectivity）の観点から、鉄道貨物輸送のハブ（ヨーロッパ―新疆―中国東部沿岸）、LNG産業の集積・経由地（中央アジア―新疆―中国東部沿岸）、石油産業の集積・経由地（パキスタン―新疆―中国東部沿岸）の三つの次元の役割が期待されている。この中央政府の意向を受けて、新疆ウイグル自治区政府はSREB構想の下で「三通道（三つの道）、三基地（三つの基地）、五大中心（五つの中心）」という開発戦略に着手している。三つの道とは、①北京・天津から新疆を経由してカザフスタンとロシアに至る北路、②上海から新疆を経由してカザフスタンに至る中央路、③広州・香港から新疆を経由してタジキスタンとパキスタンに至る南路を指す。三つの基地とは①石炭・石炭化学産業、②石油・天然ガス産業、③再生可能エネルギー産業（主に風力と太陽光発電）を指す。五つの中心とは、新疆が①交通・輸送のセンター、②貿易のセンター、③金融活動のセンター、④科学・教育のセンター、⑤保健衛生のセンターとなる長期的展望を指す（田中・鈴木二〇一九①）。

コロナの影響で、今後BRIがいかなる軌道修正を迫られるかは現時点では定かではないが、ここでは様々な情報の中から以下の五つの可能性を取り上げる。第一に、中国経済の減速以上にBRIのパートナー諸国が被った経済的被害が大きいために、BRIの軌道修正は不可欠である。一方で、中国よりも経済的損失の大きいEU諸国とアメリカによる対外投資の減少が予想され、中国は自身がその穴を埋める好機ととらえている。第二に、中国政府は短期的には国内消費の拡大と雇用の安定に力を注ぐ。中期的には米中貿易摩擦の影響もあって、中国からアメリカとEU諸国への対外投資が急落する一方で、BRIを通じたアジア諸国に対する投資は継続する可能性が高い（Hutt 2020）。第三に、BRIのパートナー諸国は、当面はコロナ禍からの経済回復が優先課題となるため、これまで進展してきた中国によるグリーン投資ならびにグリーンファイナンスをめぐる協力がスローダウンする可能性がある（Regalado 2020）。第四に、BRIのパートナー諸国からプロジェクトの債務免除を求める声が高まっており、特にパキスタン、ラオス、ジブチ、スリランカからの要求が強まる可能性が高い。中国政府は債務免除、返済期限の延長を政治的に選択して、「債務免除外交」を展開する可能性がある（Aamir 2020）。第五に、ＢＲＩにとって前向きな展開として、最近は、貨物機と貨物船を用いた国際的な貨物輸送が減少する一方で、二〇二〇年四月以降、ＳＲＥＢの「新ユーラシア・ランドブリッジ経済回廊」を通じた国際貨物列車の運行数が増加し続けている（Kastner 2020）。

3　イスラーム諸国の立場

イスラーム諸国の対中外交はジレンマを抱えており、中国国内のムスリム少数民族に対する中国政府の対応に不満を抱く一方で、中国からの投資を喉から手が出るほど欲している。例えばトルコは、トルコ人と同じテュルク系ムスリムのウイグル族が中国国内で抑圧されているとして二〇一九年二月に非難声明を出し、同年四月に開催された第二回ＢＲＩ国際協力フォーラムへのエルドアン大統領の参加を見送った。しかし、エルドアン大統領はその約二カ月後に訪中し、習近平国家主席との会談の場で中国の新疆政策を肯定することで関係修復を図り、交通、貿易、投資、観光などの面で、両国間の更なる協力強化を求めている。

また二〇一九年七月八日には、欧米諸国、日本などの二二カ国がウイグル族の処遇に対して中国政府を非難する共同書簡を国連人権理事会に提出した。しかしその直後には、開発途上国を中心とする五〇カ国が新疆をめぐる中国政府の政策を支持する共同書簡を提出し、公開書簡を通じた応酬が行われた（Yellinek 2019）。注目すべきは、第一に、この五〇カ国のうちの二三カ国がイスラーム諸国である点であり、第二に、ＡＳＥＡＮの主なイスラーム国家であるマレーシアとインドネシアは、中国を非難する側、支持する側のどちらにも与しなかった点である。

加えて、いわゆる「ウイグル問題（Ughur issue）」とパレスティナ問題の関連性を指摘する声もある。歴史的に見れば、中国は周恩来の時代から、「土地と平和の交換原則（land for peace principle）」のもとでのパレスティナ問題の解決を支持し続けてきた。アメリカ外交が常にイスラエル支持に偏りすぎていると感じるアラブ諸国は、この中国政府によるパレスティナ問題へのサポートを好意的に受け止めており、したがってウイグル族をめぐる問題に関わることで中国を刺激したくないと考えている（Ma 2020）。

コロナの影響によって、短期的には、欧米からイスラーム諸国に対する対外投資は今後も減少する可能性があり、中国の投資に対する需要はより高まるであろう。さらに、アメリカがパレスティナ問題でイスラエルを強く支える状況が続くならば、ウイグル問題に対するイスラーム諸国の曖昧な態度も続くものと見られる。

4　アメリカの立場

アメリカ政府のウイグル問題に対する立場としては、新疆の「職業技能教育訓練センター」の実態は「収容所（detention camps)」であり、ムスリム少数民族の人権が侵害されていると主張する。二〇二〇年六月一七日にトランプ大統領は「ウイグル人権法案」に署名したが、同法案はウイグル族、カザフ族、クルグズ族といったムスリム少数民族の人権弾圧に関わった中国政府当局者らに資産凍結などの制裁を課す内容となっている（Ma 2020）。

　アメリカの国内政治の観点から考えると、ウイグル問題、香港問題、ハイテク戦争は、現在のアメリカの対中戦略を構成する三つの極であり、これらの問題を焦点化することに対する超党派の支持が存在する。バイデン政権は同盟国との緊密な連携のもとで人権問題をめぐって中国に圧力をかけることを表明している。加えて、ポスト・トランプの共和党の潜在的なリーダーと目されるテッド・クルーズ上院議員とマルコ・ルビオ上院議員のいずれも、キューバ移民の子息というその出自から反共姿勢が強いため、アメリカ政治においてウイグル問題と香港問題は今後も重要なアジェンダとなり続けるであろう。

5　今後の展望

　中国政府は新型コロナウイルスの感染拡大防止に用いたビッグデータと監視システムを拡大して、今後も社会の各側面に対するコントロールを強化する可能性がある。しかし、中国政府が望もうが望むまいが、ウイグル族をめぐる問題は既に国際政治経済の大きなうねりに巻き込まれており、BRIの軌道修正、イスラーム諸国の立場、アメリカの立場の展開が、今後の中国の新疆政策に与える影響は決して無視できない。

（1）なお、SREBが内包する六つの経済回廊の内の三つ、具体的には①新ユーラシア・ランドブリッジ経済回廊（中国とヨーロッパを繋ぐ鉄道路線プロジェクトなど）、②中国・中央・西アジア経済回廊（カスピ海をめぐるLNGパイプライン・プロジェクト、中東地域へのインフラ投資など）、③中国・パキスタン経済回廊（運輸・物流のスピード化をはかるドライポート・ネットワークの構築と深海港グワーダルの開発プロジェクトなど）においても新疆は経由地となる。

（2）本コラムでは、イスラーム諸国とはムスリムが人口の半数以上を占める諸国家を指す。

参考文献

田中周・鈴木隆（二〇一九）「〈国民国家〉と〈国際関係〉の中の新疆ウイグル自治区」奥野良知編『地域から国民国家を問い直す――スコットランド、カタルーニャ、ウイグル、琉球・沖縄などを事例として』明石書店。

Aamir, Adnan. (2020, May 11). Pakistan Request Opens Door for Belt and Road Project Debt Relief. *Nikkei Asian Review*.

Hutt, David. (2020, April 2). China Faces Belt and Road Course Correction after Coronavirus. *Nikkei Asian Review*.

Kastner, Jens. (2020, May 10). Shippers Turn to Belt and Road Trains to Beat Coronavirus Shutdowns. *Nikkei Asian Review*.

Ma, Haiyun. (2020, Jun 22). Battling Atheist China: US Highlights Xinjiang Issue and Religious Freedom in Indo-Pacific Region. *Think China*.

Regalado, Francesca. (2020, June 23). Asia Risks Missing 'Green' Economic Reset after Coronavirus. *Nikkei Asian Review*.

Yellinek, Roie. (2019). The "22 vs. 50" Diplomatic Split between the West and China over Xinjiang and Human Rights. *China Brief*, 19 (22).

column

「小国」は主体か、客体か?——米中対立下の香港

倉田　徹

（くらた　とおる）
立教大学法学部教授
専門は現代中国・香港政治。著書に『中国返還後の香港——「小さな冷戦」と一国二制度の展開』（名古屋大学出版会）『香港政治危機——圧力と抵抗の二〇一〇年代』（東京大学出版会）、『香港危機の深層——「逃亡犯条例」改正問題と「一国二制度」のゆくえ』（共編著、東京外国語大学出版会）などがある。

二つの超大国が対立する世界秩序の下で、小国の役割とはどういうものか。一方では、圧倒的な国力差を前に、小国は翻弄されるばかりで、できることは大きくないようにも思える。他方、歴史を思い起こせば、国家間の対立は安定した秩序の下に置かれた大国本体の心臓部よりも、むしろ周辺においてこそ先鋭化した。サラエボの一発の銃声が第一次世界大戦を惹起し、ギリシャやトルコへのソ連の影響を米国が阻止しようとしたことが米ソ冷戦の発端となった。そして、両超大国の勢力圏の周縁に位置した東アジアには、朝鮮半島の三八度線、台湾海峡、そして南北ベトナムの一七度線という分断のラインが出現した。これらの地域の紛争の当事者は大国の動向を真剣に観察し、積極的に大国の力を借りようと努力し、結果的に大国を引きずり込んだ。

国家ではないものの、「一国二制度」の枠組みの下、米中の間に立たされる特殊な小地域である香港の場合はどうか。いわゆる香港危機は米中対立の原因なのか、結果なのか。言い換えれば、香港は国際秩序の主体なのか、客体なのか。この問いには簡単には答えが出せそうにない。

まず、当初に米国および西側諸国の「加勢」がなければ、二〇一九年の「逃亡犯条例」改正反対運動は、あれほどに勢いを得ることはなかったかもしれない。

香港では二〇一四年には、道路を長期にわたって占拠した大規模民主化運動「雨傘運動」が発生していた。しかしその当時は、欧米諸国は現在よりも遙かに中国に対して宥和的であった。中でも、英中関係「黄金時代」を誇ったキャメロン政権は、デモ参加者が「ニセ普通選挙」と呼んで怒りを爆発させた中国の行政長官普通選挙の方法案を、

「中国が普通選挙を目標としていることを歓迎する」とまで称した。雨傘運動は世界の注目を集め、大きく報じられ、多くの著名人も支援を声明したものの、国際社会の圧力は中国政府を動かすには十分ではなく、民主化の推進に失敗した。

　これに対し、二〇一九年の時点では、欧米諸国の対中不信は五年前と比較にならないほど高まっていた。米国はトランプ政権が米中貿易戦争を展開する中で、香港の人権問題も指摘し始めていた。米国政府は二〇一九年三月の香港問題の年次報告書で香港の自治の減退に言及し、返還後の香港に認めてきた、中国大陸と異なる特別待遇を見直す可能性をほのめかしていた。英国も二〇一五年には英国籍の香港「銅鑼湾書店」店長の大陸への拉致をめぐって、二〇一七年の返還二〇周年には、香港返還を決定した「中英共同声明」を中国が「すでに現実的意義のない歴史的文書」と称したことをめぐって、中国と舌戦していた。そして、「逃亡犯条例」の改正には、二〇一九年春以降、米国・英国・ＥＵ・カナダなどが反対の意思を示していた。香港問題をめぐる中国への外圧は、過去にないレベルにまで高まっていた。香港で同条例改正に反対する人々は、早くから国際社会の圧力に期待し、支援を求めていた。中国政府や、香港の親中派勢力とその支持者たちは、しばしば民主派がデモなどに大規模な動員を実現すると、「奴らは米国から金をもらっている」と主張する。その大部分は証拠がないまたは不十分である（少なくとも、「二〇〇万人デモ」を、市民の自発的参加なく、組織動員によって実現するのは不可能である）が、他方で、二〇一八年まで香港の抵抗運動が沈滞していた中で、「逃亡犯条例」の改正に欧米諸国が一致して反対したことは大いに報道され、抵抗運動の雰囲気を盛り上げたことは間違いないであろう。この意味では、香港危機は国際関係の変化の現れでもあり、香港は米中対立の客体であった。

　一方、二〇一九年六月九日に「一〇三万人デモ」が発生した後、数ヶ月にわたって毎週或いは毎日のように続いた香港の巨大な抗議活動は、逆に米国のトランプ大統領を動かした。六月二八・二九日の大阪でのＧ20サミットに合わせて、香港市民はクラウドファンディングによって資金を集めて世界の主要紙に意見広告を投稿したり、Ｇ20加盟国の香港総領事館を回って支援を求めるデモを行ったり、世界の主要都市などで在住香港人がデモを組織したりして、国際社会に支援を訴えた。しかし、トランプは当初、明らかに香港問題に対して無関心であった。大阪での習近平国家主席との会談ではトランプは香港問題に言及しなかった。当時のトランプは米中貿易交渉に腐心しており、むしろ香港問題に言及しないことを交渉カードとして、中国に譲歩を求めようとしていたとすら報じられた。八月一日にはトランプはデモを暴動（riots）と称した上で、これは香港と中国の間の問題であり、香港は中国の一部であるから、彼らが自分で解決すべきと述べて、中国外交部から称賛されるほどであった。しかし、そのトランプが、八月一八日には、もし中国が天安門事件のような事態を起こすならば、貿易交渉は非常に難しくなると述べるに至った。トランプの変化のきっかけは、八月一二日から一三日のデモで空港が占拠されて大量の欠航便が出たことと、それを受けて武装警察が深圳に集結したと報じられて、軍事的な緊張が高まったことであった。

こうして、過激なデモが国際的関心を引きつけることを体験した抗議活動参加者は、戦略として中国政府を困らせる過激行動と、国際社会に支援を求めるデモを行った。結局、米国では香港の人権や民主主義に危害を加える者を制裁する「香港人権・民主主義法」が二〇一九年一一月二七日に成立した。米国議会では雨傘運動を受けて、二〇一五年以降同様の法律がすでに議会で審議されていたが、当時は米国において香港問題はまだ喫緊の課題とは位置づけられておらず、成立に至っていなかったのである。かつて香港は、中国の経済成長を牽引し、変化をもたらす存在として、「犬を振り回すしっぽ」になるとも論じられたことがあったが、それとはまた異なる意味で、香港は米国をも振り回したのである。

しかし、二〇二〇年になると情勢は大きく変わった。まず、抗議活動が「香港人権・民主主義法」の成立で一段落した状況下で、一月一五日に米中両国が貿易交渉の第一段階合意に達した。米中に和解の兆しが見えたことは、香港の抗議活動参加者にとっては良いニュースとは受け止められなかった。トランプ大統領が二〇一九年八月以前の態度に逆戻りし、米中が香港問題をめぐっても妥協という「ディール」に至ることが心配されたのである。

ところが、情勢を突如変えたのがコロナ禍であった。米中両国内の経済が大打撃を受ける中で、両国の指導者は自身の無能から人々の関心をそらすために、対外強硬策にすがった。トランプが「中国ウイルス」の呼称をことさらに用いて中国を非難すれば、中国はウイルスを「米軍が持ち込んだ」と言い募るという、閉口するような幼稚な応酬が展開された。その中で、中国は反政府運動を従来にない広さ・厳しさで取り締まる「香港国家安全維持法（国安法）」を六月三〇日に超スピードで成立させた。米国はこれに強く反発し、香港は「一国二制度」になったとして、返還後一貫して認めてきた香港の中国大陸との別待遇を取り消すと宣言した。米国はビザや貿易の規制強化から金融の遮断までを含む幅広い制裁オプションをカードとして持ちながら、欧州や日本などに同調を求め、反中同盟を形成しようとしている。

北京とワシントンが本気で乗り出してきたことにより、香港は再び客体化している。「国安法」は、何が罪に問われているか分からない曖昧な規定と、最高終身刑の厳罰によって、幅広い行動を萎縮させ、抵抗運動の空間を奪っている。また、米国の制裁は香港経済に大打撃を与えるとも懸念される。両超大国の強硬手段が香港に向けられる状況に対し、香港市民には為す術がない。このため、「国安法」成立翌日の七月一日、産経新聞は黒抜きに「香港は死んだ」と大書した、衝撃的な一面トップ記事を掲載した。

香港は死んだのか。香港は両大国に殺されてしまうのか。香港が現在、大きな岐路に立っていることは間違いない。しかし、その先に待つのが「死」なのかは、まだ断言できないのではないかとも筆者は考える。

現在は米中新冷戦の入り口ともしばしば論じられる。旧冷戦の時代、周縁の小国には何が起きたか。東アジアにおいては周縁地域には不安定の一方で、予想外の繁栄ももたらされた。「アジア四小龍」と言われた韓国・台湾・香港・シンガポールは、いずれも緊張した国際関係の中に置かれた貧しい小国・地域であったが、輸出指向工業化に成功して先進国に近い水準の経済を持つまでに至ったのである。

香港の場合は、朝鮮戦争の勃発により国連と米国が科した対中禁輸の制裁を受けて、西洋と中国をつなぐ中継貿易港という、一〇〇年以上にわたって果たした機能が失われた。中国から泳いできたかもしれないとの理由で香港の水域で獲れたエビの対米輸出までも禁ずるような陰湿な禁輸措置により、香港経済はしばらく大きな打撃を受けた。しかし、その後香港は復活した。その要因は、第一に、貿易港から工業基地へと経済の構造転換を実現させたこと、第二に、両陣営が対立し、交流を絶ったことで、むしろ香港が中国と世界をつなぐ数少ない窓口として、中国の限られた貿易と国際金融の機能を一手に握ったことであった。

新冷戦と旧冷戦の大きな違いの一つは経済のグローバル化の程度であろう。しかし、現在の米中関係を見るに、特にＩＴなどの分野では、デカップリングが今後も進展してゆく可能性が高いであろう。香港は確かに大きな危機に直面している。他方、米中が今後現実に迫られて、両者をつなぐパイプを求める状況になれば、その筆頭候補はやはり香港であろう。一方ではTiktokが香港からの撤退を決めたが、他方では米国に上場していた中国企業が次々と香港に避難し、香港の証券市場は沸いている。事態の展開は多方向的であり、複雑だ。

米中対立の下で、両超大国をつなぐアイデンティティは許されるのかどうか。仮に許されるとすれば、それを担うのは結局周縁地域の「小国」たちである。「小国」で起きることは、米中対立のバロメータであると言えよう。

column

台湾
――コロナ危機により深まった中国との分断

福田　円

（ふくだ　まどか）
法政大学法学部教授
専門は東アジア国際政治、現代中国・台湾論。
著書に『中国外交と台湾――「一つの中国」原則の起源』（慶應義塾大学出版会）などがある。

1　コロナ対策と中台関係

台湾政府は、武漢における新型ウィルスの流行を、二〇一九年末の段階ですでに把握していた。台湾が世界保健機関（WHO）に行った通報は国際的に生かされなかったが、台湾自身は二〇〇三年の重症急性呼吸器症候群（SARS）流行時の苦い経験と、それ以降の改革の成果を活かし、素早い初期対応によって感染拡大を抑えることに成功した。これまでの台湾における累計感染者と死者数は、東アジアのなかでも際立って少ない。台湾での域内感染者数は、二〇二〇年四月中旬以降、ごく少数の状態が続いた。二〇二一年五月以降、台湾では域内感染者数が急増し、ワクチン供給の遅れもあり、政府は対応に苦心した。しかし、現時点（二〇二一年十一月）ではその危機も乗り切り、市中での感染者数は再びゼロとなっている。

中国全土からの渡航禁止を他国よりも早い段階で決断したことは、台湾の防疫の初期対応が成功した理由の一つだと考えられる。この措置は、中国と距離を置いていた蔡英文政権が再選された直後であったがゆえに可能であった。そして、新型肺炎に対する中国政府の対応は、中台間の距離をさらに遠ざけた。特に、中国には多くの台湾人が住んでいるにもかかわらず、中国政府が「一つの中国」原則を理由に台湾を他国と同様に扱わず、人々が中国から戻るためのチャーター機の手配が大幅に遅れた経緯は、台湾市民の中国に対する感情を著しく損なった。

国際社会においても、中国は「一つの中国」原則を理由に、台湾のWHOへの参加を拒み続けた。新型肺炎の感染拡大が始まると、中国外交部は早々に台湾のWHO参加問題は「一つの中国」原則に従って処理すると宣言し、WHO専門家会議への台湾の専門家参加を認めなかった。その後、米国や日本などの抗議により、WHO専門家会議に台湾の専門家が参加できるようにはなったが、毎年五月に開催されるWHO年次総会（WHA）への台湾のオブザーバー参加は叶わなかった。二〇一七年以来、WHAへの招請状が台湾に届かない状況は続いており、その背景には中国の関与があると見られている。しかし、コロナ危機下であってもWHOに政治的な主張を持ち込む中国政府の姿勢は、台湾の市民のみならず、国際世論も失望させた。

2　台湾の自信

このように、中国との関係に緊張を抱え、WHOから締め出されていたにもかかわらず、台湾のコロナ対策は成功した。このことは、台湾の社会を団結させ、人々に自信をもたらした。コロナ対策において、中国政府が民主主義体制に対する権威主義体制の優位を示唆する宣伝を強化するなか、台湾の防疫モデルの成功は、民主主義の要件である説明責任を政府が果たし、人々の自由を過度に規制することなく徹底した対策を採った好例、すなわち「台湾モデル」として国際的に認知された。また、早い段階でマスクの増産体制を確立した台湾は、外交関係を持つ国や友好国に対して積極的にマスクなど医療物資の支援も行い、そのことを「Taiwan can help」というキャッチフレーズとともに内外で効果的に広報した。

「台湾モデル」や「Taiwan can help」キャンペーンは、欧米の民主主義諸国を中心とする国際社会においても好意的に受け止められた。それはWHAへの台湾参加問題にも反映し、アメリカ、日本、カナダ、イギリス、フランス、ドイツ、オーストラリア、ニュージーランドなどの諸国が、WHOへ例年よりも強い要請を行った。そして、その結果、WHAでは台湾の参加について継続審議を行うこととなった。台湾は二〇二〇年、二〇二一年もWHAに参加できなかったが、先進民主主義諸国は台湾の参加を毎年訴えるようになった。

コロナ対策における成功体験や国際的な高評価から得られた自信は、台湾の人々が「台湾アイデンティティ」をさらに強める原動力となった。台湾の政治大学選挙研究センターが長年行っている、「中国人」、「中国人かつ台湾人」、「台湾人」から自らのアイデンティティを選択する世論調査では、二〇二〇年六月時点で「台湾人」を選択する回答が史上最高の六七%まで上昇した。また、再選から第二期政権発足までの期間に緩やかに下降すると予想されていた蔡英文総統に対する満足度は、一月以降大きく上昇し、四月には二〇一六年の同政権発足以来の最高値である七〇・三%を記録した（美麗島民調）。

3　蔡英文政権の課題

二〇二〇年五月二〇日に第二期蔡英文政権が発足した時、台湾におけるコロナ感染拡大は収まっていた。それでも、コロナ対策が重要であるという認識の下、蔡英文総統は閣僚の多くを留任させ、就任式も通常のように総統府に各国からの来賓を招く形式では行わなかった。就任演説において、蔡英文総統はコロナ対策成功は、台湾市民一人ひとりの力と団結の成果であると繰り返し強調し、第二期の課題を述べた。

第一期の就任演説と同様、蔡英文総統が多くの時間を割いたのは、内政上の課題であった。蔡英文政権は、コロナ流行による打撃が大きな産業に重点を置きつつ経済活動を回復させ、さらにアフターコロナの国際環境に適合する産業構造の構築や、他国への依存からの脱却に向けて必要な支援を強化することを掲げた。ところが、二〇二一年五月以降の感染拡大に際し、同政権は警戒レベルの引き上げを余儀なくされた。アフターコロナの経済政策については、今後まさに同政権の手腕が試されるであろう。

対外政策について、蔡英文総統は中国との関係に関しては中国を刺激せず、現状維持を継続すると表明しつつも、中国に対して「平和・平等・民主・対話」を提示して、「台湾アイデンティティ」の高まりに呼応した。そして、日米をはじめとする民主主義諸国との連帯を強調し、インド太平洋地域の平和と安定、繁栄のために貢献したいと述べた。しかし、中国の習近平政権は、コロナ対策で自信を得た台湾を「疫病に乗じて独立を謀っている」と批判し、軍事的威嚇を中心とする圧力を強化している。中国軍機や海軍艦艇による台湾周辺空域での訓練は活発化し、これを牽制しようとする米軍との威嚇の応酬が常態化している。また、習近平政権の香港国家安全法制定により、台湾社会においては政治的にも「統一」や「一国二制度」を中国から強制されることへの危機感がさらに高まっている。

経済面を見ても、問題の中心は中国との関係にある。蔡英文政権はこれまで中国へ過度に依存してきた貿易や投資を、インド太平洋諸国に分散させる取り組みを続けてきたが、それでも依然として台湾の中国との貿易および投資に対する依存度は大きい。台湾がアフターコロナの段階へと移行する際に、中断していた中国との往来をどのように再開するのかは、中台関係の今後を占う試金石となるだろう。また、地域において経済連携を模索する潮流から取り残されていることも、蔡英文政権が第一期から継続して抱える課題である。この背景には同地域における中国の影響力増大があり、中国との緊張関係を抱える台湾に経済連携参加への道が開かれるかどうかは未知数である。

4　台湾から見るアフターコロナ時代

コロナ危機下において米中対立がさらに先鋭化するな

か、台湾と中国の距離はさらに離れ、米国との関係は緊密化した。台湾海峡においては、中国の攻勢に対峙する米台協力という構図がさらに鮮明になっている。米国での政権交代を経ても、この構図は大きく変わっていない。

　軍事・安全保障、経済・技術、価値・文化などのあらゆる領域において、アフターコロナの台湾は米中対立の最前線に置かれている。トランプ政権は米中国交正常化以来の「一つの中国」政策を時には否定してみせ、先例を上回るようなかたちで、台湾への関与を強化し続けた。「一つの中国」政策を謳うバイデン政権も同盟国を巻き込むかたちで、台湾への関与を継続する構えである。しかし、中国からの軍事的威嚇にさらされるのは台湾であり、国際的なサプライチェーンにおける台湾企業の利益は米政府の戦略とは必ずしも一致せず、中台間の社会・文化的な繋がりには米中間のそれとは比べものにならない密度がある。つまり、米中対立のなかで、台湾はただ米国との連携を強化する訳にもいかず、米中の狭間で自らを守り、その利益を最大化する方策を模索しなければならない。

　実のところ、これは日本、韓国、東南アジア諸国、オーストラリアやニュージーランドなど、中国の周辺に位置する米国の友好国が共通して抱える課題である。ところが、前述したように、台湾の場合はそうした近隣諸国との関係が中国政府の主張する「一つの中国」原則によって制限されてきた。この状況をいかに打開し、近隣諸国との経済連携や政治的対話を展開できるのかが、台湾にとっては極めて重要な課題となっている。これができなければ、いくら米国との協力強化によって自らの安全を確保できるとしても、台湾に繁栄と安定がもたらされることはないだろう。

　コロナ対策で自信を得て、「台湾人アイデンティティ」を強めた台湾市民が、それに相応する国際的な地位を得られず、尊重されていないと感じる場合、あるいは経済状況や社会不安を打開する諸政策に納得できない場合、政権に対する満足度は、瞬く間に不満足へと転じる可能性もある。実際に、二〇二一年五月以降の域内感染拡大とワクチン供給の遅れにより、政権に対する不信や不満は高まり、ワクチン供給を呼びかける中国からの政治攻勢に台湾社会は揺さぶられた。また、中国からの様々な攻勢が強まるなかで、「台湾アイデンティティ」と「中国を刺激しない」政策を均衡させ続けることも、ますます難しくなってきている。コロナ危機を乗り切った蔡英文政権が迎えるアフターコロナの時代は、前途多難であるかもしれない。

参考文献
東大社研現代中国拠点編『コロナ以後の東アジア』（東京大学出版会、二〇二〇年）
小笠原欣幸「新型コロナウイルスと蔡英文政権」小笠原ホームページ（http://www.tufs.ac.jp/ts/personal/ogasawara/）
野嶋剛『なぜ台湾は新型コロナウイルスを防げたのか』（扶桑社、二〇二〇年）

column

楽園の疫病
——太平洋島嶼国の現実

早川理恵子

（はやかわりえこ）
同志社大学大学院法学研究科
専門は太平洋島嶼国、情報通信政策、開発学、国際政治、国際法。
著書に『インド太平洋開拓史』（単著）、『ラテンアメリカ・オセアニア』（共著）、"Self-determinable Development of Small Islands."（共著）、"Distance Education in the South Pacific: Nets and Voyages"（監修）などがある。

二〇二〇年二月五日、コロナの世界的拡大が懸念され始めた頃、いち早くロックダウンを大統領令として宣言したのがミクロネシア連邦であった。西太平洋約三〇〇万km²のEEZに散らばる島嶼からなる人口一〇万人の国である。ポナペ、ヤップ、チュック、コスラエの四州からなる島々の陸地面積は約七〇〇万km²でEEZはその四、三〇〇倍になる。

楽園の途上国である島国が日本人の入国を制限するとは何事か！　そんな幾分感情的なコメントをメディアパーソナリティが発信し驚いた。太平洋島嶼国の事情を知っている自分にしてみれば、珍しく迅速で正しい判断が島嶼国でされた、さすがミクロネシア連邦のパヌエロ大統領は違う！　と感心をしていたところであった。ところが、日本からの渡航者を太平洋の小さな島国ごときが受け入れ拒否するとは何事かと不快感を示したのである。かつての日本委任統治領であったミクロネシアごときに。そんな妄想と勘違いが伝わってきた。私は日ミクロネシア関係を壊してまずいと思い実態を説明する努力をした。

政府発表をよく読めばミクロネシア連邦が入国制限をかけたのは日本だけではない。コロナ感染が確認された全ての国からの渡航者に制限がかかったのである。さらにコロナ発生地である中国からの渡航は制限ではなくさらに厳しい「禁止」となっている。日本人はグアムなどの非感染国・地域で一四日間の隔離期間をおいて感染していないことが確認されていれば入国は可能だった。ここで重要なのはミクロネシア連邦国内ではなくグアムでの隔離、という条件だ。すなわちミクロネシア連邦国内には隔離する施設やその運営に関わる人員、予算もないのである。また万が一陽性であることがわかっても処置する医療機関がないのだ。これが「楽園の島」と誤解されている太平洋島嶼国の現実である。今回の迅速で厳しい判断をミクロネシア連邦政府が大統領令として実行した背景にはアメリカ疾病予防管理センターが同国のパートナーとして機能していたことが政府の文書からもうかがえる。ミクロネシア連邦は、隣国のパラオ、マーシャル諸島と共に米国と自由連合協定を締結し、医療も含めその安全保障や様々な公共インフラサービスを米国に大きく依存しているのである。

「太平洋イコール楽園」という誤解が生じたのは二五〇年以上前に遡る。啓蒙思想に影響を与えたフランスのブーガンヴィルが一七六六―一七六九年に行った世界一周の航海にその起源がある。博物学者、天文学者、そしてブーガンヴィル自身が数学者であり、英国クック船長に先駆けた科学的探求の航海は地理学に関心があったルイ一五世の支持を受けての出航であった。ルイ一五世の期待虚しく四年弱に渡るブーガンヴィルの航海ではこれと言った新たな領土の発見と獲得はなかったが、一七七一年に刊行された『世界周航記』がヨーロッパでベストセラーになり、翌年には啓蒙思想家のディドロが架空の登場人物による対話体小説『ブーガンヴィル世界周航記補遺』が出版され、タヒチの長老との会話を通して西洋文明が批判される。ここでブーガンヴィルは一〇日間滞在したタヒチの様子を「エデンの園」と表現した。平等な社会、幸せそうな様子、自然の美しさ、ギリシャ的肉体美、自由を享受するタヒチの人々を「善良なる未開人」と表した。この「善良なる未開人」はまさにルソーが『人間不平等起源論』や『エミール』の中で述べた「自然人」「不平等の殆ど存在せぬ自然状態」が存在することをヨーロッパの人々に信じ込ませたのだ。この「自然人」の存在はタヒチから航海に自分の意思で参加しヨーロッパまで来たアオトゥールというタヒチ人を実際に見たことも人々を確信に導いた。

たった一〇日間のタヒチ滞在で島民から歓待を受けて「善良なる未開人」との印象を持ったブーガンヴィルは、このアオトゥールから本来の島社会は平等などなく、身分制度は厳しく生贄の慣習まであることを知る。太平洋島嶼国が楽園である、という幻想は現在まで様々な小説、映画、ゴーギャンなどによってさらに強化されていったようだ。しかし、近代化、市場経済、脱植民地の中で広大な海洋に囲まれた孤島の国家運営は楽園のイメージからは程遠く厳しい。電気、水道、道路、学校、病院といった基本的な公共インフラ整備すらできないし、たとえ援助で道路ができてもそのメンテナンスを自力で行うには島嶼国の経済規模が小さすぎるのだ。他方、自力で国家運営ができないこれら島嶼国の法律の緩さに付け込む越境犯罪が跡をたたない。合法なタックスヘイブンは英国政府がバヌアツの独立に向け紹介した制度だが、世界有数のマネーロンダリングの温床となっている。

国連海洋法条約が議論された七〇年代に広大な海洋資源の権利を主張し多くの島嶼国国家が誕生した。ところが冷戦終結後の九〇年代は米国の太平洋への関心が一気に消え、さらに旧宗主国の英国はその存在をEUの中に隠した。ミドルパワーの豪州と小国ニュージーランドが広大な海洋に散らばる太平洋島嶼国を一気に面倒みることになったのである。その限界はトンガが一九九八年中国に外交関係を変更したあたりから明確になり太平洋全体が雪崩式に中国に傾いていった。実は中国の太平洋島嶼国支援は八〇年代から始まっている。一九八七年にフィジーのクーデターで西洋諸国が援助を中止する中、軍事支援をしたのは中国である。二〇〇六年のクーデターも同じである。当時、豪州とニュージーランドは太平洋島嶼国のみならず自国にさえも中国の経済・軍事進出を容認・応援していたのである。安全保障の要であり、太平洋島嶼国の緊急課題である通信分野への進出も歓迎した時期があった。これが大きく転向したのがトランプ政権以降で、バックボーンである海底通信ケーブル支援等の排中を意識したインフラ整備〝ブルー・ドット・ネットワーク〟と称する日米豪の協力枠組みを立ち上げた。

太平洋島嶼国の主権、制空権、制海権、さらには宇宙開発への足がかりともなる太平洋を中国は諦めるどころか関与を強化しつつある。コロナパンデミックの中でいち早くロックダウンをした太平洋島嶼国にさらなる支援の手を差し出さないわけがない。南シナ海仲裁判決でいち早く中国の「歴史的権利」という立場を支持したバヌアツ共和国。先に到着した中国からのコロナ支援物資を運ぶ飛行機が滑走路から移動せず、豪州から飛び立った軍の支援物資を運ぶ飛行機が着陸できずに引き返す、という場面もあった。今年独立四〇周年を迎えたバヌアツは人口二五万人。約一〇〇の島に一〇〇の部族がおり、国家として統一された歴史はない。開発の道は険しく、ここ数年話題になっている四千冊ものパスポートが主に中国人に販売されている。その収益は国家予算の三分の一を占め、中国人マフィアにまで販売されていることが問題視されている。

米国との自由連合という特殊な安全保障関係にあり、台湾との外交関係を維持するパラオも例外ではない。第二列島線上にあり中国から投資、観光客など執拗なアプローチの中で、今最も問題視されているのがやはり中国マフィアによるサイバー犯罪だ。二〇二〇年になって数百人が摘発されたものの、大統領始め閣僚からの擁護を受けているのが実態。その中で不透明なコロナ支援との名目でカンボジアからの支援物資が飛行機で到着し、その直後にはパラオ国内に米ドル偽札が出回るという事件があった。中国マフィアの三合会がオンラインギャンブルの本部としていたカンボジアは二〇一九年八月にギャンブルを禁止ししため次の場所をパラオとミャンマーの少数民族地域に定めたのである。

太平洋島嶼国はその隔絶性、極端に小さな経済規模から戦後一九四七年にはニューカレドニアに太平洋委員会（現太平洋共同体）という組織が設立され、地域協力構築が早くから進められてきた。太平洋諸島フォーラム、フォーラム漁業局、南太平洋大学、太平洋地域環境計画などさまざまな地域機関が弱小な各国政府機能を支援する形で現在存在する。今回のコロナ支援で問題視されたのが、ジャック・マー始め中国からの直接的な支援である。各島嶼国政府が援助を受け入れる能力にも限界があるのだ。そもそも医療専門家がいない。そこで米豪NZ欧州を中心とした先進国からの専門家を揃えた地域機関が窓口となるのだが、そのような「援助調整」を無視するようなアプローチが中国から行われようとしたのである。

いち早くロックダウンをした太平洋島嶼国だが、現在海外に滞在する国民の帰還が大きな問題となっている。経済規模による市場の限界と人口の急激な増加、開発の遅れなどの特徴を持つ島嶼経済を支えるのが送金、移民、援助である。サモアはGDPの二〇%が送金で成り立っている。主な移民先のニュージーランド、豪州、米国でコロナ禍によって仕事を失ったり、留学が続けられなくなる国民の帰還が七月頃から開始している。先進国の国民であれば自力で戻ってこれるのだが、島嶼国は個人にその余裕がなく、政府が帰還便を手配しなければならない。彼らの帰還後の隔離管理も運営能力に限度がある島嶼国政府にとっては大きな挑戦だ。感染者がいないと言われていたパプアニューギニアも八月になって首都のポートモレスビーで三桁の感染者が確認され、中国が所有する鉱山現場ではパプアニューギニア人をモルモットとしてワクチンを接種させたとのニュースが出回った。しばらくしてモルモットにした事実はないことが確認されたが、中国人労働者はワクチンを接種しているのでコロナ陽性ではない、ということであった。さらに同月ロックダウンしているパプアニューギニアに一八〇人の中国人労働者が飛行機で送り込まれたのだが、パプアニューギニア政府は中国から説明を受けていないと送り返している。中国が用意したワクチンはインドネシアにある中国の製薬会社が、現地ボランティアにテストをした結果有効と判断したとのことだ。インドネシア国内でのテストということ自体多いに疑問を持たざるを得ないが、効用を正式に確認していないワクチンを接種した中国人労働者を送り込む中国政府及び企業のモラルも国際社会は注意すべきであろう。

パプアニューギニアだけではない。九月には、中国からソロモン諸島の学生の帰還を目的としたチャーター便が中国から到着した。しかし乗客一〇八名中、八八名は中国人

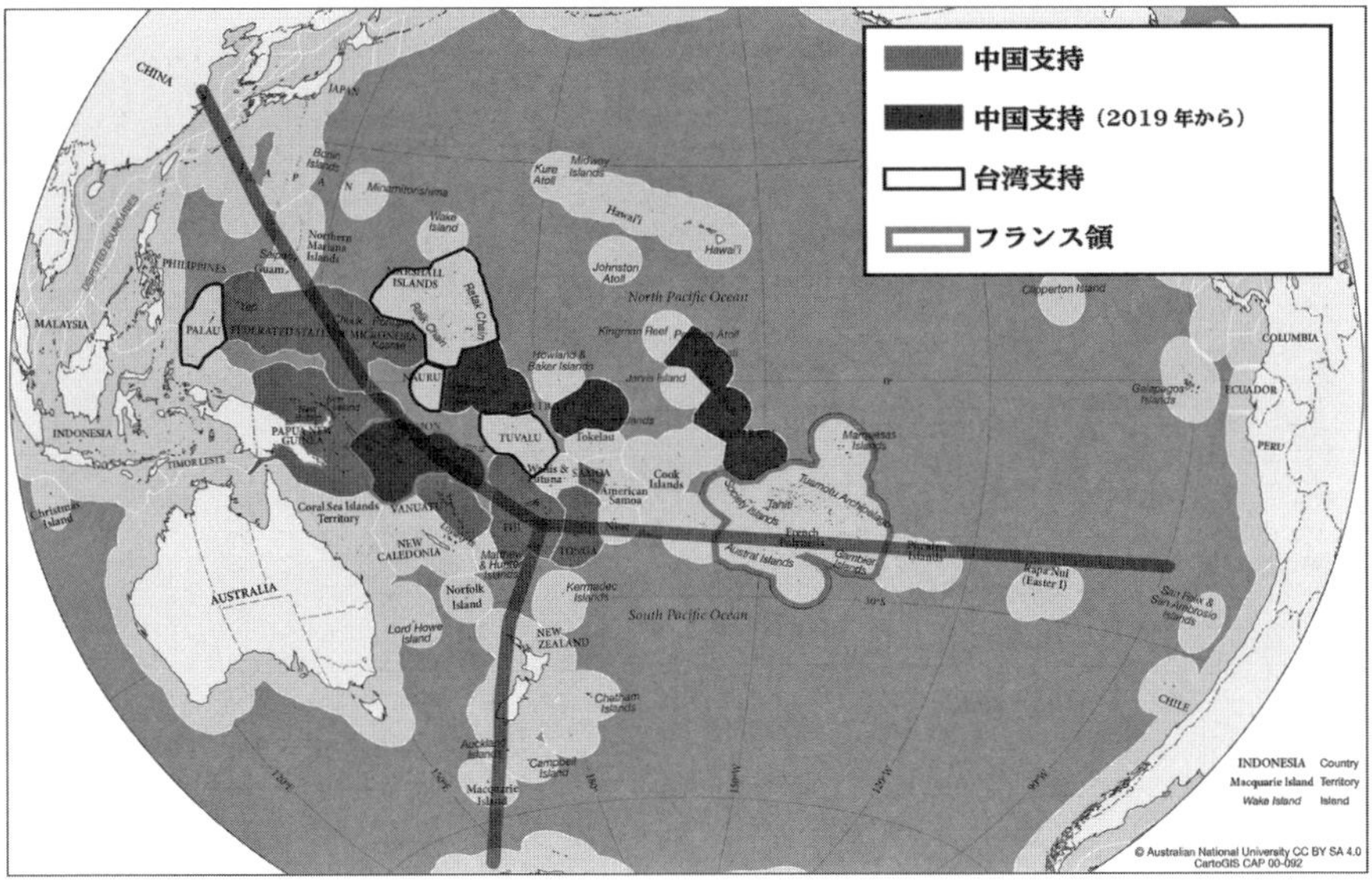

中国から南米、南極への一帯一路。太平洋島嶼国はその広大なEEZを自ら管理も開発もできず、無法地帯となっている。中国にとって小島嶼国の確保は広大な海洋権益の確保も意味する。（オーストラリア国立大学 CartoGIS Services の地図を基本に筆者が作成）

の建設労働者と大使を含む外交使節であった。ソロモン諸島は二〇一九年九月に独立当時から外交関係を維持していた台湾から中国に切り替えたのである。

コロナを巡り中国が倫理上疑問視せざるを得ない行動や太平洋島嶼国の地域秩序を無視する行動をとっている。伝統的支援国の豪州ニュージーランド、米国そして日本の支援がどこまでできるか試されているようにも見える。米国は脱退してしまったがフィリピンにあるWHO西太平洋地域事務局は太平洋をカバーしており、現在その事務局長は日本人の葛西健氏である。日本は二カ国間援助だけでなく、地域機関を通し、太平洋島嶼国に広く支援をしてきた実績がある。二〇二一年六月には第九回太平洋島サミットが開催されるが、コロナ支援が議案に上がることは必須であろう。その際、日本は太平洋地域を支援する豪州とニュージランドをサポートしつつコロナ後の経済復興支援も含めた包括的政策が協議されることを期待したい。

ミクロネシア地域に関しては委任統治領として日本が過去に深く関与した地域であるが、独立後は米国と自由連合協定を締結し、安全保障分野の関係を強化している。冒頭に挙げたミクロネシア連邦はじめ、マーシャル諸島、パラオ共和国も世界十数国となったコロナフリーを維持しているのは米国、特にハワイのインド太平洋司令軍の関与が大きい。軍事安全保障強化が島嶼国の民間の安全保障に繋がる実態を、このコロナ対策の中で一番実感しているのが島嶼国の人々であろう。太平洋の島は決して楽園ではないのだ。

［付記］

最初の原稿を提出してから諸般の事情で出版が一年近く遅れたため若干の付記を書くスペースをいただいた。一年の間に状況は大きく変わった。まずは米国が支援するミクロネシア地域、ニュージーランドが支援するポリネシア地域は長期の国境閉鎖を維持し、コロナ感染をほぼゼロに抑え、ワクチン接種率も高い。他方、コロナ感染拡大が発生したのがメラネシア地域のフィジーとパプアニューギニアである。人口約九〇万人のフィジーでは二〇二一年七―八月に一日千人前後の新規感染が確認され、二〇二一年一一月の時点で総計五万二〇〇〇人が感染、七〇〇人近くが亡くなっている。人口が約九〇〇万人のパプアニューギニアでは感染者が三万人、死者が四〇〇人近くという統計があるが、この数字がどこまで正確か疑問が残る。他方ワクチン摂取率はパプアニューギニアが全人口の一％に留まり、フィジーは六〇％と高い。フィジーには地域医療教育機関もあり医療体制はパプアニューギニアに比べ遥かに良好である。その他コロナが確認されたのは仏領のニューカレドニア、仏領ポリネシアである。感染者は二〇二一年一一月の時点でそれぞれ一万人、四万五〇〇〇人となっていが、ワクチン接種率は両地域とも五〇％を超えている。

このような長期の国境閉鎖の中で島嶼国経済を支えているのは先進国、援助機関からの支援である。そして過去一〇年に急速に改善されたインターネット環境も上げて良いであろう。国際会議は毎日のように開催されている。他方、外国人観光客による観光収入すなわち外貨に大きく頼る太平洋島嶼国経済の問題点も浮き彫りにされた。コロナのような感染病が発生すれば外国人観光客が一気に途絶えるのである。経済形態の多様化が検討されている。注目されているのは以前よりその開発が検討されてきた海底資源である。環境保護派が反対する中、人口一万人のナウルは海底資源開発の許可を二年以内に発行することを国際海底機構に通知した。ナウルのエニミア大統領はコロナ後に必要な経済復興という文脈において、発展途上国の経済的・社会的環境に機会を開く可能性と気候変動対策に必要な鉱物の確保を開発の理由として主張している。パラオでは過去に何度か却下されたオンラインカジノ有和法が下院を通過し、現在上院のテーブルにある。コロナによって観光収入だけでなく、観光客から集金する見込みであった環境税も一気に失い、その収入でカバーされるはずの年金が一―二億円の赤字となっているからだ。

中国の当該地域へのアプローチは経済支援規模で縮小したが、政治的動きは強化されている。その中で米軍始め、民主主義国家によるインド太平洋の海洋安全保障強化が加速した。日本の海上自衛隊は二〇二一年九月から一一月にかけてインド太平洋方面派遣を実施し、護衛艦かが、しらぬい、むらさめが初めて太平洋のパラオ、バヌアツ、ニューカレドニアを訪ね共同演習を行った。経済支援だけでなく安全保障支援である同派遣が今後も継続されることを期待したい。

column

北朝鮮の新型コロナウイルス対策

宮本　悟

（みやもと　さとる）
聖学院大学政治経済学部教授
専門は、国際政治学、比較政治学、北朝鮮研究。
著書に『北朝鮮ではなぜ軍事クーデターが起きないのか？：政軍関係論で読み解く軍隊統制と対外軍事支援』（潮書房光人社）などがある。

自由な人々の移動や自由貿易を促進してきた新自由主義の世界を強打したのが、二〇二〇年初から始まった新型コロナウイルス感染症（Covid-19）のパンデミックであった。感染の拡大を防ぐために、人々の移動や貿易は大きく制限されるようになった。国内で感染が拡大すれば、国内の経済活動にも制限が加わり、その国の政治・経済活動に重大な影響をもたらしている。

ということは、反自由主義体制の国々は、もともと人々の移動や貿易を大きく制限しているために、新型コロナウイルス感染症のパンデミックの影響はそれほど大きくはないはずである。それればかりか、国内で新型コロナウイルスの感染もそれほど広がらないであろう。

その反自由主義体制の典型的な一例が北朝鮮である。北朝鮮は、二〇二一年四月五日の時点で、まだ新型コロナウイルス感染者が世界保健機関（WHO：World Health Organization）に報告されていない国連加盟国七ヵ国のうちの一つである。しかも、その中で、パンデミックの源となった中国と陸地で国境を接しているのは、北朝鮮だけである。

もちろん、北朝鮮で新型コロナウイルスの感染者が報告されていないとはいえ、実際に一人も感染者がいなかったとは限らない。ポリメラーゼ連鎖反応（PCR：Polymerase Chain Reaction）検査の結果、感染者が確認できなかっただけである。検査漏れがあったり、偽陰性であったりする可能性はあるだろう。ただし、正確に国内の実際の感染者数を把握することは、どの国であっても不可能であり、感染者未報告の国々に実際に感染者がいるのかどうか追求することは、意味がないと思われる。重要なことは、新型コロナウイルス感染症のパンデミックが、北朝鮮の政治・経済活動にどれだけの影響を与えたのか、である。

1　防疫体制の構築

北朝鮮の防疫体制は、国境封鎖から始まった。二〇二〇年一月二二日までにあらゆる経路での観光客の受け入れを全面停止した。これは中国の武漢封鎖の前日である。一月三〇日には、中朝間の国際旅客列車と国際航空便を一月三一日から無期限に停止することが決定された。一月三一日に、平壌・ウラジオストック間の国際航空便を無期限停止することが駐朝ロシア大使館に通達された。二月四日には平壌・モスクワ、平壌・ハバロフスク間の国際旅客列車を無期限に停止することが駐朝ロシア大使館に通達された。これで海外との人々の往来はほとんど遮断された。貿易は続けられたが、海外から入る物資は指定場所に一〇日間放置してから引き渡されることになった。しかも、七月末には最大の国際港である南浦港が閉ざされて、海上輸送はなくなった。陸上輸送は新型コロナウイルス対策関連品のみが中朝国境の丹東・新義州間で許されている。残りはわずかな航空輸送だけである。

国内の防疫体制もすぐに整えられた。一月三〇日に北朝鮮の国営通信社である朝鮮中央通信は、朝鮮労働党と政府の緊急措置が発令されて、それによって構成された「非常設中央人民保健医療指導委員会」が、新型コロナウイルス感染症の危険がなくなるまで「衛生防疫システム」を「国家非常防疫システム」に切り替え、中央と地方に「非常防疫指揮部」を設置して防疫体制を構築することを報道した。ただし、北朝鮮保健省副相である金亨勲によると、これらは一月二四日にすでに決定していたようである。

一月二八日に隔離措置が始まることが駐朝ロシア大使館に通達されたので、この時から隔離が始まったようである。また一月一三日にさかのぼって、それ以降の入国者を医療監視の対象にした。新たな北朝鮮への入国者は一五日間隔離されることになったが、二月一二日には隔離期間の三〇日間への延長が発表された。また入国者などとの濃厚接触者は、接触があった日から数えて四〇日間隔離されることになった。そのために、最初の隔離解除が始まったのは、三月に入ってからであった。

三月八日に北朝鮮の支配政党である朝鮮労働党の機関紙である『労働新聞』は「社説」で一人も新型コロナウイルスの感染者がいないと明らかにした。しかし、防疫体制が緩められたわけではない。四月一一日に開催された朝鮮労働党中央委員会政治局会議では、海外でのパンデミックは続いているので、厳密な防疫体制を続けることになった。その後に、多少緩められた時期もあったが、基本的に二〇二一年四月現在でも変わっていない。

2　隔離者数とPCR検査数の推移

北朝鮮の首都である平壌には、WHOの代表が駐在している。現在の代表は、エドウィン・サルバドール（Edwin Salvador）であり、彼が北朝鮮でのＰＣＲ検査や隔離者の数を対外的に公表している。

彼は二〇二〇年四月八日にＣＮＮに対して、四月二日までに北朝鮮内でＰＣＲ検査の対象となったのは計七〇九人で、外国人一一人と北朝鮮人六九八名であるが、陽性者はいなかったと語った。四月一七日までに検査対象は三一名増えて七四〇人になったが、結果は同じであった。

ただし、隔離者は多い。サルバドールによると、北朝鮮では二〇一九年一二月三一日以降、二〇二〇年四月二日までに二万四八四二人の隔離が解除されたという。このうち三八〇人が外国人であった。さらに四月二日の時点での隔離者は外国人二人と北朝鮮人五〇七人の計五〇九人であった。ということは、四月二日までに外国人三八二人、北朝鮮人二万四九六九人の計二五三五一人が隔離されてきたことになる。北朝鮮における防疫体制の特徴の一つは、疑わしきものは検査よりも、まず隔離であったといえる。

その後、隔離者やＰＣＲ検査は減っていった。サルバドールが六月三〇日にＮＫＮｅｗｓに回答した内容では、六月一九日まで九二二人がＰＣＲ検査を受け、六月一九日までに隔離解除されたのは二万五五五一人になるという。なお二五五人が六月一九日の時点で隔離中であるため、北朝鮮が六月一九日までに隔離したのは、二万五八〇六人になる。四月二日までに隔離されたのが二万五三五一人であったから、四月二日から六月一九日までの約二ヶ月半で隔離されたのは、四五五人である。ＰＣＲ検査を受けた人も四月二日までに七〇九人であったから、四月二日から六月一九日までＰＣＲ検査を受けたのは、二一三人である。

その後、隔離者やＰＣＲ検査の数は急増する。サルバドールは、八月二五日にＮＫＮｅｗｓに対して、北朝鮮では八月二〇日までに二七六七人がＰＣＲ検査を受けて、すべて陰性であったと回答した。さらに八月二〇日の時点で二万九九六一人が隔離解除されて、一〇〇四人が隔離中であるという。ということは、北朝鮮が八月二〇日までに隔離したのは、三万〇九六五人ということになる。

六月一九日までに隔離されたのが二万五八〇六人であったから、六月一九日から八月二〇日までの約二ヶ月間で隔離されたのは、五一五九人である。ＰＣＲ検査を受けた人も六月一九日までに九二二人であったから、六月一九日から八月二〇日までＰＣＲ検査を受けたのは、一八四五人である。

六月から八月の間に隔離者とＰＣＲ検査が急増した理由は、七月二四日に新型コロナウイルス感染が疑わしい検査結果の報告があったことが要因と考えられる。それは韓国から戻ってきた元亡命者であったという。その日の午後に、元亡命者がいた開城市と韓国との境界線に隣接するいくつかの地域は封鎖されて、新型コロナウイルス感染症を原因とする都市封鎖がはじめて実施された。

しかし、八月一三日に開催された朝鮮労働党中央委員会第七期第一六回政治局会議で、その元亡命者が真陽性であったかどうか明らかにされないまま、開城市とその他の地域の封鎖は解除されることが決定した。いずれにせよ、感染が拡大した様子はなかった。

その後、サルバドールはNKNewsに対して、九月一七日までに三三七四人がPCR検査を受けたが、すべて陰性であり、三万一一六三人が隔離解除され、六一〇人が残っていると語った。一〇月一〇日に北朝鮮の最高指導者である金正恩が、一人の被害者もいなかったと軍事パレードの演説で語ったことから、北朝鮮では防疫体制に自信を持っているのであろう。この頃に、WHOが二万五千回分のRNA抽出試薬（一三万七〇〇〇USドル分）を北朝鮮保健省に引き渡したため、一〇月からPCR検査件数は急増した。ただし、一二月三一日までに、二万六二四四件のPCR検査が実施され、一万三二五九人がPCR検査を受けたが、陽性者は確認できなかった。二〇二一年四月五日まで陽性者は確認されていない。北朝鮮は厳格な防疫体制を緩めていないことが分かる。

3 政治・経済活動への影響

新型コロナウイルス感染症のパンデミックは、北朝鮮の厳格な防疫体制を実施させたことで政治的には影響があった。その防疫体制を支えるために、朝鮮労働党の政策の重点が新型コロナウイルス対策に移って、他の分野が犠牲になったことは否めない。もちろん、経済にも悪影響を与えた。二〇二〇年に最終年度を迎えた事実上の経済計画である「国家経済発展五ヵ年戦略」の目標値がほとんど未達成であり、その原因の一つに新型コロナウイルス感染症のパンデミックがあったことは、二〇二一年一月五日に開催された朝鮮労働党第八次大会で金正恩が語っている。

国境は封鎖されて人々の往来はほぼ止まり、貿易規模も縮小した。ただし、それは限定的であったと考えられる。もともと北朝鮮は出入国の制限が大きく、ノービザで入国できる外国籍は一つもない。また、経済政策も反自由主義であった上に、国連安保理制裁によって貿易そのものが限られていた。

防疫体制によって最も大きく変化したのは、体制の引き締めであろう。防疫対策によって様々な活動が制限され、監視が強まった。それに伴って、既得権益が奪われ、不正が発覚しやすくなった。実際に防疫対策が始まると、不正発覚による批判が度々報道された。このような引き締めは、既得権益層の不正に不満を持つ一般の人々から支持を得られるだろうが、制度の柔軟性を失わせることで、人々の活動をさらに委縮させることになっただろう。北朝鮮の政治・経済に最も悪影響を与えたのは、体制の引き締めなのかもしれない。

III

地域のまとまりと分裂

アフターコロナの中東秩序

池内　恵

（いけうち　さとし）
東京大学先端科学技術研究センター教授
専門はイスラーム政治思想史・中東研究。
著書に『アラブ政治の今を読む』（中央公論新社）、『増補新版　イスラーム世界の論じ方』（中央公論新社）『イスラーム国の衝撃』（文春新書）、『サイクス＝ピコ協定　百年の呪縛』（新潮選書）、『シーア派とスンニ派』（新潮選書）など多数。

コロナ禍に襲われた二〇二〇年から二〇二一年にかけて、中東の地域国際秩序は大きな再編の時期を迎えていた。この中東秩序の再編に、コロナ禍がどのように影響を及ぼしてきたのかは明確に確定できない問題である。コロナ禍が直接的に、中東諸国の政治体制や政権の帰趨を左右し、国際関係に重大な影響を及ぼした事態は、現状では特定しにくい。コロナ禍の間接的な影響であれば、例えばトランプ米大統領の再選にコロナ禍とそれへの対応が影響を及ぼし、その結果としてのバイデン政権への交代が、米国の中東政策に影響を与えたといった形で、中東地域秩序の変容を方向づけたと論じることもできようが、その場合、そもそもトランプ政権からバイデン政権にかけての米国の対中東政策の連続性と差異を改めて検討して差異の部分を確定する必要が出てくる。トランプ政権からバイデン政権にかけての中東政策には、政権の持つ思想・イデオロギーや党派性にもかかわらず、連続性がかなりある。直接的にも間接的にも、コロナ禍の影響をそれほど受けずに、米の対中東政策がこの間に進んでいったと言えよう。

1　中東の長期・中期・短期変動

二〇二〇年から二〇二一年にかけての中東は、数多くの画期や周年が重なる、変動期にあった。長期的には、第一次世界大戦後に中東において進められた主権国家・国民国家体系の設立の動きが、一世紀を経て、一定の成果を生み出しつつも、なおもかなりの部分が未然のままであるか、あるいは機能不全を露呈するに至った時期だった。一九一六年のサイクス＝ピコ協定からの一世紀余りの長期的な構造的・制度的変動の帰結として、多くの国において主権国家・国民国家形成が、未だ未完成なままに、内外の推進力を失い、問い直しを迫られている。

　また、一九七三年の石油ショックによって確立されたペルシア湾岸の石油・天然ガス産出国の国際政治における重要性も、脱炭素化の流れが定着したことで相対化される傾向がある。特に米国においては、石油輸出の総量が輸入量を上回り名目上のエネルギー自立を果たすなどの変化によって、エネルギー安全保障を理由とした中東への関与が正当化されにくくなった。

　二〇一一年の初頭から始まった「アラブの春」の変動は、一〇年の期間を経て、当初の民主化の期待を裏切り、シリア、リビア、イエメンなどに内戦と国家分裂、非国家主体の台頭や国際テロ組織の聖域化をもたらした。それにより、中東における主権国家・国民国家形成の限界や不全が露わになっていた。そこにコロナ禍が襲ったことにより、脆弱な国民国家とその政府に大きな負荷をかかったが、同時に、国によっては、感染症対策を一手に引き受ける主権国家の地位と役割を、わずかでも高めたと言っていいかもしれない。

　同時に、二〇〇一年の9・11事件から二〇年の節目に、コロナ禍は重なっていた。9・11事件を契機にジョージ・W・ブッシュ政権が開始したグローバルな対テロ戦争は、その後の二〇年間の中東の国際政治と、中東諸国の国内政治を決定的に方向づけてきた。米国は中東・北アフリカとそこに隣接した南アジアや東アフリカ・アフリカの角地域、およびサヘル地域を主要な対象地域として、グローバルな「対テロ戦争」を戦った。日本やNATO諸国をはじめとした同盟国もそれに追随した。サウジアラビアをはじめとした、ペルシア湾岸のアラブ産油国のように、米国との外交・安全保障関係を政権や国家の存立の拠りどころにする同志国にとっても、米国の主導する「対テロ戦争」の中でどのような立ち位置を占めるかが死活的な意味を持った。グローバルな「対テロ戦争」の焦点として、米国の外交・安全保障政策の最重要・最優先の課題および対象として中東が存在した時代は、コロナ禍が襲った二〇二〇年から二〇二一年にかけて、ちょうど終焉を迎えつつあった。

　米国の外交・安全保障政策の優先課題として中東が浮上する発端は、さらに一〇年を遡る。冷戦終結の直後、一九九〇年のイラクによるクウェート侵攻湾岸危機と翌一九九一年の湾岸戦争をきっかけにして、中東は米国による単極支配構造におけるいわば「危機の震源」として位置づけられ、重点的な政策課題となった。湾岸危機の最中にジョージ・ブッシュ大統領によって掲げられた「新世界秩序」構想は、冷戦の終結による「リベラル・デモクラシーの勝利」への確信を背景にして、民主化を通じた世界平和の実現を展望するものであり、その中で中東和平と中東地域の民主化は、最大の資金石であり、主要な課題とみなされていた。

　9・11事件から二〇年、湾岸危機・湾岸戦争から三〇年余りが経過し、石油ショックからは半世紀に達しようとしている。その中で、オバマ・トランプ・バイデン政権が、紆余曲折ありながらも、それぞれの政権の性質と志向性を大きく異にしながらも、中東へのエネルギーの依存を解消し、中東から米国の軍事的プレゼンスを低下させようとする意図を有し、その実現を図ってきた。

第一次世界大戦後の、中東への主権国家・国民国家体系の導入の試みが一世紀におよび、なおも国民統合の不全や国家機構の設立の不十分さが露わになるという長期的なトレンドと、中期的なトレンド、すなわち一九七三年の石油ショックからほぼ半世紀の時点で脱炭素化によるエネルギー構造の転換が進み、米国のポスト冷戦期を通じて行われてきた中東への軍事的な関与が縮小局面に達したことと複合し、さらにコロナ禍という世界共通の短期的な激変が及んだ。これにより、中東秩序の変容は加速された。

2 中東における「まだら状の秩序」

コロナ禍が及んだ瞬間における中東は、筆者の用いる概念によれば「まだら状の秩序」が出現した、変化の過程にある、方向性の定まらない不透明な局面にあった。ここでいう「まだら状の秩序」とは、中東国際政治や各国政治における主体の不均質さを特に指している。サイクス＝ピコ協定に象徴される、おおよそ一世紀前に中東に本格的に導入され始めた主権国家・国民国家形成の試みは、不均等な結果をもたらしていた。

一方で、主権国家・国民国家として自らを確立し、安定的な地位を得ている国々がある。それらの国々は、米国の単極支配の様相が薄れるにつれて、地域大国として台頭し、中東地域国際政治において主導権を握りつつある。主権国家・国民国家として確立され、地域大国として地域内・地域外で認知されつつある主体の筆頭は、トルコとイランである。それらは前近代において「帝国」とも称される王朝国家を有していた伝統の上に、近代の国民国家を設立し、国家機構や国民統合、国境内の統治においてそれなりに有効に機能している。特異な時代背景と経緯を持つ移民国家としてのイスラエルもまた、国内外に依然としてパレスチナ問題を抱え、アラブ諸国の一部やイランとの敵対的関係は残るものの、国民国家としての統合と確立の度合いは高い。イスラエルは近年に中東地域における正統で実効的な主体としての地位を高め、地域国際政治、あるいはグローバルな国際政治において、主導権を握る場面が多く出てきている。「アラブの春」以後の混乱の中で存在感を低めているものの、エジプトは、かつてアラブ世界における民族主義や近代国家建設を主導した国であり、地域大国としての潜在性をなおも持っている。サウジアラビアは、エジプトに代わり、アラブ世界の地域大国としての自意識と主張を強めつつある。

これらの地域大国と並び、中東国際政治には、国土・人口が極端に小規模でありながら、豊富な石油・天然ガス資源を擁し、それを外交や安全保障面で戦略的に梃子として活用することで、存在感を高める有力国が現れている。代表的なのはアラブ首長国連邦（UAE）とカタールである。UAEは主に米国から導入した最新兵器を配備した少数精鋭の軍部隊を、イエメンなど地域紛争のピンポイントの介入に用いることで、影響力を行使した。カタールはアル＝ジャジーラを始めとした国際メディアを多く擁し、そこに集う政策論者・知識人のネットワークを、ドーハやイスタンブール、あるいはロンドンやワシントンを拠点とするシンクタンクや国際会議に組織し、中東国際政治のアジェンダ・セッティングを主導している。エジプトのムスリム同胞団勢力や、パレスチナのハマースやアフガニスタンのターリバーンなど、米国主導の対テロ戦争の中でしばしばテロリストの側と名指しをされてきた勢力との関係を維持し支援することで、カタールはしばしばUAEやサウジアラビアから強い非難を受けてきたものの、当面は、それらの敵対的勢力と米国・親米陣営との間の仲介を行うことで、外交的影響力を高めている。

これらの主権国家・国民国家の枠組みを安定的に維持している地域大国・有力国と対照的なのが、シリア、リビア、イエメンなどの、内戦や国家分裂に陥っている国々である。これらの国々では「アラブの春」に際して国民社会の中からの異議申し立てが表面化すると、政権が軍事的な弾圧を行って封殺しようとし、長期間にわたる内戦と国家分裂に陥った。この間に、国民統合の不全が露呈し、政府の正統性と実効性は揺らいだ。イラクやレバノンも、しばしばこれに類する危機に陥る。

社会の分裂と、領域の統治に困難を抱えた諸国は、国際法上は主権国家の形式を保っているものの、領域内に非国家主体が出現し、事実上の統治を行う場面が出てきている。リビアやイエメンにおいては、「アラブの春」以後の混乱の中で、国際的に承認された政権が存在しないか、あるいは全土の実効支配の権限を失っている中で、複数の非国家主体による割拠が常態となった。イラクとシリアにおける「イスラーム国」や、シリア北東部に勢力範囲を広げたクルド人勢力のように、非国家主体が事実上の政府として一定期間、特定の領域で統治を行う事態が生じた。

中東における「まだら状の秩序」においては、米国による単極支配の構造が薄れゆく中で、一方で、主権国家・国民国家としての実態をかなりの程度備えた地域大国・強国が出現し、自国の領域内の統治を安定的に行う。それらの国々は、主権国家としての国益に資するとみなす場合において、選択的に地域紛争に介入し、他国の領域に影響力を行使し、あたかも部分的に「帝国」が蘇ったかのような行動を取る。しかしそれらの地域大国は旧「帝国」の版図において全面的に秩序を確保し維持する意思と能力を有していない。その結果、中東地域には、国民統合と統治に困難を抱えた諸国が内戦と国家分裂に苦しみ、非国家主体が活動範囲を見出す、異なる次元の主体が混在することになる。

「まだら状の秩序」においては、構成する主体の国際的な正統性や統治主体としての実効性に、大きなばらつきがある。そこから不透明性や予想困難さが生じると共に、全体の方向性が定まらないことによっても、中東の不安定性はいっそう印象づけられる。主権国家・国民国家体系の中東への導入の試みは一世紀を経て、内戦・国家分裂や非国家主体の台頭といった解決困難な課題を抱えているが、それに対する解決策にコンセンサスが形成されているとはいえない。近代に確定された中東諸国の国境線への不満は表明されるものの、国境線の引き直しへの合意の可能性や、それによる問題の解決の見通しは具体的に見えてきていない。主権国家・国民国家体制そのものへの批判は一部でなされるものの、オスマン帝国やペルシア帝国のような前近代的な統治原理とそれによる国際秩序への回帰や、あるいはカリフ制の設立による初期イスラーム時代の理念への回帰は、中東内部ではごく一部の勢力を除いては、現実的なものと見做されていない。

米国の中東への関与、特にアフガニスタンやイラクへの関与については、オバマ・トランプ・バイデン政権を通じて、縮小と撤収を目指すことで概ね一貫してきたものの、トランプ政権の対イラン政策のように、表面上は米国の関与・介入を拡大するかのような動きも見られた。それにより、米国の対中東関与の撤収という流れが現実的で持続的であるかどうかに関する認識に恒常的に揺らぎがある。「まだら状」の不透明な秩序の形成には、外部の超大国の対中東政策の方向性が不確定であることによる不透明感も寄与している。

また、米国が関与の度合いを低めていくことで生み出される力の空白を埋めるべく、主張を強め、主導権を争っている地域大国間の関係は、恒常的に合従均衡を組み替える不安定・不規則なものである。それぞれの地域大国の米国との関係や、米国に競合する他の域外大国との関係も可変的である。これらの地域大国間の関係の融通無碍とすら言える流動性も、「まだら状の秩序」に不透明な様相を加えている。

コロナ禍は、不透明感や波乱の要素を特に多く含んだ短命なトランプ政権の最終年と、これを置き換えて誕生したバイデン政権の初年度に、重なっていた。この時期の米国の中東政策は、トランプ政権特有の不透明感とブレを抱え込み、トランプ政権からバイデン政権への交代による激変をも被った。

コロナ禍の期間中に、イランを中心にした反米陣営と、サウジアラビアを中心とした親米陣営の関係は大きな振れ幅を伴った。トランプ政権期にはイラン陣営に対する圧力がレトリックの上では強化され、緊張を高めたものの、その内実には疑念が呈せられるに至った。バイデン政権の成立によって、米国の対イラン政策の軟化が明らかになり、「親米陣営」と「反米陣営」の関係の溶解が一時的に進んだ。トランプ政権の時期においては、米国の中東における主要な敵対勢力としてのイランが「シーア派の孤」を形成してイラク・シリア・レバノンに政府と非国家主体を取り混ぜた「代理勢力」を従え、それに対して、サウジアラビアを中心とした「スンニ派の親米勢力」がこれに対峙するという構図が盛んに喧伝されていた。この構図を際立たせるシンボルのように扱われていたのが、サウジアラビアで二〇一五年から台頭したムハンマド・ビン・サルマーン皇太子だった。サウジアラビアのムハンマド・ビン・サルマーン皇太子と、それに影響を及ぼすと見られていたUAEアブダビのムハンマド・ビン・ザーイド皇太子が中心になって進めていた中東地域外交は、イランおよびトルコの地域大国としての台頭に対抗し、サウジアラビアやUAEがイスラエルとの戦略的な関係強化に踏み切ることを核心としている。二〇二〇年八月には、米トランプ政権の仲介の元で、UAEがイスラエルと国交を正常化する「アブラハム合意」が発表され、翌月締結された。これにはバーレーンも追随した。この合意を支持することで、パレスチナ問題への米国の従来の仲介姿勢は大きく転換することになる。イスラエルと湾岸産油国の間の戦略的合意に基づいて、パレスチナ側がこれまで求めてきた領土的・主権的要求の多くを実現できないまま、この問題の終結を図るものであるからであり、従来の米国の表向きの外交姿勢とも大きく異なっている。同時に、この合意にサウジアラビアは結局加わらなかった。この合意がもたらす変化は不可逆的なものと見られるものの、アラブ諸国が雪崩を打って親イスラエルに転じるとも言い切れない要素を残す。

二〇二〇年一一月の米大統領選挙におけるトランプ大統領の再選失敗は、戦争も辞さないかのような強硬な態度を見せてきた米国の対イラン政策の転換をもたらした。米トランプ政権は二〇一六年から二〇二〇年の間の任期中に対イラン「最大限の圧力」政策を推進し、最も強硬なレトリックを掲げた。しかし二〇一九年九月一四日に、サウジ・アラムコの石油施設に対して行われたドローンなどを駆使した攻撃は、イランの関与が強く疑われたにも関わらず、トランプ政権が軍事的な懲罰行動を取らなかった。これにより、サウジアラビアをはじめとしたGCCのアラブ湾岸産油国にとって、米国の中東政策の信頼性の低下が生じた。二〇二一年のバイデン政権の誕生によって、米国がイランに対してさらに宥和的な政策へと演じることが予想された。

これは従来の親米陣営と反米陣営が明確に分たれていた地域国際秩序の流動化を誘発している。トランプ政権期には、親米陣営と反米陣営の区分けと相互対立は激化していた。二〇一六年一月のサウジアラビアとイランの国交断絶や、二〇一七年六月のカタール外交危機によるGCCの中でのカタールの孤立は、いずれもサウジアラビアやUAEを中心とした親米陣営と、イランや、親米陣営の中にありながらムスリム同胞団などへの親和性を示すカタール、それを背後でカタールを支えるトルコの陣営との間の対立を際立たせるものだった。二〇二〇年九月に調印されたアブラハム合意は、この際立った対立構図を前提として、UAEがイスラエルと戦略的な協力関係に踏み切り、それによって親米陣営を強化することが眼目であった。ここにバーレーン、さらには将来にサウジアラビアを引き込んで、イランやトルコなどの台頭する地域大国の覇権や、カタールとムスリム同胞団などのイデオロギー的な敵対勢力に対峙することがアブラハム合意の目的であったはずである。しかしトランプ大統領の再選選挙での落選、バイデン政権の誕生に合わせて、親米陣営と反米陣営の対立は一旦小休止を迎えている。二〇二一年一月五日にはサウジアラビアのアル＝ウラーでGCC諸国がカタールとの和解、関係正常化に舵を切るという。同年八月二八日にはイラクで「協力とパートナーシップのためのバグダード会議」が開催され、イラン、トルコの外相が、サウジアラビアやＵＡＥの外相と同席し、非公式にはサウジとイランの交渉が進められるなど、関係の再構築が始まっている。

二〇二一年八月の、バイデン政権によるアフガニスタンからの米軍撤収と、そこで掲げられた正当化の論理は、米国の中東からの撤収の機運を強く印象づけた。父ブッシュ大統領による「新世界秩序」構想の主要な舞台として、子ブッシュ大統領の「対テロ戦争」の主要な標的として、米の外交・安全保障政策の最優先課題であり続けてきた中東が、米国の関与の意思の減退と共に、その位置づけを急速に変化させつつある。

3　中東地域とその主要国へのコロナ禍の影響と反応

このような中東の地域秩序の激変期にコロナ禍は到来した。中東の主要国へのコロナ禍の影響と対処策について見てみよう。ここでは反米陣営を代表する地域大国のイラン、親米陣営を背後から主導する場面が目立つイスラエル、そしてアラブ首長国連邦（ＵＡＥ）について見てみよう。

イラン

新型コロナウイルスの蔓延が中東において最も早く大規模に確認されたのはイランである。二〇二〇年二月一九日に公式に感染が確認された二例が宗教都市コムで発生し、武漢に渡航した商人によってウイルスがもたらされたと報じられている。これは、実証的な検証に耐えうるか否かは別として、イランにおけるコロナ禍の発端の段階での政治的な意味づけを象徴的に示している。すなわち、イランが米国や国連による制裁下で経済的に中国への依存を深めていること、および革命によって樹立したイスラーム共和制の政治・社会における宗教の大きな役割である。新型コロナウイルスはイランの既存の内政・外交の特性に従って伝播し蔓延したと（重ねて留保を付せば、その科学的根拠は確定できないものの）政治的には解釈される。

新型コロナウイルスの伝播の過程での広く知られた特性は、イランの既存の体制とその現段階の状況に奇妙に合致するものである。それはすなわち、宗教規範を根拠とした革命を共に推進し、結社的に団結した「密」な人的ネットワークを核にした、高齢化した指導層の支配下にある体制である。コロナ禍の拡大の初期段階から、宗教指導者や閣僚・政治家など、イランの体制の指導層に多くの感染者が報じられたことは印象的であった。イランのイスラーム共和制による体制では、選挙による民主主義や近代的官僚制を取り入れつつも、司法・立法・行政のさらに上に、イスラーム教のシーア派聖職者集団による「監督」の権限が規定されている。宗教的理念・規範による「監督」の権限は、一九七九年のイラン革命で王政を打倒し、革命党派間や派閥間の闘争を勝ち抜き、イラン・イラク戦争や米国やイスラエルとの公然・非公然の国際紛争を戦い抜いてきた現体制の支配層の究極の拠り所だが、宗教儀礼の励行と革命党派の結束には、説教を伴う集会と相互の密接な議論が不可欠である。そして一九七九年の革命を主導し、イスラーム共和制で内政や外交・治安・軍事・安全保障を担ってきた、かつての「革命青年」たちが、革命体制の長期化によって高齢下し、新型コロナウイルスに対するリスクを多く抱えた集団となっている。「中国への接近・宗教を根拠にした支配体制・指導部の高齢化」というイランの体制の特徴と現状から、コロナ禍の影響が、体制を大きく揺るがせる直接的な影響を及ぼしかねない要因が揃っていた。

とはいえ、一年以上が過ぎた段階では、コロナ禍へのイランへの政治的な影響が、他の中東諸国と比べてイスラーム革命体制であるがゆえに特有に重大であったとは言えない。最高指導者ハメネイ師をはじめとした、高齢化したイランの指導部の中枢・根幹に位置する人物への感染の広がりは概ね阻止され、感染の拡大による政治的影響は制御され、コロナ禍が直接的に体制の危機につながる帰結はもたらしていない。中東地域で、あるいは世界全体から見ても、東アジア以外では最も早期にコロナ禍の打撃を受けたイランだったが、長くても数ヶ月のタイムラグがあったにせよ、やがてはほぼ均等に中東諸国に感染が広がり、感染の拡大やその影響において、イランの体制に由来する特殊性はほとんど見られない。

イランのコロナ禍への対処策の特質は、その体制が存在意義を賭けて対峙してきた米国が主導する有効性の高いワクチンの供給について、これを拒否した点である。代わりに、中国やロシア等の支援を仰ぎつつ、技術的・生産能力的に不確かな、ワクチンの自主生産を目指している。この点については、米国を「大悪魔」と名指しし対峙するイランのイスラーム共和制・革命体制が従来から持つ国際関係の基本的な性質を、コロナ禍も変えることがなかったととらえるべきだろう。すなわちコロナ禍においても、イランと米欧との間の外交的な「コロナ休戦」あるいは「ワクチン外交」による米欧によるイランの取り込みといった動きが表面化することはなく、イランは米欧と対峙するために、米欧と対抗する陣営との外交関係を強める従来の外交政策を踏襲した。

イスラエル

イランと敵対し、大きく異なる政治体制と国際的地位を持つイスラエルの事例を次に見てみよう。イスラエルもまた早期に新型コロナウイルスへの感染者を確認した国である。イスラエルの場合は、二月二一日に記録された最初の事例は、日本発着のダイアモンド・プリンセス号への乗船客だった。また、三月にイスラエルで急速に拡大した背景には、イスラエル人がしばしば二重国籍を持つ米国との往来があるものと見られる。イスラエルも中国との経済関係を深めており、それは米国との関係の緊張要因として定期的に浮上する。しかし企業・投資、観光・移民・宗教儀礼や政治的会合のための往来の頻度において、イスラエル・米国間の密度は傑出しており、中国との人的往来と比較できるものではない。新型コロナウイルスの伝播も中国から直接受けたというよりも、米国経由で受けた面が大きいと考えられている。

イスラエルにおけるコロナ禍は、イスラエルの内政・外交上の特性に則して感染が伝播し、それに対するイスラエル対処策をも極めて特有なものだった。イスラエルの内政・外交上の特性としては、米国との深く密接な関係、先端科学技術に関する優位性が挙げられる。イスラエルの政府および、コロナ禍の諸段階の多くにおいて政権を担ったネタニヤフ政権の、先端科学技術に関する情報収集・解析能力の高さと、それを政治・外交的に利用することに関する卓越性は、随所で示された。同時にコロナ禍は、イスラエルの抱える国内社会の宗教的・エスニシティ的な分断や、長期化・恒久化した占領地との非対称な関係などの負の側面あるいは不利な面も浮き彫りにした。これらの条件を踏まえて対処にあたるネタニヤフ首相とその政権が置かれた立場も、一つの大きな政治的要因として顕在化した。これはネタニヤフ首相の政治家としての資質や経歴が関わるとともに、イスラエルの民主主義の制度的・構造的問題に究極的には起因する問題である。

イスラエルの米国との政治的そして社会経済的な関係の密接さは、米国での新型コロナウイルスの蔓延が早期に大規模に波及することを導いたと共に、初期段階において必ずしも明確ではなかった米国での感染状況に関して、早期に情報を収集し、独自の解析を加え政策に結実させて、迅速で果断な水際対策に結びついた。二〇二〇年二月中の措置では主に中国・韓国・日本など東アジアからの観光客や帰国者からの感染を阻止する水際対策に主眼を置いていたイスラエル当局は、三月四日に欧州五カ国（フランス、ドイツ、スイス、スペイン、オーストリア）からの入国制限を導入した上で、三月九日には全世界からの入国者に一四日間の検疫隔離を義務づけた。これは米国からの帰国者による高確率の感染を認識し、いち早く強い措置を取ったものと見られる。ここで「全世界」を対象としたのは、実際に感染が全世界に広がっているという事実に基づくだけでなく、米国からの帰国者・入国者を名指しして検疫措置を取ることによる米国との外交的摩擦を回避するための手法と見られる。イスラエル政府による、米国をも除外しない全世界に対する入国制限措置は、この段階では、例外的に厳しい措置だった。米国との安全保障の根幹にも及ぶ密接な関係を持つイスラエルが、米国からの訪問者を大幅に遮断し行動を制限する措置を実施したことは、当時は驚きを持って見られたが、三月末までの間に、各国も同様の水際検疫措置を取るようになった。

イスラエルの先端科学技術に関する情報収集と解析、その政治的利用における果断さと迅速さは、二〇二〇年一二月から二〇二一年四月にかけての大規模なワクチン接種政策の実施と、その結果と見られる感染確認者の劇的な低下によって、さらに印象づけられることになった。二〇二〇年一一月一三日にネタニヤフ首相が公表したファイザー社との契約では、イスラエル政府は米国政府の提示した価格の四割増を提示し、医療データの提供も条件にして、国民の約半数への二回接種が可能になる八〇〇万本の供給を確保した。イスラエル政府は同時期にモデルナ社からも六〇〇万本、アストラゼネカ社からも一〇〇〇万本の供給を受ける契約を結んでいた。

イスラエルの水際対策の迅速さや、初期段階の対処における徹底の度合い、ワクチン確保と接種の政策における先進性や有効性が顕著になったのと共に、イスラエル社会の内部の分裂・亀裂、占領地に対する政策の歪みもまた明らかになった。それらは、それらはイスラエルにおける感染爆発の大きな要因になった。イスラエルの国民の一二％程度を占め、出生率の極めて高い超正統派ユダヤ教徒は、宗教儀礼の励行を優先し集会規制に従わない傾向が強く、エルサレムなどにおける超正統派の集住地区は感染爆発の震源地となった。イスラエル国籍を持ちワクチン政策の対象であるアラブ系イスラエル人も、相対的に感染率が高く、またワクチン接種も政府への不信・疎外感から、積極的ではない面があると見られる。ワクチン接種がイスラエル国民に対して迅速・大規模に行われたのに対して、ヨルダン川西岸とガザではワクチンの供給と接種は遅れた。イスラエル政府はパレスチナ人へのワクチン接種は一義的にパレスチナ自治政府の責任とみなしているが、大きな制約下に置かれたパレスチナ自治区においてこれは現実的ではない。

そしてイスラエルがコロナ禍に対して相次いで先取的で大胆な対処策を採用し続けた背景には、ネタニヤフ首相の政治手腕と資質、そして政治生命の維持を賭けた野心が関与していただろう。ネタニヤフ首相は夫人を含む汚職疑惑で訴追の瀬戸際にあり、明確な結果が出ない総選挙を繰り返す中で、一度でも決定的に敗北するか組閣競争に敗れれば政治的な致命傷になりかねない状況に直面し続けていた。ネタニヤフ首相の果敢なワクチン外交と大規模・迅速なワクチン接種政策は、大きな効果をもたらしたものの、結局はその政権の延命をもたらさなかった。

イスラエルはコロナ禍以前の二〇一九年四月と九月、コロナ禍以降の二〇二〇年三月と二〇二一年三月に議会（クネセット）総選挙を行っているが、その結果は概ね変わらなかった。ネタニヤフ首相の勢力が第一勢力あるいはそれに並ぶ勢力としての座を確保しつつも、議会過半数を安定的に確保する連立を組むことができないか、連立が維持できないというものだった。背景としては、イスラエル社会の分裂により、政府の個々の政策の成否の評価で投票行動が大きく変わることがないという問題が根本にある。社会の分断を表出する完全比例代表制の選挙制度に基づいた少数政党の分立する議会で、ネタニヤフが主導する歴代の連立政権が合従連衡を繰り返してきたことにより、主要な政治家・政治勢力間の不和・不信が極まって、安定的な連立の組み合わせを新たに見出すことが困難になっていた。

この状況下で、コロナ禍への対処の期間を通じて、ネタニヤフ首相は国民の信任を明確に受けたかどうかが定かではない暫定的な政権（ケアテイカー）としての性質を恒常的に持ち続けた。従来は、このような状況下で政権への求心力の低下を補ってきたのは、レバノンやシリアにおけるヒズブッラーとイランの勢力の伸長に対処する軍事・外交工作や、イランの核開発を制約する外交・諜報戦といった、外交・安全保障政策での卓越性の誇示であり、ガザを支配するハマースとの軍事的・諜報的対峙に際した国民の結束である。ネタニヤフは、米トランプ政権との密接な関係から、次々にこれまでになくイスラエルに有利な政策を引き出し、UAEとバーレーンとの二〇二〇年九月調印の「アブラハム合意」による国交正常化などの外交成果を得てきた。

外交・安全保障における危機や脅威への対処で際立った手腕を発揮し、それを誇示することで求心力を維持し、政治的延命を果たしてきたネタニヤフにとって、コロナ禍はここに新種の特大の危機を加えた。ここでもネタニヤフはワクチン戦略で顕著な成果を出し、国際的にも注目されたものの、その成果がかなり見えてきていた二〇二一年三月二三日の総選挙投票でも、国民の明確な支持は得られなかった。同年六月に中道政党「イェシュアティド」のラピド党首が主導し、右派政党「ヤミナ」のベネット党首を輪番制で最初の首相とした連立政権が発足し、歴代最長となる一二年に及ぶネタニヤフ政権に終止符が打たれた。コロナ禍への対処の成果よりも、米共和党、特にトランプ政権との密接な関係を誇り、米民主党との関係を疎かにしたネタニヤフ首相の姿勢が、連立交渉においてより大きな影響を及ぼしたものと見られる。

アラブ首長国連邦（UAE）

アラブ首長国連邦（UAE）はペルシア湾岸のアラブ人の小規模の首長国がサウジアラビアと共に結成した湾岸協力会議（GCC）の一員である。GCCはペルシア湾岸の対岸に位置する二つの大国、すなわちシーア派によるイスラーム革命に基づくイランの脅威と、アラブ民族主義を掲げたイラクとの対抗関係から、ペルシア湾岸のアラブ人の産油国が結集したという性質を持つ。UAEはアブダビが主導しドバイがこれに続く、計七つの首長国の連邦である。アブダビの擁する豊富な石油資源を背景に、国民に潤沢に福祉を提供すると共に、政治的・市民的自由に関しては強く制限された体制を構築してきた。UAEの外交・安全保障政策を主導するアブダビは、地域紛争への軍事介入や仲介外交で顕著な動きを示すことが近年に多くなっている。ドバイは有力で大規模な国際空港やフリーゾーンを擁して、中東・アフリカ地域をアジアや南米アメリカ大陸、そして西欧や東欧とつなぐ絶好の位置関係から、国際貿易のハブとなっている。ドバイは国際観光や医療ツーリズムでも台頭している。GCC諸国に共通し、UAEに顕著な特徴は、経済活動のかなりの部分が外国人労働者や外国人観光客、国際的なビジネス人流によって担われており、グローバル経済の活発な動きに経済社会が強く連動している点である。外国人労働者のほぼ半数は、インド・パキスタン・バングラデシュ等南アジア諸国から来ており、それ以外にフィリピンやタイやマレーシアなど東南アジア諸国や、米国・英国・欧州諸国などから、概ね職能ごとに外国人労働者が集まってくる。新型コロナウイルスも、これらの特性に応じた広がり方を示した。

UAEでの新型コロナウイルスへの最初の感染者は、一月後半に武漢から家族で観光のためにドバイに滞在した中国人女性とされる。これはドバイが国際観光のハブおよび目的地となっていることだけでなく、それが中国などアジアの新興中間層の需要を呼び込んで成長していることを象徴的に示すだろう。二月前半までは報じられる感染確認の多くは中国人観光客であり、次いでロシア人やドイツ人、あるいはコロンビア人などの各国からの観光客の感染確認が報道された。コロナ禍への対策のために、UAEはその成長の柱であるドバイの国際観光産業に強い制約をかけていくことになる。

　また、居住者としては、中国人と接触したフィリピン人やバングラデシュ人などのアジア系の外国人労働者の感染が初期段階で確認され報じられた。発表されている経緯からは、中国人観光客から外国人労働者へと感染が広がっていって国内の蔓延につながったという経緯が想定されるが、報道は強く規制されており、実態は明確ではない。UAE国民の感染については、当初は表向きに明示的に報じられにくかったとも考えられる。これに関連して注意を要するのは、二月中の感染確認が発表された事例にイラン人の渡航者や、バーレーン人など近隣諸国（シーア派が多い）のイラン渡航経験者が含まれていた点である。これらの一連の報道は、中国人観光客から直接新型コロナウイルスへの感染がもたらされたのと同時に、先行して中国人との接触から感染が広がっていたイランを介在しても感染が広がった、という流れを示唆する。ただしこれが実際の感染の経緯を反映した報道であると結論づけることは困難である。少なくともUAE政府としてはこのようなストーリーが流通することを許したとは言えるだろう。

　UAEはコロナ禍に対する外出規制や渡航規制、そしてワクチンの国際的な確保と大規模で迅速な接種の政策において先行している。これらの基本的特徴はイスラエルとかなり共通しており、中東諸国における一人当たりのワクチン接種でイスラエルに次ぐ二位、アラブ諸国で一位を維持している。両国がコロナ禍の電撃的に表面化した国交正常化は、コロナ対策を含む安全保障上の課題に対する共通の戦略を掲げた国同士のものであった。公衆衛生や薬学の分野をはじめとした先端科学技術やノウハウの供与は、UAEにとってイスラエルとの関係を公式化し深化させる際の利点である。

　コロナ禍への対処を外交政策の柱としていく姿勢は、二〇二〇年四月にアブダビ国営博覧会公社（Abu Dhabi National Exhibitions Company）が所有するロンドンの国際会議場エクセル・ロンドン（ExCeL London）を、英国の新型コロナ患者の専用病院に提供する政策に顕著である。これは英国在住のUAE国民にもコロナへの医療を提供すると共に、英国との外交や対外アピールにも効果的だった。

　UAEは親米国家のイスラエルとの関係強化と並行して、コロナ禍への対処とワクチン外交においては、中国との関係強化にも積極的であったことが特徴的である。UAEはエジプトと並んで、中国の中東地域におけるワクチン外交の主要な対象となり、中国製ワクチンの現地生産で合意し、中東・アフリカ地域へのワクチン供給の拠点となる意欲を表明している。米国の中東からの撤退局面において、中国との関係強化を図る中東の親米アラブ政権の動きとして典型的なものと言えるだろう。

しかしUAEは大規模なワクチン接種の実施にもかかわらず、感染爆発の波を抑え切れていない。劣悪な住環境・労働環境で働く外国人労働者に依存した経済において、公衆衛生政策が徹底しえず、感染拡大を抑制できていないことが一因として考えられる。そして、外国人労働者への大規模なワクチン接種政策において、中国製ワクチンを使用していることから、もしこれが中国製ワクチンの限定的な効果に関係しているのであれば、中国との関係強化にも、将来には再検討の局面が生じてくるかもしれない。

中央アジアの新型コロナ問題と国際関係
——減速する世界？

宇山智彦

（うやま ともひこ）
北海道大学スラブ・ユーラシア研究センター教授
専門は中央アジア近現代史、比較政治。著書に『現代中央アジア：政治・経済・社会』（共編著、日本評論社）、『ロシア革命とソ連の世紀5 越境する革命と民族』（編著、岩波書店）、『ユーラシア近代帝国と現代世界』（編著、ミネルヴァ書房）などがある。

新型コロナウイルス問題が国際秩序に与える影響に関する議論の多くは、アメリカと中国の役割、および国際協調主義の行方という問題を中心に展開され、大国や先進国の動向に注目が集まりがちである。しかし国際秩序は大国の思惑だけで動くものでは決してない。大国の影響力は、その影響を受ける側である中小国の動きによっても決定づけられるからである。

また、自由民主主義体制と権威主義体制のどちらがコロナ禍のような危機によりよく対応できるのかが、体制間競争として米中の覇権争いの帰趨を左右するという見解もよく聞かれる。しかし冷戦期に資本主義体制と競争しようとした社会主義体制と違い、権威主義体制は極めて多様であり、たとえ中国のコロナ対応についての高い評価が今後定着するとしても、それはあくまで中国独自の政治・行政への評価の問題であって、世界の諸国の権威主義化傾向や、権威主義諸国間の連携を強めることにつながるとは即断できない。

こうした問題を考えるのに適した場所の一つは、以前から俗に「新グレートゲーム」と形容される大国間競争の場として知られ（そのイメージ自体、誇張されたものだが）、近年は経済面を中心に中国の進出がめざましく、政治的には権威主義体制の国が多い中央アジアであろう。本稿では、中央アジアにおける新型コロナ問題の状況を、権威主義的な政権による対応を軸に概観したのち、この地域の国際関係に大国間競争の激化や中国の覇権強化、国際協調主義の弱まりといった現象が本当に見出せるのかどうか、そしてコロナ禍が国際秩序全般を大きく変えるものなのかどうかを考察したい。

1 中央アジアにおける新型コロナ問題の概況

中国を中心に新型コロナウイルス感染症が世界的に流行し始

めた二〇二〇年の最初の二か月半、中央アジアでは、肺炎患者が増えているという非公式情報は一部にありつつも、新型コロナ感染者は確認されていなかった。同じく感染者がいなかったモンゴルと合わせ「モンゴル三角地帯」という命名さえ現れ、乾燥した気候が幸いしているのではないかなどと言われた（*Central Asia. media*, Mar. 12, 2020）。

しかしカザフスタンで三月一三日、ウズベキスタンで同一五日、クルグズスタン（キルギス）で同一八日に最初の感染者が公表された。タジキスタンはしばらくの間感染者の存在を否定し、三月二二日にはナヴルーズ（イラン・中央アジアの伝統的な新年）を祝う大規模な式典が大統領も参加して開かれたが、四月中旬からコロナによる死者が出ているという情報が出回るようになり、同三〇日に感染者の存在が初めて公式に発表された。他方トルクメニスタンでは八月二三日現在、いまだに公式には感染者ゼロということになっているが、これは後述のように明らかに情報を隠しているからである。

情報の公開性がある程度高いカザフスタン、クルグズスタン、ウズベキスタンについて見る限り、四月・五月の段階では、感染の拡大は止まらないものの欧米やロシアに比べればまだよい状況だった。しかし六月末から七月にかけては爆発的流行と言ってよい状況になった。八月に入って感染者数の増加ペースはかなり落ちたが、まだ収束にはほど遠い（図1・2）。なお、これらの国では抗体検査も行われており、カザフスタンでは六月一日から八月四日までの検査受診者一〇万人以上のうち三〇パーセント（最後の八日間に限れば六二パーセント。KDL Olimp社サイトによる）、クルグズスタンでは七月二一日から八月一二日までの受診者一万三六八八人の四八・四パーセントと（*elgezit. kg*, Aug. 12, 2020）、高い陽性率を示している。

感染の拡大期から爆発的流行期にかけて深刻になった問題の一つは、医療従事者の感染がかなり多く、医療の逼迫をさらに危機的にしたことであった。本稿執筆時に入手し得た最新のデータを表1にまとめておいたが、特に四月頃には感染者数のかなりの割合を医療従事者が占め、たとえばクルグズスタンでは四月一四日の段階で感染者総数の一八・五パーセントにのぼった（*Kloop*, Apr. 14, 2020）。新型コロナ感染者への対応に慣れていない時期に、医療従事者の感染防止対策に不備があったことが窺える。中央アジア諸国は独立時にソ連の医療システムを受け継いだが、かつては先進的だったソ連の医療システムもソ連崩壊時には時代遅れになっていたうえ、独立後は不採算の病院の閉鎖、医療従事者の低賃金などで医療環境が悪化していたのである。

なお、感染者数・死者数の統計は、検査の精度と能力の限界や基準の不安定さのため、先進国を含めどの国でも問題があるが、中央アジア諸国の場合はさらにいくつかの理由で信憑性に疑いがある。トルクメニスタンは感染者ゼロということになっているが、実際には要人の間でも死者が出ているというニュースが国際メディアでしばしば流れており、非公式の死亡情報を集めたサイト（covid19tm.com）によれば、八月二一日までに少

図1　新規感染判明者数（7日間移動平均）

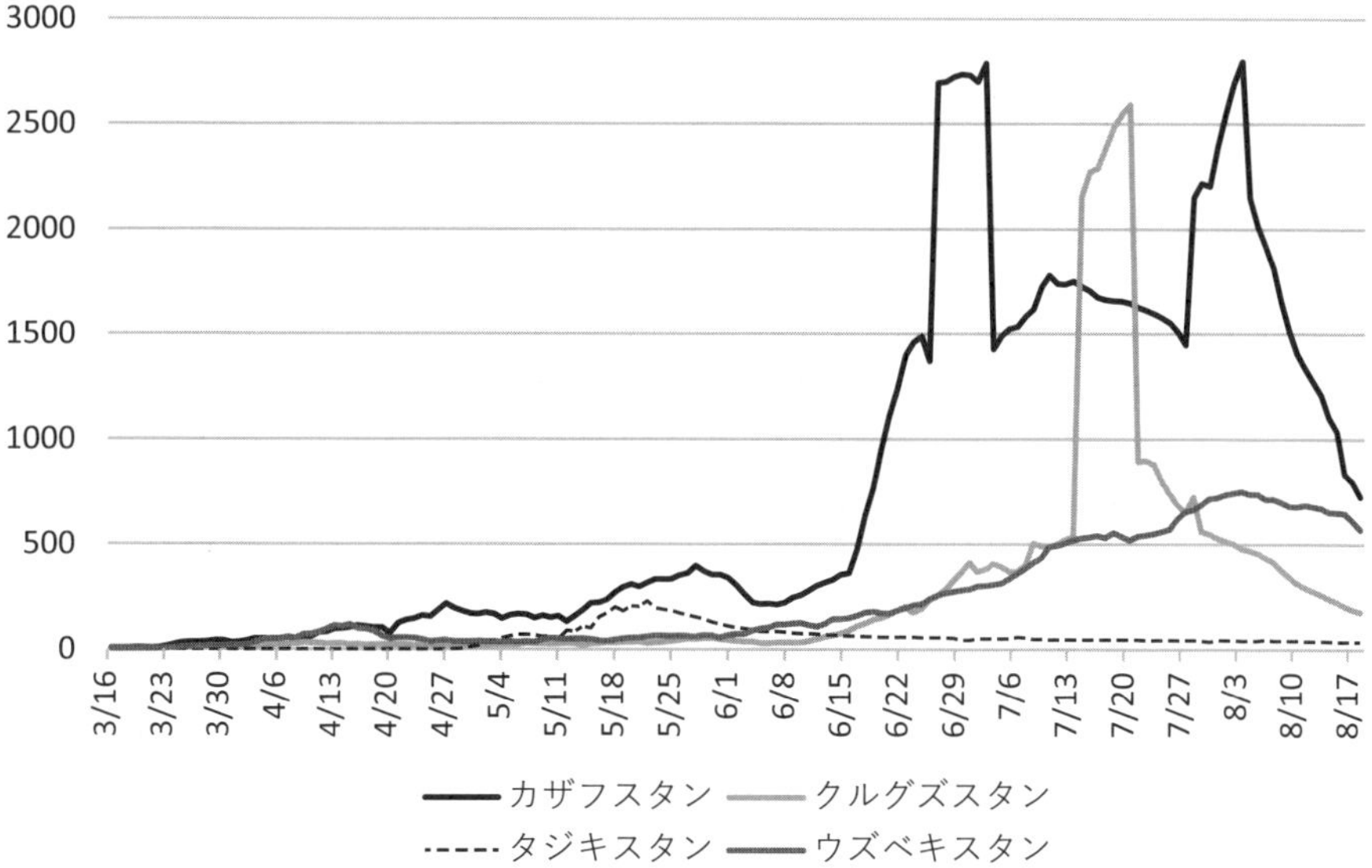

図2　累計死者数

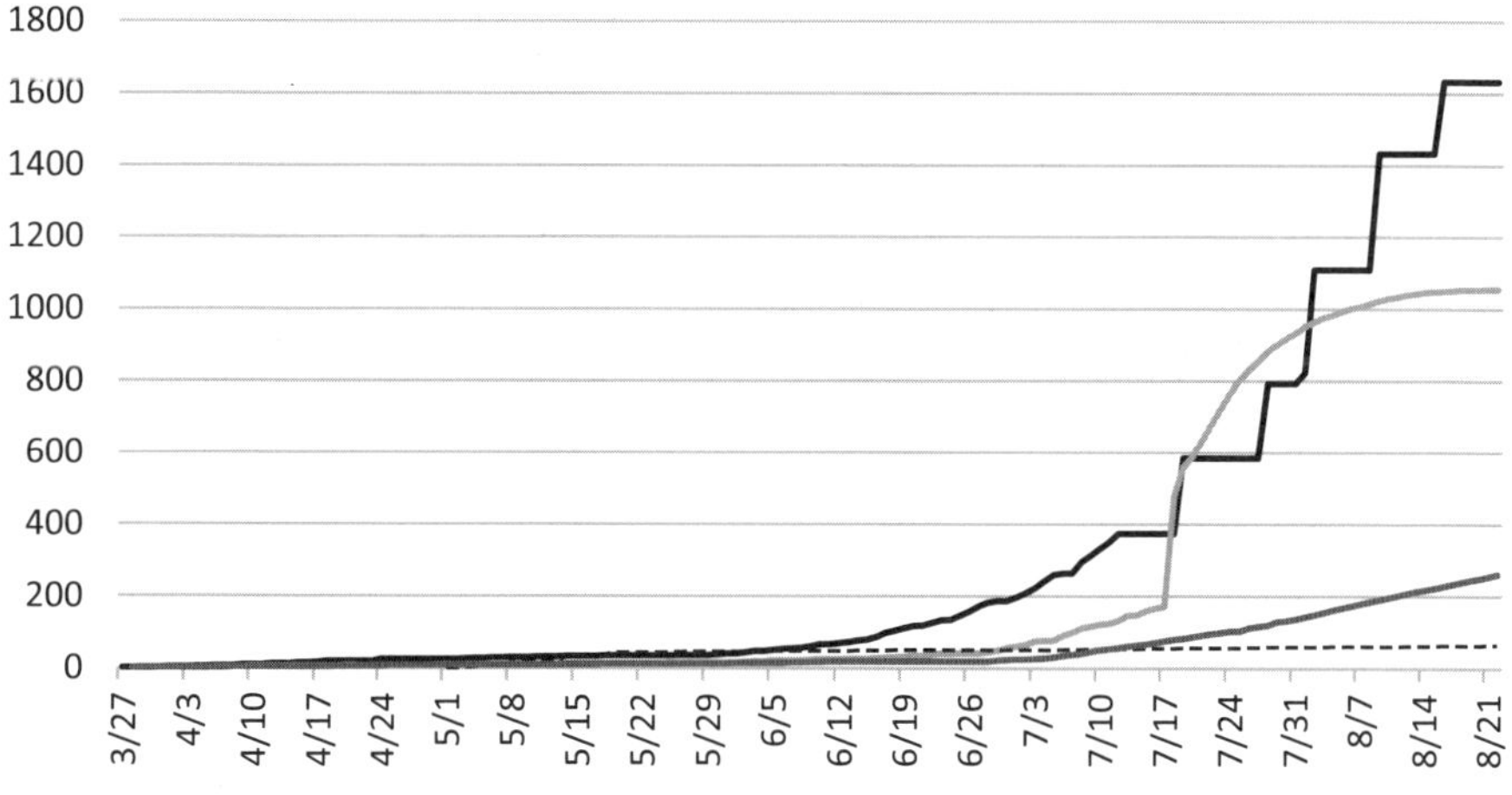

（出所）　図1・2ともに、8月23日現在の世界保健機関（WHO）の資料から筆者作成。

表1　医療従事者の感染・死亡状況

	感染者数および全感染者中の割合		死者数
カザフスタン	（8/3 発表）8,518 人	9.2%	（7/21 発表）59 人
クルグズスタン	（8/23 発表）3,092 人	7.2%	（7/30 発表）73 人
ウズベキスタン	（7/30 発表）540 人以上	2.3% 以上	（7/30 発表）2 人
タジキスタン	（6/10 情報）1,700 人以上	3 分の 1 以上	公式にはゼロだが死亡情報しばしばあり

（注）感染者数・死者数は累計。情報源はカザフスタン、クルグズスタン、ウズベキスタンについては政府発表とそれに基づく報道、タジキスタンについてはWHO筋などの情報に基づく報道。

なくとも九二人の新型コロナによる死者が出ているという。タジキスタンの公式発表の数字も実態とはかけ離れているという見方が強く、非公式の死亡情報を集めたサイト（kvtj.info）には、六月二一日までに四四二人がコロナで亡くなった情報が寄せられている（当時の公式発表では五二人）。ウズベキスタンについても、感染者・死者が隠されていることを疑う声は多い（たとえば *Ozodlik*, Aug. 4, 2020）。カザフスタンでは無症状の感染者を六月三日からいったん別扱いにし、感染者を少なく見せかけているという批判を受けたが、七月一日から入れ戻したため（*informburo. kz*, July 1, 2020）、統計上の感染者数が激増した。

また、意図的に隠しているのではなくとも、感染者や死者の捕捉がかなり不十分である可能性がある。検査件数が特に少ないわけではなく、Worldometer サイト（八月二二日閲覧）によれば、人口一〇〇万人あたりの検査件数は、カザフスタンが約一二万件で世界四二位、ウズベキスタンとクルグズスタンがそれぞれ約四万件で一〇〇位と一〇一位である（日本は約一万件で一五〇位）。しかし検査を受けていないか検査結果が陰性でも、新型コロナと類似した症状の肺炎にかかっている人が多い。七月九日には在カザフスタン中国大使館が、未知の肺炎が流行していると警告して国際的な騒動となったが、実際にはこれは新型コロナによるものであるということで専門家や関係国政府の意見は一致した。検査結果陰性でも新型肺炎にかかっているらしい人が多いという現象はクルグズスタンとウズベキスタンでも見られ、前者では七月一七日からそうした肺炎も新型コロナの統計に含めることにした結果、感染者数・死者数が見かけ上激増した。カザフスタンでは八月一日から新型コロナの疑いがある肺炎患者数を感染者数とは別に発表し始め、同二三日発表までの累計で二万二六六〇人、うち死者二五六人に達する（ＷＨＯは感染者数に組み入れている）。検査結果陰性でも新型コロナによる肺炎と同じ症状を示す患者が多いという現象がなぜ中央アジアで顕著に見られるのかについては諸説あり、真相はわからない。いずれにしてもこれは単に統計の問題というだけではなく、検査結果が陰性だった肺炎患者が、ウイルス性肺炎には逆効果の抗生物質を投与されて症状を悪化させるなど、医療現場の混乱ともつながっていた。

2　各国政府の対応とそこに見える政治体制の特徴

先に述べたように感染者ゼロという建前を押し通しているトルクメニスタンの対応は、非常に特殊である。新型コロナの予防の必要を無視しているわけではなく、医学博士（元歯科医）でもあるベルディムハメドフ大統領の「研究」の成果として、ハルマラという薬草がコロナの予防に効くとされ、三月からこれを公的機関や学校でいぶすことが推奨された。七月からは、有害な埃から身を守るためという名目で、マスクの着用とソーシャル・ディスタンシングが推奨ないし強制され、市場やモスクなどが閉鎖された。また、早くも一月末から国境封鎖や国際線の運行停止に着手したほか、国内交通の規制も行ってきた。しかし他方で、時期によってはコロナウイルスという言葉を口にするだけで拘束された、コロナに感染していると思われる患者を治療する医者に口外禁止の命令が出ている、死者が増えていることが人工衛星から探知されないよう、墓石など墓の目印となるものを立てることが禁じられているといった情報が、国外の反体制派系メディアでよく報じられている。こうした対応の背景には、トルクメニスタンの政治体制が極めて個人独裁的で、しかも大統領がさまざまな意味で特異な考え方を持っていること、コロナに限らず国内の問題をとにかく隠したがる傾向が強いということがある。

タジキスタンは感染者数や死者数を公表しているが信憑性に相当の疑いがあり、地域分布や医療従事者の感染数など詳しい情報はほとんど発表していない。同国の政権は一九九〇年代の内戦後にいったん旧反体制派とパワーシェアリングをしたものの、その後旧反体制派を排除する過程で報道への規制を強め、またラフモン大統領の近親者を中心とする閉じられたサークルで政治を行う傾向があるため、情報の公開性が低いことがこの背景にあると思われる。また感染予防策としては、入国制限、大人数の集まりの禁止やマスクの着用義務化（WHOのSituation Reportによれば、ほとんど守られていないという）は行ったものの、ロックダウンのような厳しい外出規制は導入していない。これは旧ソ連地域最貧国であるタジキスタンに、経済を犠牲にして感染予防策をする余裕がないことを示していよう。

他の三か国は、国際的な潮流に概ね沿い、なおかつ厳格な対応をしてきた。中国をはじめとする流行地からの入国制限や入国者の隔離は早くから行った（ただし多くの観光客が訪れるウズベキスタンでは、二月末まで制限は緩かった）。感染者の判明後、カザフスタンは三月一六日から五月一一日まで全国に、クルグズスタンは三月二五日から五月一〇日まで首都ビシケクをはじめ多くの地域に非常事態宣言を発令して外出や交通を厳しく制限し、解除後もさまざまな規制を残した。クルグズスタンでは誰かが制限措置を破っている様子を別の市民が撮影してネットに投稿するなど、「自粛警察」的な動きも見られた。ウズベキスタンは一律の宣言は出さず、流行状況に合わせて地域ごとに細かく対策を分けたが、首都タシケントをはじめとする多くの地域で極めて厳しい制限措置を取った。同国では、行政の末端を担う町内会的組織であるマハッラ委員会も，コロナ対策のさまざまな活動に動員されている（*Central Asia Viral*, Apr. 1, 2020）。これら三か国はまた，病院の新設や，既存の病院の改造，隔離施設や臨時入院・診療施設の開設，医療従事者の再教育などにも果敢かつ迅速に取り組んだ。ついでに言えば，学校でのオンライン授業・ビデオ授業も積極的に採用した。

ただしさまざまな制限措置は，感染予防の観点から効果的に行われたとは必ずしも言えない。移動許可証を発行する役所や，市の境の検問所などにはかえって人が密集した。家族・親族の行事を大事にする地域性もあって，政府の方針に反して葬式や結婚式に大勢の人が集まることも多々あった。またアメリカやロシアなどと同様，マスクの着用も徹底していないようである。クルグズスタンでは，六月の内閣改造の際に，関係者がマスクをせずに密集して記念写真を撮ったため，新旧首相，副首相らが罰金を科されるという珍事もあった。さらに，これもロシアと共通する問題だが，コロナウイルスは誰かが金銭的・政治的目的で作った話であって実在しないとか，コロナの脅威は誇張されているといったコロナ否定論・懐疑論（*AKIpress*, Jun. 17, 2020; *Romir*, Jun. 29, 2020）を信じて予防に協力しない人々が少なくないことも，特にカザフスタンとクルグズスタンで当局の頭痛の種だった。

結果として，各国政府は感染の拡大や死者の増加を十分に抑えることができたとは言い難い。厳しい制限措置が実施されていた四月前後にも感染者の増加ペースは顕著に下がったわけではなく，制限が若干緩められると状況は極めて深刻化した。その後再びさまざまな対策が取られたこともあって，七月下旬ないし八月上旬からは新規感染者が減少傾向にあり，制限措置はさらに緩められつつある。

政治体制としては，カザフスタンは大統領に権力が集中した権威主義体制（トカエフ現大統領だけでなくナザルバエフ初代大統領も影響力を保つ）だが，官僚機構も発達しており，トルクメニスタンのように恣意的な政治が行われる体制ではない。クルグズスタンは大統領が相対的に強いが他の政治勢力も議会などを通じて力を持つ半権威主義・半民主主義的体制である。この二か国が採用する政策は結果的に似通うことが多く，マスメディアやインターネットが発達して情報の公開性が比較的高いと同時にデマも流れやすいという点も共通する。ウズベキスタンは，カリモフ前大統領の時代は閉鎖的・抑圧的な権威主義体制だったのに対し，ミルジヨエフ現大統領は広汎な改革を実行し，公開性を高め市民のニーズに応える政治を行おうとしているが，意思決定権が大統領に集中した上意下達のシステムであることは変わらない。統計を信じる限り，ウズベキスタンの感染拡大が人口比でカザフスタンとクルグズスタンほど激しくなかったことは，マハッラ委員会などを使って大統領の方針が末端まで行き渡りやすい仕組みが機能した結果とも解釈できるが，それでも感染拡大を十分に抑えたとは言えない。

以上のような中央アジア諸国の例からもわかるように，権威主義体制が自由民主主義体制よりも効果的に疫病対策・危機対応を行えるのかという問いに一律の答えは存在せず、それぞれの国の政治・行政システムの特徴や社会のあり方を見なければならない。トルクメニスタンのように極めて個人独裁的で閉鎖的な体制では、政策が指導者の恣意に依存し、問題を発見し最新の知見に基づいて合理的な解決を図ることが難しい。タジキスタンも、極端に閉鎖的というわけではないが情報の公開性が低いうえ、経済的な貧しさもあって対応策の選択肢が限られている。他方カザフスタン、クルグズスタン、ウズベキスタンは、権威主義の度合いや性格はそれぞれ異なるものの、官僚機構などを利用して地域社会の状況をそれなりに把握しながら、中央から強制力を伴う措置を命令しやすいという点は共通する。しかし中央が命ずる措置が、末端の行政や医療・経済活動を担う人々および一般市民によって合理的に実行されるかどうかは別問題であり、特にカザフスタンとクルグズスタンのようにコロナ否定論・懐疑論が流行しやすい社会では命令をすり抜ける行動が多くなる。結局、新型コロナ問題のように政府の一方的な政策だけではなく、行政機構全体・社会全体の協力が必要とされる危機対応には、指導者の政治姿勢だけではなく、その国の歴史を背景とする行政のあり方・社会のあり方が反映されるのであり、単にたとえば中国の権威主義的な対応が成功したからそれをまねればよいというものではないのである。

3　新型コロナ問題から再確認できる中央アジア国際関係の特徴

さて、国際関係に目を転じよう。新型コロナ問題は、中央アジア諸国の医療体制の不備など、従来から指摘されていた国内問題を改めて浮かび上がらせたのと同様、国際関係、特に人や物の移動にかかわる関係についても従来から存在する特徴を再確認させることになった。

新型コロナが中国を中心に流行している間は、中央アジアは中国に隣接しているにもかかわらず、公式には感染者がいなかったし、実際にもまとまった規模の流行が起きた形跡はない。これは、各国が中国からの入国制限を早期に実施したためでもあるが、帰国者をはじめ人の流れを完全に止めていたわけではない。しかし、ヨーロッパを中心に流行するようになると、ヨーロッパ・西アジア方面、特にロシアからの帰国者によって感染が大きく広がった。これはある程度世界的な傾向と合致するが、特に中央アジアの場合、中国とは地理的にも経済的にも近い関係であるにもかかわらず人の往来はさほど多くなく、ロシアに仕事や私用で行く人々と、ヨーロッパや西アジアに観光や休暇、巡礼などで行く人々が主要な流れを構成していることに由来している(1)。

国境を越えて移動する人々の中でも、中央アジアから諸外国に行って働く労働移民（短期の出稼ぎを含む）の存在は、コロナ禍の下での各国の状況にも大きな影響を与えている。労働移民の数を正確に把握することは難しいが、近年の推計ではウズベキスタンから二五〇万人以上、タジキスタンから一〇〇万人以上、クルグズスタンから七〇万人以上が外国で働いていると言われ、その大半がロシアにいる。新型コロナ問題に伴い、帰国を望む労働移民への対処がこれら三か国政府の重要課題となり、チャーター機やバスの手配、制止に耳を貸さずに帰国のための通過地点であるロシア・カザフスタン国境などに押し寄せる人々への対応（こういう人々もなし崩し的に帰国させている）、帰国した人々の一時隔離に追われてきた。同時にこれらの国、特にGDPの三～四割に当たる送金を労働移民から受けてきたタジキスタンやクルグズスタンは、労働移民の帰還やロシアでの失職により、経済状況の悪化と失業の増大に直面している。とはいえ、依然として大多数の労働移民はロシアに残っている。コロナ収束後のロシアの経済状況は、石油・ガス価格の動向にもよるため予測し難いが、ロシアとタジキスタンやクルグズスタン、ウズベキスタンとの経済格差は続くであろう。言語の習得度や人的つながりの問題を考えると、多くの人々にとってロシアが他の外国よりも働きに行きやすい国であることも変わらないので、これらの国は労働移民を通してロシア経済に依存し続けざるを得ないと思われる。

以上のように人の移動の面では中央アジア諸国はロシアとのつながりが強いことが再確認されたが、投資や援助を含む経済面では二一世紀に入ってから中国との関係が急速に発展し、貿易のシェアでは中国がロシアと一、二を争うようになった（宇山二〇一八）。また、中国からの輸入品の再輸出や、食料品の貿易などで、中央アジア諸国同士の関係も重要である。しかし内陸国である中央アジア諸国の貿易は、輸送インフラや通関制度などの不備にしばしば悩まされており、コロナ禍の下でも陸上国境は脆弱性として作用した。各国が国境封鎖などの厳しい移動制限をしていた時には、トラック運転手の往来を許してよいのかという問題もあって貿易が困難となり、一時的ではあるが物不足やインフレをもたらしたのである。多くの関係諸国は物資輸送をできるだけ早く再開できるよう努力したが、従来から他の中央アジア諸国（特にタジキスタン）と中東の間を行き来するトラックをしばしば国境で止めていたトルクメニスタンは、今回も二月末から四か月にわたってイラン国境を封鎖し（八月現在も全面的に開放してはいない模様）、通過貿易に損害を与えた。

コロナそのものの対策でも経済面でも困難に直面する中で、中央アジア諸国は多くの援助を必要としている。域内国同士でも、カザフスタンが小麦粉を、ウズベキスタンが医療用品を周辺国に供給するなど、それぞれの得意分野で援助が行われているが（Lemon & Antonov, 2020）、より重要なのは域外国、特に中国（政府に加えジャック・マーなどの企業家や姉妹都市などを含む）とロシアの援助であり、検査試薬など医療用品をはじめとする物資を提供するほか、医師団も時折派遣している。欧米諸国や韓国、日本もさまざまな援助をしているが、存在感を発揮しているとは言い難い。中でもアメリカは、国際開発庁（USAID）が困窮した労働移民への支援などをしているものの、現地ではアメリカの援助に関する情報よりも、コロナウイルスはビル・ゲイツの陰謀によって広まっているものだとか、アメリカの資金で建設されたカザフスタンの伝染病研究施設で開発されたものだとかいった陰謀論(2)の方が流布している。一部の人々の反米感情に基づくアメリカ陰謀論が流れやすいことは、言説空間としても中央アジアとロシアに共通性が強いことを示している。

4　ポストコロナ「中国の独擅場」説は本当か——大国間競争の限界

ポストコロナの中央アジア国際関係をめぐる国際メディアやアナリストの主要な関心の的は、中国の影響力に向けられている。さまざまな意見があるが、ロシアなど他の大国が中央アジアを本格的に援助する余力がないと見られる中で、中央アジアは中国の独擅場となるという見方がかなり多い（たとえば *Carnegie Endowment for International Peace*, July 8, 2020; *The Diplomat*, July 29, 2020）。

　現状としては、確かに援助国としての中国の存在感は大きいものの、貿易は国境封鎖や管理強化で低調である。二〇二〇年一月から五月までの中国からの輸入額は、カザフスタンで前年同期比二〇パーセント、クルグズスタンで六五パーセントも落ちた（*Sputnik Kazakhstan*, Jul. 23, 2020; *Tazabek*, Aug. 13, 2020）。一帯一路関連のプロジェクトは、中国人技術者らの入国が難しいためなかなか再開できていない。また、医療関係の援助、特に医師団の派遣について見ると、中国からの医師団の活動は主に視察や全般的な助言であるのに対し、ロシアからの医師団は約一か月滞在し、現地の医師らとともに治療方針を検討したり診療に当たったりしている（カザフスタンとクルグズスタンで七月から八月にかけて、ウズベキスタンで八月から九月にかけて実施。*Azattyq Ryhy*, Aug. 4, 2020; *Kaktus. media*, Aug. 16, 2020; *Sputnik Uzbekistan*, Aug. 17, 2020）。現地の医師も自らロシアの治療法を参考にすることが多い。ロシア語を共通語としさまざまな制度も類似するロシアとの関係の方がきめ細かく、中国はそこまで深く入り込めないという状況は、コロナ禍の下でも変わっていない。

　また、中国と国境を接する三か国（カザフスタン、クルグズスタン、タジキスタン）では、政権の中国重視姿勢とは裏腹に、民間の一部に中国の拡張主義に対する警戒心などの強い反中感情があって（いわゆる「官熱民冷」状況）、関係強化に時々ブレーキをかけてきた。有名なのは二〇一六年にカザフスタン全国で起きた反中集会だが、クルグズスタンでも中国企業と進出先の住民などのトラブルがよく起きており、二〇二〇年二月には、中国との合弁企業が国境地区に貿易物流センターを開設する計画が、住民の反対運動により頓挫した。中国がいくら投資や援助、広報文化外交を行っても、カザフスタンやクルグズスタンでは中国のプレゼンスを歓迎しない人々が多く（世論調査の一例としてLaruelle et al., 2020）、これはコロナ対策の援助によっても変わりそうにない。

　今後、中国の対中央アジア政策にとって最大の問題となるのは、一帯一路関連の事業の対象となっている他の諸地域と同様、相手国を借金漬けにしながら大規模にインフラを建設するというこれまでの一帯一路モデルが、もはや通用しないということであろう。コロナ禍による経済悪化に伴う財政危機と、緊急対策のためやむを得ず国際金融機関などから行っている借入により、各国はインフラ建設のためにこれ以上の債務を負う余裕がなくなっているからである。言うまでもなく、過大な債務は以前から問題になっており、たとえばクルグズスタンはここ数年、中国からの借金を抑制する方向に動いている。中国自身、既に二〇一九年四月の第二回一帯一路フォーラムなどで、「質の高い発展」や「債務の持続可能性」を重視する新しい方向性を打ち出していたが（八ツ井二〇一九）、少なくとも中央アジアに関しては、これが明確に具体化しないままコロナ禍を迎えた。

広い文脈では、一帯一路の眼目である国境を越えたコネクティヴィティの強化が、コロナ対応で世界に広まる自給志向や、米中デカップリングの動きの中で継続していけるのかどうかが試されているとも言える。ただし筆者はこれについてはそれほど悲観的ではない。世界各国が国民の生活水準を維持するためには、自給自足も、米中のどちらかとの経済関係を断ち切ることもあり得ず、特に内陸の中央アジア諸国にとって陸路の貿易が生命線であることを考えれば、一帯一路は、華々しいインフラ建設にはブレーキがかかるとしても、貿易促進という意味での重要性は減らないであろう（Bugaenko 2020 参照）。

いずれにしても中央アジア諸国は、独立後約三〇年間、ロシアとのつながりを保ちつつ、中国やヨーロッパ、西アジア諸国、韓国などとの経済関係も強め、日米印などからも援助や投資を受けるという外交姿勢を、国や時期による違いはありながらも基本的に維持してきた。大国的な視点からは陣取り合戦をやっているつもりでも、中小国の側は多様な域外国からそれぞれ利益を得ようとするのが「グレートゲーム」の実態である。中国を含むどの大国も、自らの強みと弱みの制約の中で活動するしかない。そのような現実を無視して、中央アジアや他の途上国群がどの大国の独占的な勢力圏になるのかを占おうとする議論は、コロナ以前も今も不毛である。

5　地域協力機構の限界と専門的国際機関の役割の再評価

中ロの「勢力圏」や、権威主義諸国間の連携の問題と関連して注目されてきたのは、中ロと中央アジア諸国（トルクメニスタンを除く）によって結成され、その後印パも加盟した上海協力機構（SCO）と、ロシア、ベラルーシ、カザフスタン、アルメニア、クルグズスタンからなるユーラシア経済同盟（EAEU）である。しかしこれまでもさまざまな問題が指摘されてきた両機構は、コロナ禍でも多国間協調のための役割を発揮できていない。SCOはセミナーを開く程度でほとんどコロナ対応の活動をしていない。EAEUは、コロナ対策のための輸入物資に対する関税の一時的免除や、共通の基金から加盟国への融資などでそれなりに努力しているが、加盟国がばらばらに国境封鎖などの措置を導入したことは経済同盟としての機能不全を改めて露呈させたし、コロナ禍と直接関係ない問題でも、加盟国・関係国間の利害の違いがこの間にさらに目立ってきてい

表２　主要国際金融機関から中央アジア諸国へのコロナ対応のための援助（承認ベース）

		IMF	WB	ADB	AIIB
ウズベキスタン	融資	375	295	600	100
	無償			1.56	
クルグズスタン	融資	242	6.075	50	
	無償		6.075	20	
タジキスタン	融資	189.5			
	無償		11.3	52.5	
カザフスタン	融資			1000	750

（注）　単位は百万ドル。情報源は2020年8月21日現在の各機関のウェブサイト。コロナ禍への対応を銘打った新規の援助に限り、既存の枠組みの組み替えや、プロジェクト名にCOVID-19やパンデミックという言葉を含まないもの（たとえばクルグズスタンでコロナ禍により苦境にある中小企業を支援するための、AIIB［5,000万ドル融資］と世界銀行［各2,500万ドルの融資と無償］の共同事業）は含まない。

る。[3] これらの地域協力機構は、首脳会議などで友好を演出するのは得意でも、組織としての意思決定には加盟国間の協議を逐一経なければならないため、危機対応は不得意なのである。他の加盟国の反感を買うことを避けたいロシアや中国も、強引に指導力を発揮することはできない。

他方、自ら意思決定のできる専門性のある国際機関は、コロナ対応において地味ではあるが重要な役割を演じている。WHOはアメリカのトランプ政権などから悪評を買い苦境にあるものの、感染者の存在をなかなか認めなかったタジキスタンやいまだに認めていないトルクメニスタンに、相手国の立場を尊重しつつ助言し、具体的な対応に導いている。タジキスタンが四月三〇日に初めて感染者の存在を認めたのは、その直後に同国を訪問したWHO代表団の受け入れ準備と関係していたと思われるし、八月にはトルクメニスタンの肺炎患者について、WHOが独自にコロナの検査を行うことを大統領に説得し認めさせた（*Khronika Turkmenistana*, Aug. 8, 2020. その後実際に検査が行われたかは不明）。

経済面では、国際金融機関の役割がとりわけ大きい。国際通貨基金（IMF）、世界銀行（WB）、アジア開発銀行（ADB）、アジアインフラ投資銀行（AIIB）、イスラーム開発銀行（IsDB）などは、コロナ禍およびそれに伴う各国の財政危機に対応して、緊急の低利融資や無償援助を行っている（表2）。金額はその国の経済規模にも左右されるところがあるが、このような援助は小国にとって死活的に重要であり、たとえば深刻な税収不足に見舞われたクルグズスタンは、IMFとADBから受けた援助のうち六月までの使用金額の半分以上を公務員の給料支払いに充てている（*24. kg*, July 1, 2020）。なお、AIIBの融資は、ADBやWBとの共同事業によるものであり、設立当初は中国の野望の道具のような評判を立てられていたこの銀行が、国際金融機関として地道に活動していることの一端を表している。

近年、トランプ政権のふるまいの影響もあって、国際機関は大国間の争いの影に隠れたようなイメージが持たれがちだが、依然として中小国への援助などを通して国際社会の安定を保つのに不可欠な存在である。国の指導者の気まぐれが国家間の協調を弱める時はあっても、国家の狭い利害を超えた専門的な国際機関は常に必要とされ、その必要性をコロナ禍がさらに高めたという意味では、個々のアクターの意図にかかわらず国際協調主義は維持されていると言ってよいだろう。

おわりに——欧米中心的国際秩序の衰退とその減速

以上のように、コロナ禍は中央アジア諸国の抱える問題や国際関係のあり方を改めて浮き彫りにしたものの、質的な大きな変化には今のところつながっていない。このことは、新型コロナウイルス問題は世界のさまざまな変化を加速させるという見方を疑う根拠となる。確かに生活のＩＴ化や働き方の変化、産業構造の変化が加速する可能性は高いし、それは長期的には国際関係の変化にも間接的につながるかもしれない。しかし短・中期的には、コロナ禍にはむしろ国際秩序の変化を減速させる効果があるのではないかと筆者は考えている。

二〇世紀末以降、世界の人口分布も経済の地理的重心も変わっていく中で、欧米中心の国際秩序が揺らいでいくという長期的な変化がある。その揺らぎ・衰退が特に鮮明に加速したのは、中国が従来の慎重さを捨てて自己主張を強め、没落勢力と見られていたロシアもクリミア併合などで既存国際秩序に挑戦し、同時に欧米で自由民主主義を毀損し自国第一主義を唱えるポピュリズム勢力が台頭した二〇一〇年代半ばであった。しかしその後数年のうちに、多くの国の中国に対する警戒心が強まり、ロシアが世界を驚かすような行動も途絶えがちになり、欧米ではポピュリズム旋風への巻き返しが起きている。そのような時に発生したコロナ禍により、要人の往来などが困難になって、外交活動は全般的に停滞している。

そもそも欧米中心の国際秩序と一口に言っても、欧米の影響力の強弱は地域によって常に異なっていたし、欧米中心主義の極端な表れとしてのアメリカ一極主義は、冷戦後の幻影ないし徒花に終わった。その意味では欧米中心の国際秩序はとっくに崩れているのだが、他方で国連の活動をはじめ、国家主権の尊重に基づく国際協調は、欧米主導で始まったものだとしても既に非欧米諸国を含む形で定着しており、多くの不十分な点はあっても必要性は低下していない。欧米中心の国際秩序の揺らぎが新しい国際秩序の形成に帰着するとしたら、中国のような国が世界の新たなリーダーになるか、複数の大国が勢力圏を分け合うというようなシナリオが考えられるが、現時点では中国のリーダーシップは空回りし、ブロック状の勢力圏形成も進行していない。同時に、中国を封じ込めて欧米中心の秩序を再形成することも成功しそうにはない。

これらのことを先駆的に示しているのが、中央アジアの状況だろう。ソ連崩壊後に大国間競争が喧伝された地域だが、欧米は確固とした地位を築くことができないまま、アフガニスタン作戦用基地の撤退などを余儀なくされた二〇〇〇年代半ばから明確に影響力を低めた。隣接国である中国は容易に勢力を伸ばせるかのように見る向きもあったが、実際は経済的関与をいくら強めても、中央アジア諸国の人々を親中的にすることはできない。相対的に結びつきが深いのはロシアだが、EAEUの拡大の限界や活動の不調に見られるように、ロシアの思い通りにはなっていない。

大国間の戦争や植民地化・脱植民地化が相次いだ一九世紀から二〇世紀半ばの世界と異なり、現在の世界では、劇的な覇権交代は難しい。また小国と言えども主権国家であり、特定の一国に従属するよりも、さまざまな国から利益を引き出そうとするから、諸大国の勢力圏作りもその組み替えも簡単にはできない。そして、さまざまな国際機関が地味ではあれ国際社会の安定維持に貢献している。コロナ禍は国際秩序の変化を加速させるよりも、現在の国際社会の構造を再確認させたのではないだろうか。二〇世紀から引き継がれた国際秩序の揺らぎはこの後も続くだろうが、それが劇的な崩壊や中国中心の国際秩序の形成にはつながらない、曖昧な状態がしばらくは続きそうである。

［付記］

本稿を執筆した二〇二〇年八月下旬以降の状況を簡単に追記しておく。

トルクメニスタンでは依然として、新型コロナウイルスの流行は明らかであるにもかかわらず、公式には感染者ゼロとされている。タジキスタンでも感染者数を少なく発表する傾向が続き、二〇二一年一月中旬以降、夏の間を除いて感染者はほとんどいないことになっている。他の三か国では、二〇年夏にピークを迎えた第一波の後、秋または冬にそれよりも弱い第二波があり、二一年春には第三波、夏には過去最大級の第四波の襲来を受けたが、秋には感染者が減っている。

ワクチンは、いずれの国もロシア・ワクチンと中国ワクチンを併用している。このうちカザフスタンではロシアのスプートニクVを国内生産しているほか、独自の不活化ワクチンも開発した。ウズベキスタンは中国の安徽智飛竜科馬生物製薬の臨床試験に協力して共同開発の形にしたワクチンを通常よりも安く購入し、二一年九月からは国内生産も開始した。クルグズスタンは中国からシノファーム社ワクチンの無償提供を受けた。また、ウズベキスタン、タジキスタン、クルグズスタンは、国際援助枠組みのCOVAXやアメリカの援助で欧米のワクチンも入手している。中央アジア諸国は諸大国のワクチン外交の対象になっているとも言えるが、常に気前よくワクチンを提供されているわけではない。入手状況は各国の工夫と経済力に依存するところが大きく、経済力の弱いタジキスタンとクルグズスタンはかなり出遅れた。

コロナと直接の関係はないが、中央アジアをめぐる国際関係における大きな事件としては、アフガニスタンで二一年八月に米軍が撤退し、ターリバーン政権が成立したことが挙げられる。これはアメリカの世界的な影響力低下を象徴する事件ではあるが、中央アジアではアメリカのプレゼンス低下は二〇〇〇年代半ばから続いており、新しい現象ではない。アフガニスタン情勢の先行きは不透明であり、中ロや多くの中央アジア諸国はターリバーンとのパイプ作りをしているものの深い関与には慎重で、アフガニスタン周辺地域での諸国間の力関係を大きく変えるには至っていない。（二〇二一年一一月七日）

（1）　カザフスタンの場合、二〇一七年の外国からの訪問者のうち八二・二パーセントをウズベキスタン、ロシア、クルグズスタンの三か国が占め、中国からの訪問者はトルコやドイツより少ない一・二パーセントだった（*inform-buro. kz*, March 5, 2019）。二〇一六年のカザフスタンからの出国者の行き先も上記三か国が圧倒的で、中国は旧ソ連諸国以外では最も多い二・二パーセントであるものの（*Kursiv. kz*, June 7, 2018）、観光や休暇の行き先としては二・一パーセントのトルコの方が人気があるという評価が一般的である。

（2）　この種の陰謀論は旧ソ連諸国にかなり広まっているが、特にカザフスタンでは、芸能人やスポーツマンがソーシャルメディアで陰謀論を盛んに流すケースが目立つ（*Vremia*, Jul. 10, 2020）。

（3）　五月一九日に開かれたＥＡＥＵのオンライン・サミットで、カザフスタンのトカエフ大統領は、同盟の活動を経済以外の諸分野に本格的に広げることは各国の主権を損なうと述べて、統合強化戦略を練り直しに追い込んだ。非加盟国のウズベキスタンがＥＡＥＵのオブザーヴァーになるという、本来経済同盟の発展を表すはずの出来事においても同国では珍しく国論が二分した。国会承認の際、下院（四月二八日）では賛成八六、反対三二、棄権一四と票が分かれ、上院（五月一一日）でも激しい議論を経て、賛成七一、反対一六、棄権四で承認された（*Gazeta. uz*, May 11, 2020）。これは政権自体のＥＡＥＵに対する両義的な態度を反映しているだろう。

参考文献

宇山智彦（二〇一八）「中央アジアと中国の関係の現実的な理解のために」『東亜』一二月号、三〇-三八頁。

八ッ井琢磨（二〇一九）「一帯一路の軌道修正を模索する中国：「国際スタンダード」への歩み寄りとその限界」三井物産戦略研究所ウェブサイト。

Bugaenko, Anton (2020) "Posledstviia koronavirusnogo krizisa dlia initsiativy 'Poias i Put'' v Tsentral'noi Azii," *Central Asian Bureau for Analytical Reporting*, May 13.

Laruelle, Marlene, Gerard Toal, John O'Loughlin, and Kristin M. Bakke (2020) "Kazakhs Are Wary of Neighbours Bearing Gifts," *openDemocracy*, April 30.

Lemon, Edward, and Oleg Antonov (2020) *Responses to Covid-19 and the Strengthening of Authoritarian Governance in Central Asia* (The George Washington University, Central Asia Program Paper, no. 236).

キューバ白衣外交の文脈
――トランプとコロナ

上　英明

（かみ　ひであき）東京大学大学院総合文化研究科准教授
専門は国際関係史、現代米国史、中南米史。著書に（単著）*Diplomacy Meets Migration: US Relations with Cuba during the Cold War*（Cambridge University Press）、『外交と移民――冷戦下の米・キューバ関係』（名古屋大学出版会）、（共著）『現代アメリカ政治外交史』（ミネルヴァ書房）、*The Cold War at Home and Abroad: Domestic Politics and U. S. Foreign Policy since 1945*（University Press of Kentucky）などがある。

はじめに

キューバにおける新型コロナウイルスの感染者数と死者数は、感染爆発を引き起こした隣国のメキシコやアメリカ合衆国と比べ、はるかに少ない。二〇二〇年八月二日までに確認された感染者数は二六三三名、死者数は八七名にとどまる。また、先進国が自国の医療破綻を危惧し、対外医療支援をためらうなか、それほど豊かでもないキューバからは、数百名の医者や看護師たちが世界各国に送り出された。コロナ危機というパンデミックにおいて、この世界福祉へのキューバの貢献を否定することはできない。

しかし、このような成果にもかかわらず、キューバは厳しい状況にある。コロナ危機の発生以後、国際的な人の移動が止まり、観光収入が激減したこと。コロナ危機以前から続く、最大の同盟国ベエズエラの危機が収束していないこと。そして重要なのが、合衆国のトランプ政権が、前オバマ政権が進めた対話外交を撤回し、対キューバ制裁を強化してきたことである。冷戦終結の直後、ソ連解体の衝撃を受けたキューバでは、国内総生産が三割を超えて落ち込み、「平時における特殊期間」（*Período Especial*）が宣言された。現在のキューバには、まさにそれ以来の苦難が訪れるのではないかという不安がある。

すなわち、キューバはコロナという未知のウイルスとの戦いにおいては比較的優位に立ったにもかかわらず、合衆国の経済圧力という積年の脅威とも再び向き合うことを強いられたのである。この状況をより深く理解するためには、少し時代を遡り、簡潔ながらも、近年において激変するキューバの状況を追うことが適切である。本稿では、オバマからトランプへの政権交代のあと、キューバとの関係改善の動きがどのように変転したのかを考察する。その上で、この国際的な文脈を重視しつつ、キューバのコロナ危機への対応について暫定的な分析を試みる。最後に、アフター・コロナの時代にも目を向け、展望を付記することとする。

1　トランプ政権――対話外交の撤回

近年においてキューバが直面した最大の問題は、隣国アメリカ合衆国におけるトランプ政権の誕生である。同政権が、前オバマ政権が進めたキューバとの対話と関与を真っ向から否定し、孤立化と圧力を基軸とする政策を再びとったからである。

もともとオバマ政権がキューバとの対話を進めた背景には、西半球で低下した米の威信回復の意図があったことに加え、従来の政策が体制転換という目標を達成しなかったことがあった。国交正常化を実現し、フロリダ海峡をまたぐ人、モノ、金、情報の移動を活性化させることによって、漸次的な変化をキューバを促すことが期待されたのである（上二〇一六）。

しかし、キューバ系二世の共和党上院議員マルコ・ルビオらを中心に、キューバとの対話を拒み、南部フロリダ州などで長年影響力を誇ってきた在米キューバ人社会の「強硬派」は、オバマ外交に強く反対した。近年、在米キューバ人社会においては「新しい移民」、すなわち冷戦終結後に流入し、故国とのつながりを重視する人々も増えている。しかし、ルビオの例に見るように、政治力が強いのは強硬派である。

その後、ルビオが所属する共和党も同調し、その共和党が多数派を占める米議会は、オバマが望む経済制裁の解除やグアンタナモ基地の返還を阻止した。そして二〇一六年大統領選挙では、かつてキューバへの投資を模索したというドナルド・トランプも、最激戦州フロリダでの勝利を目指し、キューバへの姿勢を変え、ルビオらと足並みを揃えたのである（米・キューバ関係の背景について、詳しくはKami 2018を参照）。

大統領に就任したトランプは、ルビオの助言を受けつつ、オバマ政権の対話外交を否定し、旧来の政策へと舵を切る。とりわけ二〇一七年六月に発令された国家安全保障大統領覚書第五号（NSPM5）は、ふたたびキューバ政府との対決姿勢をアピールし、米国人観光客によるキューバ渡航への制限や経済制裁の強化を定めた一九九六年ヘルムズ・バートン法（後述）を支持した。

もともと上院外交委におけるルビオの影響力は、西半球問題においては特に強い。その上、共和党が上院で辛うじて過半数を上回る状況で、例のロシア疑惑の検証が始まると、もはや上院情報問題特別調査委員でもあるルビオをトランプが無視することは不可能となる。そしてルビオの側も巧みに大統領に接近したため、その影響力はトランプ政権において極大化したようである。

しかし、抜本的な体制転換を望むルビオらの期待に反し、キューバでは政権交代が着実に進んでいた。二〇一八年四月には、革命世代であるラウル・カストロの後継として、ミゲル・ディアス＝カネルが国家評議会議長に着任した。また、憲法改正をめぐる国民論議が始まり、革命五〇周年にあたる二〇一九年の二月には、原案が国民投票で八七%の支持を得て可決された。そこでは社会主義体制の維持と刷新がうたわれ、無償の医療サービスの提供が憲法上の権利であることも再確認される。

そこで目下の標的となったのが、キューバに石油を供給する同盟国ベネズエラのマドゥロ政権であった。このベネズエラでは、未曾有の経済危機を背景に、反体制派の運動が勢いづいていたのである。ルビオに促され、トランプが反体制派の支持を表明したのは、就任から一カ月もたたない二〇一七年二月のことである。翌年四月に反共イデオローグのジョン・ボルトンが国家安全保障担当大統領補佐官として加わると、トランプ政権のベネズエラへの関心はさらに高まっていく（Bolton 2020）。

二〇一八年一一月の中間選挙の直前には、このボルトンが中南米の社会主義三カ国（キューバ、ベネズエラ、ニカラグア）を相手に、「圧政のトロイカ」（troika of tyranny）を宣言し、経済制裁の一斉強化を提唱した。対決のイデオロギー色がますます鮮明になるなか、翌年一月には、ベネズエラ国会議長ファン・グアイドがマドゥロ政権の正当性を否定し、大統領就任を宣言。米国らがこの動きを支持し、ベネズエラへの経済制裁はさらに強化された。しかしマドゥロ政権は倒れず、ベネズエラ情勢は膠着する（Bolton 2020）。

すると、トランプ政権はこの失敗の責任をマドゥロ政権を支持するキューバの諜報機関に押しつけ、「懲罰」目的の「完全なる制裁」を予告した。こうしてキューバへの制裁強化策も相次いで発表され、ついには一九九六年ヘルムズ・バートン法第三章（Title III）の全面適用まで行われた。これにより、革命後にキューバ政府によって財産を接収された米国人請求者（接収当時に米国籍を持たなかったキューバ系を含む）が、その資産を利用して取引を行う企業に対し、米国内で訴訟提起することが可能になる。

それまで米政府は、国際社会における国際法違反の批判を念頭に、半年ごとにこの第三章の適用を「免除」していた。ところが、ここにきて全面適用が行われたため、ふたたび欧州、日本、ロシア、中国、そして中南米・カリブ海諸国らがあいついで反対を表明する事態となる。九月にボルトンが解任されたとはいえ、米政府はその後も米国市民による渡航制限の強化やキューバへの家族送金額の制限、また金融機関による「迂回決済」（U-turn sanctions）の取り締まりを発表し、キューバへの圧力を強めている。

一連の制裁強化によって、もともと余裕のないキューバの経済状況はさらに厳しくなった。ヘルムズ・バートン法第三章の全面適用によって訴訟リスクが高まれば、キューバへの投資熱は下がらざるをえない。また、渡航規制の強化によって合衆国からキューバへの訪問者の数が半減してしまえば、観光業への打撃は甚大である。こうしてキューバでは、高まる合衆国の圧力のもと、外貨収入の減少、およびそれに伴うエネルギー、食糧、および生活物資の不足が懸念され始めたのである。

2　コロナ第一波を制するキューバ

キューバが新型コロナウイルス感染症の危機に直面したのは、まさにこのときである。ところが、米国の経済制裁を受けるキューバは、その米国よりもはるかにスムーズに危機に対処していく。

まず、感染対策の経緯を振り返ってみよう。二〇二〇年三月一一日、キューバでイタリア人観光客が最初に感染者として確認されると、もともとマスクを着ける習慣がなかったにもかかわらず、国中でマスクの着用、およびその作成といった感染症対策キャンペーンが大々的に張られた。以後、政府による国境封鎖宣言が出され、自国民の出国禁止や一四日間の隔離措置といった対策が取られていく。

水際対策が本格化するなか、大型店舗の営業停止をはじめとする経済活動の停止や、公共交通機関の運休などの移動制限、あるいは五月一日のメーデー行進など、大勢が密集する各種行事の中止も発表された。さらに、何かと身体的接触を伴うコミュニケーションが多いキューバでも、日本のようなソーシャル・ディスタンシングが奨励されている。ただし、マスク着用の義務化は日本以上に徹底され、違反者に罰金を課すなどの措置もとられた。

加えて、医療体制の積極動員が行われた。地域密着型の予防医療が発達するキューバでは、プライマリ・ケアを担うファミリー・ドクターと看護師、それに医学部学生らによる全世帯への家庭訪問が行われ、感染が疑われる事例の発見、および地域全体の衛生対策の意識向上が図られた。当然、ＰＣＲ検査も積極的に実施され、こうした診察と治療はすべて無料で行われている（なお、国内にいた外国人観光客九万名が帰国すると、空室だらけのホテルは消毒され、感染者の滞在先として利用された）。

友好国からの支援も届いた。特に際立ったのは中国で、大量のマスクや防護服、手袋、体温計、検査キットなどが寄贈されている（*Xinhuanet*, 4 April 2002）。一方、ベトナムからも米五〇〇〇トンや元留学生からの義援金を贈ることが発表された（*Vietnam Times*, 18 April 2020）。

こうした対策と支援の結果、キューバでは死者数を最小限に抑えたまま、新規感染者数を減らすことに成功し、七月中旬には新規感染者数「ゼロ」を一時達成した。政府は各種規制の段階的解除を進め、七月一六日には首都ハバナなどの一部地域をのぞき、大幅な規制解除を発表した。ただし、ソーシャル・ディスタンシングの推奨は続き、マスク着用も義務化されたままである。

なお、日本との関係では、キューバ野球を代表し、福岡ソフトバンクホークスの主力選手でもあるデスパイネとグラシアルが来日できないことが話題になったが、出国規制が解かれたことで、この問題は解決した。七月一九日に来日した彼らは、日本政府が定める二週間の自主隔離を終えた後、チームに合流している（日本経済新聞、二〇二〇年七月二〇日）。

その後もキューバでは、首都ハバナでふたたび感染者数が増加に転じており、一部の規制が戻されるなど、警戒が続く。しかし、冒頭で述べたとおり、隣国で見られるような感染爆発や医療体制の崩壊が起きていないことは確かであり、ひとまずコロナ第一波を首尾よく制したといえる。

ここまでの封じ込め成功の要因を筆者なりに考えると、まず以下の五点が挙げられる。

（1）「地の利」。日本のように島国であるため、水際対策が取りやすいこと。

（2）「経験値」。もともとハリケーンなどの天災が多く、しばしば全国レベルの緊急対策が講じられていること。

（3）「連帯」。経済的に豊かではない上、合衆国の経済制裁もあり、医薬品や人工呼吸器などの医療機材を調達することが難しい。この状況では、各国からの物資支援が不可欠である。

（4）「統制力」。政局に左右されずに一貫したメッセージを上から下へと流し、必要な人材と物資を大規模に動員する力。ベトナムの例もあるように、少なくとも今回のような感染対策を運営する際、一党指導体制のような仕組みが有利に働くことはありうる。

（5）「科学への信頼」。少なくともマスクの着用を頑なに拒み、商業用洗剤の体内注射を提案するような指導者は、キューバでは見られない。

以上に加え、医療崩壊を起こした合衆国や他の中南米諸国と比較して重要だと考えられるのは、やはりキューバの「医療体制」だろう。一九五九年のキューバ革命以来、キューバでは所得や居住地、人種にかかわらず、誰でも無償で医療サービスを受けられるよう、人材育成と医療サービスの充実に力を入れてきた。健康診断や衛生教育、献血、各種ワクチンの接種が全国規模で導入され、マラリアや腸チフスなど各種伝染病の撲滅を達成し、平均寿命が先進国並みとなった。高齢化や生活習慣病が課題になると、地域予防医療に重点を置き、ファミリー・ドクター制度の充実が図られている（Feinsilver 1993；吉田）。

冷戦直後には、同盟国ソ連の衰退と崩壊を受け、未曾有の経済危機に見舞われた。それでもキューバは合衆国に屈服することを潔しとせず、IMF主導で構造調整を迫られた他の中南米諸国と違い、社会福祉予算を切らず、逆に増額したのである。医薬品や医療機器の不足に迫られ、医師や看護師らを増員する人海戦術で乗り切るしかなかったのだろう。人口比で見たときの医者の数は世界最高水準であり、二〇〇八年の時点で、住民一五一人に一人の医者がいたという試算もある（Feinsilver 2010, p37）。

コロナ危機下においても、この医療体制の底力が発揮された。一般的に感染危機の壊滅的な影響は社会的弱者の間で特に増大する傾向があり、合衆国でも、感染者数と死者数が圧倒的な比率で中南米系やアフリカ系に偏っている。しかし、医療サービスが国民の権利として無償で提供されるキューバでは、こうした現象は起きていない。

平均寿命が先進国並に長く、高齢社会であることから、キューバにおけるパンデミックの脅威は大きかったはずである。今後もコロナの感染対策は続き、難しい舵取りを迫られるだろうが、これまでの対応を見るかぎり、コロナ危機のためにキューバの政治体制が大きく揺らぐということは考えにくい。

3　白衣外交の活躍――世界における弱者との連帯

コロナ下のキューバについては、もう一つ特筆すべきことがある。それは国内におけるコロナとの闘いと並行して、国際的な医療支援、いわゆる「白衣外交」の展開を拡大したことである。

日本のメディアでも取り上げられたが、基本的にこの「白衣外交」とは、医療サービスが十分に提供されない地域を支援するために、自国の医師や看護師を派遣するという取り組みである。キューバの場合、一九六〇年に大地震に見舞われたチリへの派遣が最初の事例であるが、長期で行われたものとしては、独立後、医師不足に陥ったアルジェリアへの派遣が先例となった。以後、連帯の名の下にキューバの医療従事者たちはラテンアメリカ、アフリカ、中東へと飛び立ち、地道な支援活動に尽力してきた。

こうした活動は冷戦終結後も継続され、白衣外交の場はアジアや太平洋島嶼国にも広がっている。現在までに支援を受けた国の数は一六四にのぼり、活動に参加したキューバ人医療従事者の数は四〇万人を超えた。

また、キューバの国際的な医療支援は医師団の派遣にとどまらず、かつては治療のために、チェルノブイリ原発事故で被災し、白血病を患う子供たちを受け入れたことがある。発展途上国での人材育成を目的に、一九九八年に創設されたラテンアメリカ医科大学は、留学生の受け入れを無償で行ってきた（Feinsilver 2010）。

近年ではキューバ自身が経済的に苦しいため、ベネズエラや南アフリカなど資金に余裕のある国への医療支援の場合は経済的な対価を得ている。二〇一八年において、その外貨獲得額は観光業を大きく上回ったとされる（Yaffe 2010）。

それでも医療スタッフが不足する貧困国や被災国の場合は、二〇〇五年のパキスタン北部地震や二〇一〇年のハイチ大地震の例に見るように、無償で行われてきた。二〇一四年から二〇一五年にかけて発生した西アフリカ（シエラレオネ、リベリア、ギネア）のエボラ出血熱危機でも、現地政府の要請に応じ、キューバが誇る「ヘンリー・リーブ国際医療支援部隊」（以下、ヘンリー・リーブ部隊）が無償で派遣されている。

この医療支援の精鋭部隊は二〇〇五年、大型ハリケーン「カトリーナ」が米国ルイジアナ州を襲った際、当時の国家主席であったフィデル・カストロによって創設された。ヘンリー・リーブという名前は、合衆国からキューバ独立戦争に参戦し、落命した将校に敬意を払う形でつけられている。

ただし、当時のブッシュ政権はキューバの人道支援をあくまで「国策」と見なしていたため、キューバの提案を無視し、米への派遣は実現していない。米政府の見解が変わったのは、ようやくオバマ政権が誕生した後である。まさに国交正常化交渉を発表した合衆国大統領の口から初めて、医療分野における将来的な両国の協力の発展への期待が表明されたのである。

では、なぜキューバはこうした無償の人道支援を続けてきたのだろうか。第一の動機は、大国中心の国際政治で生き残るために、道義的影響力や名声を積極的に求めたことである。冷戦期においてもソ連への依存をきらい、独自外交にこだわってきたキューバの歴史に鑑みれば、このことは理解しやすい（Feinsilver 2010）。

第二には、低開発による医療の発達不全、あるいは富の集中に伴う医療サービスの寡占という問題を厳しく批判してきたことである。すなわち、白衣外交の展開は、人命を助けるという医療の原点に立ち、世界共通の問題である貧困と格差の拡大において、危機に晒される弱者との「国際的な連帯」を目指すものであった（Huish 2014; Yaffe 2020）。

そして第三には、支援する側となるキューバ自身への反響が期待されていることが考えられる。合衆国でさえできないような大規模な医療支援をカリブ海の小国がやってのけるというストーリーは、清貧実直な若者たちに、貧しくても世界に貢献できるという理想と名誉欲を与え、奮起を促すはずだ。そもそもキューバでは、外貨にアクセスできる観光タクシーの運転手の方が医者よりも稼ぐ。金銭目当てで医者になる人は、道を間違えている。

いずれにしろ、こうした動機が絡みあい、白衣外交の伝統はコロナ危機下においても守られた。コロナ感染が世界に拡大していく頃、すでに二万八〇〇〇人超のキューバ人医療専門家が五九カ国で活動中であり、彼ら彼女らは感染の拡大に対応し、現地の医療体制を下支えすることになる。

そしてキューバは、新たに各国政府から受けた緊急の協力要請を受け、前述のヘンリー・リーブ部隊の派遣に応じた。三月末までに、派遣国の数は友好国のベネズエラやニカラグアに加え、ハイチやグレナダ、スリナム、ジャマイカといったカリブ海諸国、さらには後述する欧州のイタリアを加え、一四となる。

その数はコロナ感染の世界への波及とともに増え、まもなくアンゴラやトーゴ、南アフリカといったアフリカ諸国、さらにはカタール、アラブ首長国連邦といった中東諸国への派遣が始まった。駐日キューバ大使館によると、八月三日時点で医療部隊四五班が計三八カ国で支援に従事し、派遣された医療従事者の総数も三七七二名（うち女性が二三九九名）に増えている（駐日キューバ大使館ツイート、二〇二〇年八月三日）。

なかでも初期に大規模な感染爆発を起こしたイタリアへの派遣は、主要先進国への医療支援として稀な例でもあり、特に注目を集めた。しかもヘンリー・リーブ部隊が派遣されたのは、最も深刻な打撃を受けた同国北西部のロンバルディア州とピエモンテ州である。このとき両州では医療崩壊が起きており、死者数が一万数千名を数えていた。

この状況で、三月中旬に到着した五二名の医療部隊がロンバルディア州のクレーマ市で野戦病院を張り、その一ヵ月後に到着した第二陣三七名も、ピエモンテ州の主要都市トリノを舞台にコロナウイルスと闘ったのである。地元住民らの歓迎を受けたのも当然であった。

また国内外のメディアの関心も高かった。スペインやイギリス、合衆国では、一部の主要紙（『エル・パイス』、『ガーディアン』、『ニューヨーク・タイムズ』など）が専門家の意見を引きつつ、医療部隊の活動を相次いで好意的に報じている。

もちろん、イタリアから見て大西洋の向こうにあるキューバでも、現地における医師団の奮闘が報じられた。二ヵ月半後に第一陣が帰国したときには、人命救助に力を尽くした英雄として迎えられ、国営メディアを中心に多くの特集番組が組まれた(Mesa Redonda in YouTube, 7 July 2020)。

支援を受けたイタリアの側では、医師団への謝意を表明する場が多く設けられた。とりわけ第二陣が活動したトリノ市では、名所モーレ・アントネリアーナ（Mole Antonelliana：イタリアの二ユーロ・セントコインのデザイン）が市を代表し、「ありがとう、キューバ」（GRZIE CUBA）というメッセージをイルミネーションで点灯している（MINSAP, Facebook post, 22 July 2020）。

キューバはその後も新たな医師団の派遣を進めており、最近ではカスピ海沿岸のアゼルバイジャンへの派遣が行われた。ひき続き国内外で概ね好意的な報道が続いている。

4　合衆国の政権転覆政策の余波

しかし、コロナ危機におけるこうした国内外の成果にもかかわらず、キューバはトランプ政権が強める圧力にさらわれ、厳しい状況に直面した。

コロナ危機以前からすでに制裁の再強化を進めていたトランプ政権は、キューバの白衣外交の展開を見ても、批判を強めるばかりであった。というのも同政権によれば、キューバの医療支援は人道支援ではなく、国策のために過酷な状況で強制的に医師たちが働かされるという意味で、深刻な人権侵害だからである（国務省民主主義・人権・労働局ツイート、二〇二〇年三月二五日）。

このような主張は、キューバの白衣外交を評価していたオバマ政権を遡り、その前のブッシュ政権でもよく見られた。事実、同政権は二〇〇六年より、国外へ派遣されたキューバ人医療従事者の「解放」を狙い、合衆国への移住を特別に優遇する措置をとった。オバマ政権が廃止するまで、七〇〇〇名もの医師が合衆国に亡命したのである。

当然だが、こうした亡命者からは自らが関わった医療支援への批判の声が出てくる。そこには政府から払われる労働報酬への不満、国の看板政策への貢献を拒むことの困難と不利益に対する恐怖、亡命抑止のために監視下に置かれるなど、不自由を強いられたという証言、治安があまりに悪く、設備も整わない派遣先での労務を強いられたことへの憤り、さらには自らの医療サービスが住民の統制道具として現地政府に利用されたという告発が混在している（BBC News, 19 May 2019）。派遣先で異なる環境に置かれ、故国の現状に不満を抱くというケースもある（Panichelli-Batalla 2017）。

とはいえ、参加した医療従事者たちの多くは、今もなお国際貢献に励んでおり、白衣外交の意義を全面的に貶めるわけにもいかない。たしかに政権交代を機に、キューバよりも合衆国との関係が近くなったブラジル、ボリビア、エクアドルでは、キューバ人医療従事者の派遣受け入れが停止され、白衣外交の負の側面が強調されてきた。しかし前述したように、コロナの時代においては逆にキューバ人医療従事者の派遣を要請する動きが広がっており、米政府の批判をよそに、白衣外交の評価は高まっているように見える。

その上、白衣外交を批判する米国がキューバに代わって医師団を大規模に派遣するというわけでもない。したがって実際に医療崩壊の危機に直面した国の多くは、米政府への配慮を迫られながらも、キューバからの医療支援を要請するという矛盾に悩まされることになる。イタリアで受け入れを要請したのが、国家ではなく、あくまで州や都市の行政首長だったのは、おそらくこのためである。

また同様に興味深い例が、同じく中央政府ではなく、首都メキシコシティが医師団の派遣要請を行った隣国メキシコである。五月以降に医師不足が深刻化となったメキシコには、キューバから五〇〇名以上から成る医療部隊が到着したが、当初はこの派遣についての報道はメキシコ側でもキューバ側でも出てこなかった。その理由は不明だが、おそらく米国・メキシコ・カナダ協定（USMCA）の七月一日発効を控え、トランプ政権を刺激したくないというメキシコ政府の配慮が働いたということが考えられる。

しかし、医療従事者の存在を隠し通すことはできず、六月中旬に米メディアが報じると、メキシコシティ政府は弁明に追われ、キューバ政府に一億三五〇〇万ペソ（六〇三万米ドル相当）を支払ったことを明らかにした。担当者は、メキシコシティの感染者が国家全体の四分の一にあたる一三万七〇〇〇名にのぼり、メキシコ全体でも医師と看護師の不足が問題になっていたことを挙げ、「批判は承知しているが、彼らの役割は根本的に重要である」と理解を求めている（Reuters, 16 June 2020）。

このあとメキシコ政府の態度も変わり、七月末にキューバ人医療従事者らが帰還する際には、メキシコ外相が公に「メキシコ政府と国民を代表して」謝意を表明している（ツイート、二〇二〇年七月二六日）。

もちろん、トランプ政権の圧力は白衣外交だけに及ぶものではない。ふたたびキューバ全体に目を向けると、米政府は五月上旬にキューバを「テロ対策非協力国」に再指定するなど、コロナ危機下でも、キューバへの圧力を強めている。米・キューバ間の航空運輸に対する制限措置もあいついで発表された。

こうしたトランプ政権の動きは、観光客の激減とあわせ、コロナ後におけるキューバ経済の回復において、重い足かせとなる。外貨収入の減少から食料の確保さえ難しくなったキューバでは、食料自給率を向上するため、有機農業を一般市民に促すなど、かつての「平時のおける特殊期間」を想起させるような状況が生じつつある。

と同時に、外貨の補充策として、外貨による物資購入を国民に認める動きが加速している。その狙いは、合衆国在住の家族から仕送りとしてドルを受け取る国民に対し、国外ではなく国内でそのドルを使用することを促すことにある。政府は米ドル建ての取引や両替において課されたきた税（一〇％）も撤廃した。こうした動きも、かつて「平時における特殊期間」の際に採用されたドル化政策を彷彿させるものであり、キューバ経済の苦境を物語っている。

今後の展望――ワクチン開発の希望と米大統領の交代を見据えて

以上は、二〇二〇年八月の時点におけるキューバとその国際環境を分析したものである。最後に、二〇二一年四月現在までの動向も踏まえ、今後の展望として注目すべきところを挙げる。

まず、新型コロナウイルス感染の危機は第二波、第三波とつづき、現在もキューバを含め、世界各国で猛威をふるっている。第一波を首尾よく制したキューバでさえ、感染状況は悪化し、二〇二一年三月末までに、感染者累計は七万六千名を超え、死者は四二五名となった。日本の経験と似て、感染状況が落ち着いたと判断して経済活動を再開するものの、経済活動を再開するたびに感染が拡大するという悪循環を断ち切れないでいる。こうして国家経済は苦しいままではあるが、本稿が注目した医療団の派遣はいまも継続中である。

ところが、ここで希望的観測も出てきた。本稿で論じた長年の医療重視政策の成果として、白衣外交に続く、新たな「ワクチン外交」が登場しつつある。

もともと経済基盤が弱く、米政府からの制裁も受けるキューバが、新型コロナウイルスに対すワクチンを海外から輸入することは困難であった。そこで独自のワクチン開発に賭けたわけだが、現在までに四種のワクチンについて開発が進み、そのうち二種が治験の最終段階に入っている。とくに有望な「ソベラナ２（Soberana 2）」（ソベラナはスペイン語で「主権」を意味する）については、やや前のめりながらも十数万人のキューバ人が治験に加わりつつあり、友好国のイラン、ベネズエラでも治験が実施されるという。

治験結果が判明するのは早くて五月だが、当局の見通しは楽観的であり、うまくいけば二〇二一年中に全国民分を超える摂取量を生産できるとのことである。加えて、もう一つの「アブダラ（Abdala）」についても治験を同時進行させるという。

つまり、キューバには一転してワクチンの一大輸出国となる可能性がある。このことは高額なワクチンに手が出ない他の貧困国にとって朗報となる一方、長期戦略に欠く日本の医療行政にも多大な示唆を与えざるを得ない。すでに変異株の脅威に備え、中国との共同開発の話も出てきた。革命第一世代のラウル・カストロが四月に完全引退するということもあり、今後のキューバの動向に世界からの注目が集まることは必至である。

一方、もう一つの重大な転機となりうるのが、合衆国における政権交代である。二〇二〇年一一月の大統領選挙では、先のオバマ政権で副大統領を務め、ルビオらキューバ系政治家らと距離をとるジョー・バイデンが選出された。科学的知見を無視しがちだった前任者と異なり、バイデンはすでに開発されたワクチン摂取を国民に積極的に呼びかけ、再び合衆国が世界的なリーダーシップをとる態勢を整えつつある。対キューバ政策についても、選挙期間中にトランプの対キューバ外交を批判していたこともあり、どこまで進めるかはともかく、政策の一部転換を準備しているという。

［付記］

以上は、二〇二一年四月の時点における分析であり、それから半年の間に起きたことに関し、以下の三点を加えたい。

第一に、合衆国で新たに発足したバイデン政権は、大統領自身の個人的見解とは裏腹に、キューバ政策の見直しをあまり進めなかった。これは第一に、フロリダ州のキューバ系米国人票が当初の予想以上に共和党に流れ、民主党をパニック状態に陥れたこと。第二に、キューバ系の民主党上院議員ロバート・メネンデスの存在が大きい。与野党の勢力が拮抗する連邦上院議会（共和党五〇議席、民主党四八議席、および民主党に近い独立派二議席）において、長年キューバ政府を批判してきたメネンデスの票を無視するわけにはいかなかったのだろう。こうしてトランプ政権期が強化した対キューバ経済制裁の緩和は見送られることになった。

第二に、とうとう経済不振にあえぐキューバにおいて、大規模な抗議運動が起こったことである。経済制裁に加え、コロナ感染状況の悪化とそれに伴う観光業の低迷により、一般市民の生活水準はますます低下した。七月には、猛暑の中で電力や水道の供給が一部地域で停止されたままになるなど、日常生活に支障が出るまでにいたった。ここにおいて、インターネットを介した政権批判が急速に若者らの間で広まり、一九九四年八月以来となる大規模な抗議運動が起こったことは重要である。本論の冒頭にあるように、まさに「特殊期間」と呼ばれた冷戦直後の状況を彷彿させる事態が起きたのである。

第三に、こうした八方塞がりの中で、キューバはアフター・コロナの展望を描ききれずにいる。ワクチンの開発は順調に進み、治験の有効性が認められた国内産ワクチンの接種は、九月、世界で最も早く二歳以上の児童に向けても開始された。国外からの関心は高く、新たに友好国のベトナムがワクチンの購入に乗り出している。とはいえ、七月の抗議運動の後、デモの鎮圧に乗り出したキューバ政府の対外イメージが著しく悪化したことは疑いようもなく、合衆国では再び政権転覆を目指す動きが活発となった。（ただし、バイデン政権が国内政治の必要以上にどこまで真剣に考えているのかは判然としない）。コロナウイルス感染の大波がいつキューバを再び襲うのかも不明である。観光業の完全復活は程遠く、経済的な苦境がつづくばかりで、先行きが見えにくい。

この再び訪れた激動の時代をキューバはどう乗り切るのだろうか。この問いを前に、時評を書き続けることには限界がある。米国中心の世界で独自の道を模索し続けたこの国の軌跡について、数年ではなく、数十年の期間で見つめ直す時期に来ていると感じざるを得ない。

謝辞

本稿はJSPS科研費17K18190の助成を受けた研究成果の一部である。

参考文献

新聞記事、ウェブサイト、ツイートの情報は省略。

上英明「時評：米・キューバ国交正常化に寄せて――オバマ外交を問う」『歴史学研究』第九四二号（二〇一六年四月）、五〇―五六頁。

後藤政子『キューバ現代史――革命から対米関係改善まで』明石書店、二〇一六年。

吉田太郎『世界がキューバ医療を手本にするわけ』築地書館、二〇〇七年。

Bolton, John, *The Room Where It Happened: A White House Memoir*, New York: Simon and Schuster, 2020.

Feinsilver, Julie M, *Healing the Masses: Cuban Health Politics at Home and Abroad*, Berkley: University of California Press, 1993.

——. "Fifty Years of Cuba's Medical Diplomacy: From Idealism to Pragmatism," *Cuban Studies* 41 (2010): 85-104.

Huish, Robert, "Why Does Cuba 'Care' So Much? Understanding the Epistemology of Solidarity in Global Health Outreach," *Public Health Ethics* (2014): 1-16.

León, Gloria, *Haití en la memoria*. La Habana: Editorial de Ciencias Sociales, 2012.

Kami, Hideaki, *Diplomacy Meets Migration: US Relations with Cuba during the Cold War*, New York: Cambridge University Press, 2018.（上英明『外交と移民――冷戦下の米・キューバ関係』名古屋大学出版会、二〇一九）。

Kirk, John M. *Healthcare without Borders: Understanding Cuban Medical Internationalism*. Gainesville: University Press of Florida, 2015.

Panichelli-Batalla, Stephanie. "Cuban Doctors in Sandinista Nicaragua: Challenging Orthodoxies." *Oral History* 45, no. 2 (2017): 39-49.

Yaffe, Helen. *We are Cuba! How a Revolutionary People Have Survived in a post-Soviet World*. New Haven, CT: Yale University Press, 2020.

あとがき

川島　真

本書は、東大社研現代中国研究拠点編『コロナ以後の東アジア　変動の力学』（東京大学出版会、二〇二〇年九月）、川島真・森聡編著『アフターコロナ時代の米中関係と世界秩序』（東京大学出版会、二〇二〇年一二月）の姉妹編として編まれている。最初の書籍がコロナ後の世界、とりわけ激化する米中対立の下での東アジアに焦点を当てたもので、次の書籍が世界各地に立ち現れた、あるいは世界各地からみた米中対立のありようを、主に先進国の視線から見据えることで、世界を立体的に俯瞰することの重要性、また先進国において、多様な視線やスタンスがあることを示した。

それに対して第三巻とも言える本書は、現在および近未来的な世界を、米中対立下にありながら、同時に多極化の時代となること、またその極となるのは先進国だけでなく、目下新興国とされる国々や、それぞれの地域の大国もそうなり得ることを念頭に置いている。そうした時代に、個々の地域や新興国、地域大国から米中対立がどのように見えており、またあるいは米中対立よりも優先される課題や対立軸としてどのようなものがあるのか、といったことを示すことを目指した。主たる対象は、誤解を恐れずに言えば、G20からG7を除いた国々である。

こうした構想を実現する上で、傑出した中東研究者である池内恵先生に共編著者として加わっていただいた。池内先生は、かつて「自由と繁栄の弧」が日本外交の理念として語られた際、その議論の偏りを指摘し、中東などから見れば、それがどのように映るのかという問題提起をされた方であった。常にグローバルな視点と中東地域全体の視点、そしてエジプトを中心とする個々の国や地域の視点を行き来しながら、多様で立体的な物の見え方を論じることができる稀有な研究者である池内先生に加わっていただくことこそ、本書の構想を実現する上で必須と考え、幸いなことにご快諾いただいた。池内先生には極めてご多忙なところを執筆、また編集の作業に時間を割いていただき、心より感謝している。

池内先生と全体の構成や執筆者を決めていく過程で留意した点が三点あった。第一に、新興国などという呼称、あるいはカテゴリーは、既存の秩序を維持発展させてきた先進国の側から見た括りであるということだ。それだけに、それが「新興」だというだけで、中身は多様だ。これは「権威主義体制」とされる国々にも当てはまる。単に西洋型の民主主義でない、というその括り方の向こう側には極めて多様な統治スタイルがある。本書ではいわゆる新興国や地域大国を取り上げるが、そうした多様性に留意した。

第二に、必ずしも新興国、地域大国とは言えないかもしれない地域や国をコラムなどとして取り上げた。人口や面積、あるいは経済力、軍事力などの面での地域の大国もあるが、特定分野で傑出した技術を有していたり、地政学的な意味で要地であったりするところがある。そうした地域からの視線は、地域大国ともまた異なるものとなるであろう。

第三に、新型肺炎の感染は未だ収束しているとは言い難いが、この感染の拡大によって米中対立のありようや、先進国の内外政策だけでなく、新興国や地域大国もまた大きく変容したということがある。本書の編集過程においても、状況は刻々と変化していた。それだけに、脱稿後に補筆を加えたものも少なくない。また筆者自身、対談記録の修正などに多くの時間を要してしまった。この点で、他の執筆者にお詫びするとともに、読者の理解を得たいところである。

最後に、世界を大国の視点だけで論じることの限界——それは地域「大国」に注目する本書も同じ問題を抱えているが——とともに、また日本から見える世界にある種の偏りがあるかもしれない、世界のそれぞれの地域にはそれぞれの見え方があるという意識を持つことの重要性を指摘して筆を置きたい。本書が少しでも読者が立体的、多面的に世界を見る上での参考となれば幸いである。

あとがきへの付記

池内　恵

本書『新興国から見るアフターコロナの時代　米中対立の間に広がる世界』は、新型コロナ禍が国際政治に及ぼす影響を記録し、「アフターコロナ」の時代の世界秩序形成を見通そうとする、3巻からなるシリーズの締めくくりである。通し番号は公式には振られていないものの、第1巻にあたるのが『コロナ以後の東アジア　変動の力学』（東大社研現代中国研究拠点編、二〇二〇年九月刊）であり、第2巻として『アフターコロナ時代の米中関係と世界秩序』（川島真・森聡編、二〇二〇年一二月刊）がすでに刊行されている。また、本書を含む3巻は、東大出版会が新設したペーパーバックのシリーズ「UP plus」の最初の試みでもある。

「第1巻」は、コロナ禍が中国そのものの政治社会や外交・通商貿易政策に及ぼした影響を扱ったものである。東大社会科学研究所を拠点に、代表的な中国研究者が集結して、コロナ禍の初期段階での知見を多方面から検討し記録している。対象には中国の内政・外交・経済に加え、台湾や香港の反応や、ASEANなど東南アジア諸国も含まれている。

「第2巻」では、「アフターコロナ」の時代に世界秩序において、その中心に一層明確に聳え立つことが確実な米中対立をめぐり、通商貿易のルール形成、先端科学技術とその応用に関する覇権競争、サイバー空間や宇宙空間における競争と摩擦といった、主要な対立・競合の分野について、それぞれの専門家が検討すると共に、西欧諸国では英国、ドイツ、イタリアを、東独からはポーランドを、アジア・オセアニアからはオーストラリアと韓国を取り上げ、米中対立を軸として形成されつつある世界秩序における、主要な先進国の位置と立場、それぞれの米中との関係性を検討している。

これらに続く「第3巻」と言うべき本書は、先行する二巻の枠組みでは必然的に検討の対象から漏れていた「そ

どのようなものになっていくと考えられるのか。
どのようなものだったか、そして「ポストコロナ」の時代においてそれらの諸地域・諸国の米国や中国との関係は
主要先進国の外側に広がる広大な世界にコロナ禍はどのように及んだのか。各国の内政や地域国際政治への影響は
の他」の諸地域をまとめて視野に収める、きわめて野心的、かつ困難な課題に取り組んでいる。中国と米国および

実のところ、このような巨大なテーマの構想に、発端において私はほとんど関与していない。共編者に名を連ねているものの、全体構成はほぼ全て、主たる共編者である川島真先生の構想するところに従って組み立てられている。川島先生は「第1巻」の『コロナ以後の東アジア　変動の力学』で、中国の対米関係をめぐる分析を寄稿しているが、米中関係への先進国の関連をめぐる「第2巻」と、そして米中および先進国以外の「その他」を扱う本書「第3巻」の企画を担当された。

本書のもう一人の共編者としての私の役割は、米中と主要先進国の外の「その他」の世界を見るに際して、視野に入れることが不可欠である中東・北アフリカや中央アジアを対象とした各章について、執筆者の選定の提案や、依頼を行うという、かなり限定的なものと、当初は心得ていた。しかしコロナ禍の中で、米中大国間競争によって置き換えられ、過去のものとなっていく「対テロ戦争」や「ポスト冷戦」の枠組みを振り返り、そこにおいて「中東・イスラーム世界」が占めていた独特の位置を論じることで示すという形で、主たる企画者・発案者としての川島先生に対して、もう一人の共編者からの応答を提示するという役割も、本書の完成に至る過程で負っていった。それらは「序文」と「アフターコロナの中東秩序」に盛り込まれている。国際政治の転換期に、中東・イスラーム世界と中国という、いわば「新旧」の中心軸をそれぞれに注視してきた共編者の、方向性の異なる視点の交錯によって、本書がこれまでにない次元を持ち得ていれば、それに勝るものはない。

本書の企画に関連する事業として、私が事業総括として二〇二〇年四月より三ヶ年で実施している、外交・安全保障調査研究事業費補助金（総合事業）の採択企画「体制間競争の時代における日本の選択肢：国際秩序創発に積極的関与を行うための政策提言・情報発信とそれを支える長期シナリオプランニング」がある。この立ち上げのお披露目を兼ねて、二〇二〇年六月六日に「ポスト・コロナ　新時代の国際秩序を考える――米中体制間競争と中東・ロシア――」と題したウェビナーを開催した。ここでは企画者として私が司会を務め、川島先生に登壇をいただくと共に、本書にも寄稿し、研究室の同僚でもある小泉悠氏が登壇している。当時はコロナ禍による行動制限が課

されてからさほど時間が経っておらず、オンラインでの公開シンポジウム（ウェビナー）が日本ではまだそれほど一般的に普及していなかった時期であるためか、この企画は注目を集め、一〇〇〇名以上の視聴登録者を得た。快く登壇してくださった大阪大学の坂元一哉先生、共同通信の杉田弘毅さんに感謝したい。このウェビナーは、本書の企画に何らかの触発をなし得たかもしれない。そして、本書の各章が執筆される過程の二〇二〇年八月八日には、この「体制間競争の時代における日本の選択技」プロジェクトの一環として、本書の執筆者が集まり、非公開のオンライン研究会で、各章の構想と草稿を検討することができた。米中の「体制間競争」を、形成されつつある世界秩序の基軸ととらえ、中国に代表される既存秩序に挑戦し内部と外部の双方から改変を目指す主体と、米欧を中心とした既存秩序の護持に利益を見出す主体の双方に、それぞれの専門家による分科会を組成して取り組みつつ、ロシアや中東・中央アジアやアフリカのような「それ以外」の地域の主体の動向にも目を配り、さらに地平線上に現れつつある安全保障上の新たな課題にも目を凝らしていくこの研究プロジェクトの問題意識と方向性は、本書を含む、東大出版会のUP plus創刊を飾る3巻のコロナ論集の企画と響き合うものである。本書の各章の執筆陣が、私が推進を担うプロジェクトのメンバーとも多く重なっているため、本書の企画・編集とプロジェクトの企画運営には相互乗り入れのような相関性があった。通常であれば一堂に会することがあまりない、広範な地域を対象にした地域専門家たちが知見をすり合わせる機会を提供することができたことで、本書の刊行を後押ししたのであれば、力量の不十分さを痛感することが多かった共編者としての、せめてもの貢献として、ここに記しておきたい。

自らが執筆した、中東地域に関する章では、コロナ禍への中東の主要国の反応を概括し、それらの国々が米国と中国の双方と切り結ぶ外交関係や、米中間競争の中での定めていく立ち位置、それぞれの目指す方向性を、特に「ワクチン外交」をはじめとした新型コロナ関連の外交案件に着目して分析した。本書に収められた多くの章は、各地域と各国に関する深い専門性と経験を備えた執筆者たちが、詳細に各国・地域のコロナ禍の状況を論じている。それに対して、共編者に名を連ねた身としては、あえて細部を捨象して、米中及び先進国以外の「その他」の地域の中でもまた独自のまとまりと自律性を持ち、独特の国際的な地位を持つ中東を、可能な限り幅広く多様な主体に着目して概観することで、元来がまとまりにくい本書の対象に一定のまとまりを示すことを試みた。それはまた、中東を中心に戦われ、今この瞬間に終わりゆく過程にある「対テロ戦争」という枠組み、そしてますます後景に退きつつある「ポスト冷戦期」の時代を、中東の視点から描くことで、その裏写しのように、米中大国間競争が主軸となる次の時代を望見することでもあった。

本書は、当初の目論見では、はるかに前に刊行されてしかるべきものだった。元来は、コロナ禍の初期の波が世界の各地に及んだ段階で、各地域・各国の地域専門家が短期間でそれぞれの現状分析をまとめて一堂に会することで、米中と先進諸国の外の「それ以外」の地域の、コロナ禍とそれ以後の時代における固有の立場を明らかにすることが本書の目的であった。しかしコロナ禍が長期化し、複数の波が、時間差で各地域・各国に及び、観察と記録に追われるうちに、本書の刊行は先延ばしになっていった。同時に、コロナ禍に覆われながらも、それによってさほど制約されることなく、コロナ禍以前から進んでいた変化が水面下で加速し表面化する事態も相次いだ。その代表例は、二〇二〇年八月に発表され、九月に調印された、イスラエルとUAE・バーレーンの国交正常化合意、いわゆる「アブラハム合意」だろう。コロナ禍の影響の拡大と波及の陰で進んだ国際秩序の変動は、米一極集中の時代において中心的位置を占めていた中東において、特に顕著に現れたと言えようが、その変動を余すことなく取り入れて本書を完結させようとする試みは、しばしば予想を超えた速度と規模の変化が生じていくことによって、幾度も挫かれ、覆された。

共編者の一人である私が執筆した「序文」および「アフターコロナの中東秩序」が、二年に及ぼうとするコロナ禍の影響下で進んだ、中東地域を中心にした国際秩序の変動を対象にするのに対して、「各論」にあたる各章で分析の対象となった時期は、コロナ対策の「初動」の段階に特に着目している。コロナ禍の伝播の規模や影響の程度、それに対する政策とその効果は、グローバルな感染爆発の初期段階において、最も地域的な偏差が見られた。また内政や国際政治への影響も、初期段階において最も顕著だったと言えよう。感染症の性質が不透明で、有効な対処策がまだ定かではなく、各国の対処能力や社会の反応も予測がつかない段階においての各国・地域の状況こそが、それぞれの国や地域の体制や政治状況を最も顕著に反映していた。そのことから、比較考察の俎上に載せることの意義は、初期段階が最も大きいと言えよう。感染爆発の波が地球を何周もしながら繰り返されたことによって、初動の対処策の相違や各国の体制の相違に関わらず、感染状況は、時間差はあれども平準化していった。各国の感染状況や対処策についての情報共有・相互対照が進む中で、各国や地域の体制や政治状況を要因とした差異は、やがてはそれほど目立たなくなった。本書の各章では、最も興味深い「初動」の段階を主に対象として、分析がなされている。

本書は発案の段階では、コロナ禍が世界を襲った瞬間の、情報が制約され、見通しが限られていた段階で、地域研究者がそれぞれのフィールドとしてきた地域と国を対象に、迅速に分析を行い、早期に発表する、即応性の高いレポートが意図されていた。本書の各章の執筆者からは、意図した速報性に十分に応え、さらに深みを備えた論考が次々と寄せられた。

しかしコロナ禍の影響が長期化し、感染が波状的に繰り返し広がる中で、さまざまなメディアを通じて、報道・分析が膨大な数で流通した。その中で、本書を短期的な報告を主眼とした書として刊行するよりも、国際秩序の長期的な変動の瞬間を記録した書として世に問う事を、共編者の一人である池内が志向したため、刊行の時期は大幅にずれ込んだ。中東地域の激変と、過去のものとなりつつある「対テロ戦争」を基調とした一つの時代——いわば「旧時代」——の振り返りを担当する、池内による全体の枠組みに関する「序章」および中東地域に関する章の完成に、着手当時の予想をはるかに超える時間を要してしまった。コロナ禍による制限下で、見えにくい形で国際秩序の変動が加速して進行し、日々に新しい事象が生じていく中で、コロナ禍の瞬を捉えた各章の価値を十分に生かしながら、大きな変動の「曲がり角」の所在と、今後の方向性を展望しようとする、「動く的を追い」つつ「二兎を追う」作業が功を奏したか、読者の判断に委ねるしかない。

共編者の結びの言としてはやや異例だが、各章をお寄せいただき、忍耐強く刊行をお待ちいただいた執筆者と、そして共編者である川島先生には、深くお詫びし、ご寛恕を乞いたい。本書を手に取っていただいている読者に対しては、当初の予定よりも遅れたものの、各執筆者には、状況の変化を織り込んだアップデートを数次にわたりお願いすることで、コロナ禍による初期の衝撃の臨場感に満ちた記録と、長期化するコロナ禍の最新の情勢判断の両方を備えたものとなったことを、お伝えしたい。

本書の書き手も、そして読み手も、新型コロナ禍により、長期間にわたり、渡航制限や外出・会合の自粛を迫られ、不安で不自由な日々を過ごしたことにおいては、多くを共有しているだろう。現地調査を封じられた地域研究者たちが、制約の中で、現地の情勢の把握を模索し、そこから「アフターコロナ」の世界を展望した記録として、本書を現在と後世の読者に届けたい。

編者略歴

川島　真

東京大学大学院総合文化研究科教授

専門はアジア政治外交史

著書に『中国のフロンティア』（岩波新書）、『21世紀の「中華」』（中央公論新社）、『20世紀の東アジア史』（共編著、東京大学出版会）、『よくわかる　現代中国政治』（共編著、ミネルヴァ書房）、『UP plus　アフターコロナ時代の米中関係と世界秩序』（共編著、東京大学出版会）など多数。

池内　恵

東京大学先端科学技術研究センター教授

専門はイスラーム政治思想史・中東研究

著書に『アラブ政治の今を読む』（中央公論新社）、『増補新版　イスラーム世界の論じ方』（中央公論新社）、『イスラーム国の衝撃』（文春新書）、『サイクス＝ピコ協定　百年の呪縛』（新潮選書）、『シーア派とスンニ派』（新潮選書）など多数。

新興国から見るアフターコロナの時代
——米中対立の間に広がる世界

U.P. plus

2021年12月3日　初　版

［検印廃止］

編　者　川島《かわしま》 真《しん》・池内《いけうち》 恵《さとし》

発行所　一般財団法人　東京大学出版会

代 表 者　吉見俊哉

153-0041 東京都目黒区駒場 4-5-29

http://www.utp.or.jp/

電話 03-6407-1069　Fax 03-6407-1991

振替 00160-6-59964

印刷・製本　大日本法令印刷株式会社

ISBN 978-4-13-033302-3　Printed in Japan

UP plus 創刊にあたって

現代社会は、二〇世紀末の情報革命とグローバル資本主義の深化によって大きく変貌を遂げてきました。情報革命はライフスタイルに大きな変革を及ぼし、わたしたちの生活に多大な影響を与え続け、いまなお変化の途中にあります。また、グローバル資本主義の進展もワークスタイルに大きな変革を及ぼし、世界の一体化を促進させてきました。しかし、同時に様々な次元で格差を生じさせ、分断を深めています。

しかし、二〇二〇年の初頭に発生したCOVID-19（新型コロナウイルス感染症）のパンデミックによって、より快適に、より便利に、より早く、ということを追求してきた現代社会は大きな影響を受けたのです。この出来事はわたしたちに大きな警鐘を与えるとともに、わたしたちが生きている社会のあり方、そして世界のあり方にも再考をうながしているのです。

このような状況下で、いま一度「知」というものを改めて考え直す時代が訪れているのではないでしょうか。いまの危機を乗り越え、格差や分断を乗り越えるには、人類が積み重ねてきた「知」の集積をたよりにして、あたらしい地平を開くことこそが求められているのではないかと考えられるのです。まだ見ぬ世界への道しるべとして、「知」はやはりかけがえのないものなのです。

このたび、東京大学出版会は、「UP plus」と題し、「知」の集積地である、大学からひろく社会と共有する「知」を目指して、複雑化する時代の見取り図としての「知」、そして、未来を開く道しるべとしての「知」をコンセプトとしたシリーズを刊行いたします。「UP plus」の一冊一冊が、読者の皆様にとって、「知」への導きの書となり、また、これまでの世界への認識を揺さぶるものになるでしょう。そうした刺激的な書物を生み出し続けること、それが大学出版の役割だと考えています。

一般財団法人　東京大学出版会